GEZONKEN SCHATTEN
SUNKEN TREASURES

Vondsten uit scheepswrakken
van de Maritieme Zijderoute
800-1900

Discoveries in shipwrecks
from the Maritime Silk Road
800-1900

GEZONKEN SCHATTEN
SUNKEN TREASURES

onder redactie van
edited by

Karin Gaillard
Eline van den Berg

Waanders Uitgevers, Zwolle
Keramiekmuseum Princessehof Leeuwarden

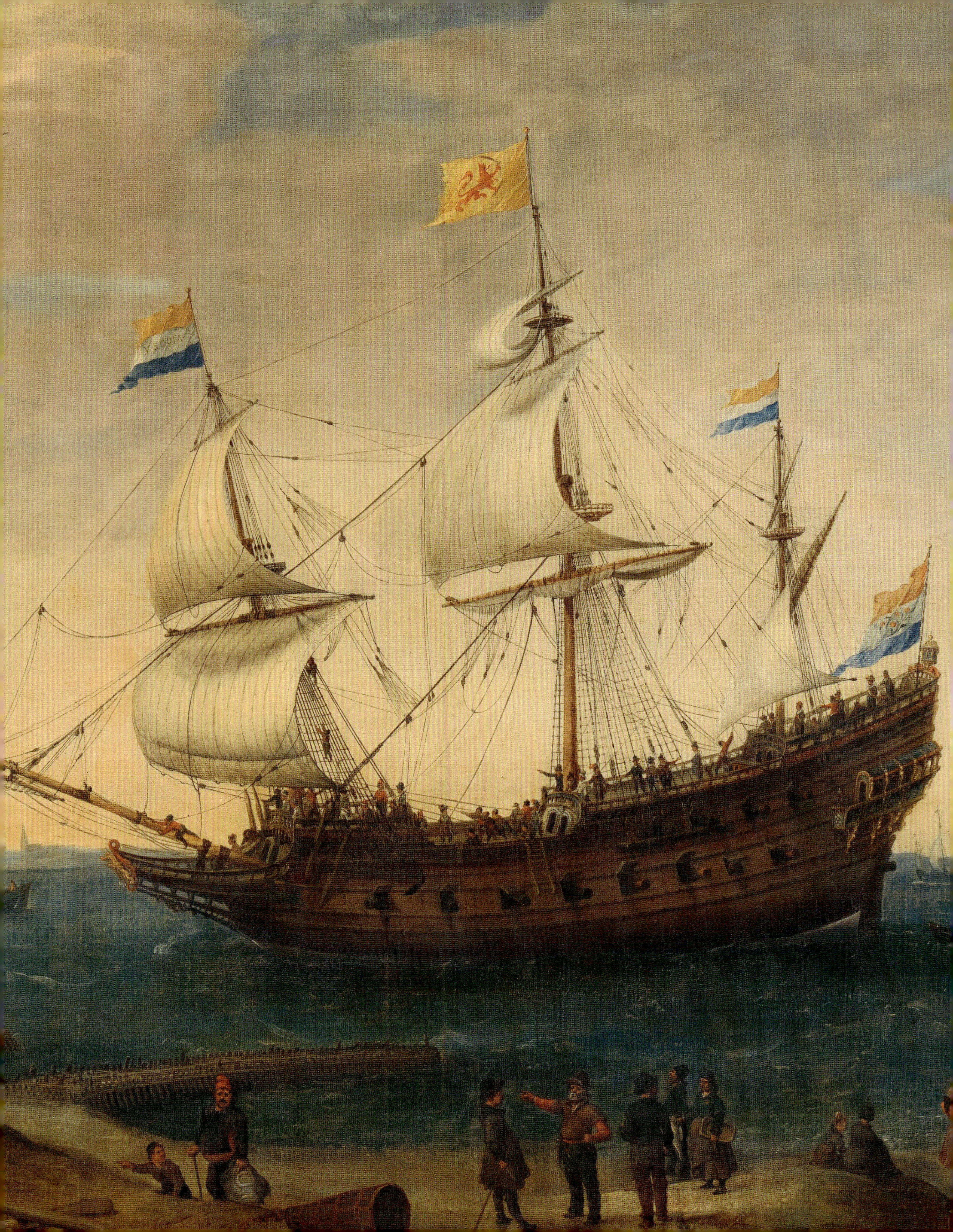

Voorwoord Foreword

In 1977 werd de collectie van het Princessehof dankzij de steun van de Ottema-Kingma Stichting verrijkt met een bijzondere groep voorwerpen: zo'n twintig stukken porselein die ruim 350 jaar onaangetast op de bodem van de zee hadden gelegen. Ze waren afkomstig van het in 1613 gezonken VOC-schip *Witte Leeuw*, dat volgeladen was met exotische handelswaar uit Azië. Niet eerder was de lading van een VOC-retourschip opgedoken en hiermee kreeg Nederland voor het eerst een directe kijk op het begin van onze handelsperiode in Azië.
De VOC was slechts een van de vele spelers op de Maritieme Zijderoute. Al eeuwenlang vond er intensieve handel plaats tussen Chinezen, Arabieren, Indiërs en vele andere volkeren in de regio. De scheepswrakken op de bodem van de oceaan zijn daarvan het tastbare bewijs. Tegelijkertijd laten ze zien dat deze handelsreizen over zee soms dramatisch konden aflopen.
Ook al was porselein niet het voornaamste handelsproduct, in een wrak blijft dit harde materiaal wel bijzonder goed bewaard. Daarmee is het een medium bij uitstek om de rijke verhalen over deze vervlogen tijden te vertellen. Het gaat echter om meer dan alleen de keramiek: waar op het schip is die kom gevonden? In de laadruimte, de hut van de kapitein? Hoe was het porselein verpakt en voor wie was het bestemd? Door dit vast te leggen komt de schat achter de schat naar boven. In de tentoonstelling en publicatie *Gezonken Schatten* wil het Princessehof juist die verhalen tot leven brengen. Voor het eerst wordt aan de hand van zeven scheepswrakken een beeld geschetst van de (keramiek)handel op de Maritieme Zijderoute van de negende tot en met de negentiende eeuw. Bovendien wordt de ontwikkeling belicht van de maritieme archeologie in zowel Azië als Nederland, evenals de ethische kwesties die hierin tot op de dag van vandaag een rol spelen. De lijst van auteurs en betrokkenen weerspiegelt het internationale en interdisciplinaire karakter van dit project.
Keramiekmuseum Princessehof is het National Museum of Korea in Seoul, het Asian Civilisations Museum in Singapore, Musée Guimet in Parijs, het Rijksmuseum in Amsterdam en Anton van der Weide zeer erkentelijk voor hun genereuze bruiklenen. In het bijzonder danken wij onze partner in dit project, de Rijksdienst voor het Cultureel Erfgoed. Door de samenwerking zijn ook onze ogen onder water opengegaan. Ik wens u veel leesplezier.

Kris Callens
Directeur Keramiekmuseum Princessehof

In 1977, some twenty porcelain items that had lain untouched at the bottom of the sea for more than 350 years arrived to enrich the collection of the Princessehof, thanks to support from the Ottema-Kingma Foundation. These ceramics came from the VOC ship *Witte Leeuw* (sunk in 1613), which carried a full cargo of exotic merchandise from Asia. The cargo of a return VOC ship had never been recovered before and this offered the Netherlands a direct view of the early days of its trade in Asia.
The VOC was only one of the many players on the Maritime Silk Road. The Chinese, Arabs, Indians and many other peoples in the region had already been trading intensively for centuries. The shipwrecks at the bottom of the ocean provide tangible evidence of that. At the same time, they bear witness to the sometimes dramatic end of these trade voyages.
Even if porcelain was not the main commercial product, it is a hard material that remained particularly well preserved in shipwrecks. This makes it an excellent medium for telling interesting stories about these bygone times. But more is involved than just the ceramics: where on the ship were these items found? In the hold, in the captain's cabin? How was the porcelain packed, and for whom was it intended? If we are able to document these facts as well, the treasure behind the treasure is revealed. It is those stories that the Princessehof wants to bring to life with the exhibition and publication *Sunken Treasures*.
For the first time, a picture will be painted of the trade (in ceramics) on the Maritime Silk Road using seven shipwrecks between the ninth and the nineteenth centuries as a basis. The development of maritime archaeology in Asia as well as the Netherlands will also be discussed, and the ethical issues that have played a role up to the present day. The list of authors and parties involved reflects the international and interdisciplinary character of this project.
Princessehof National Museum of Ceramics is deeply grateful to the National Museum of Korea in Seoul, the Asian Civilisations Museum in Singapore, Musée Guimet in Paris, the Rijksmuseum in Amsterdam and Anton van der Weide for their generous loans. We express special thanks to our partner in this project, the Cultural Heritage Agency of the Netherlands. The collaboration has also opened our eyes underwater. I hope you enjoy reading this publication.

Kris Callens
Director Princessehof National Museum of Ceramics

Oost-Indiëvaarders voor de kust | East Indiamen off the coast (detail), 1600-1630, Hendrik Cornelisz. Vroom, Rijksmuseum Amsterdam

De *Witte Leeuw* was een vergelijkbaar schip van de Verenigde Oost-Indische Compagnie.
The *Witte Leeuw* was similar to this ships of the Dutch East India Company.

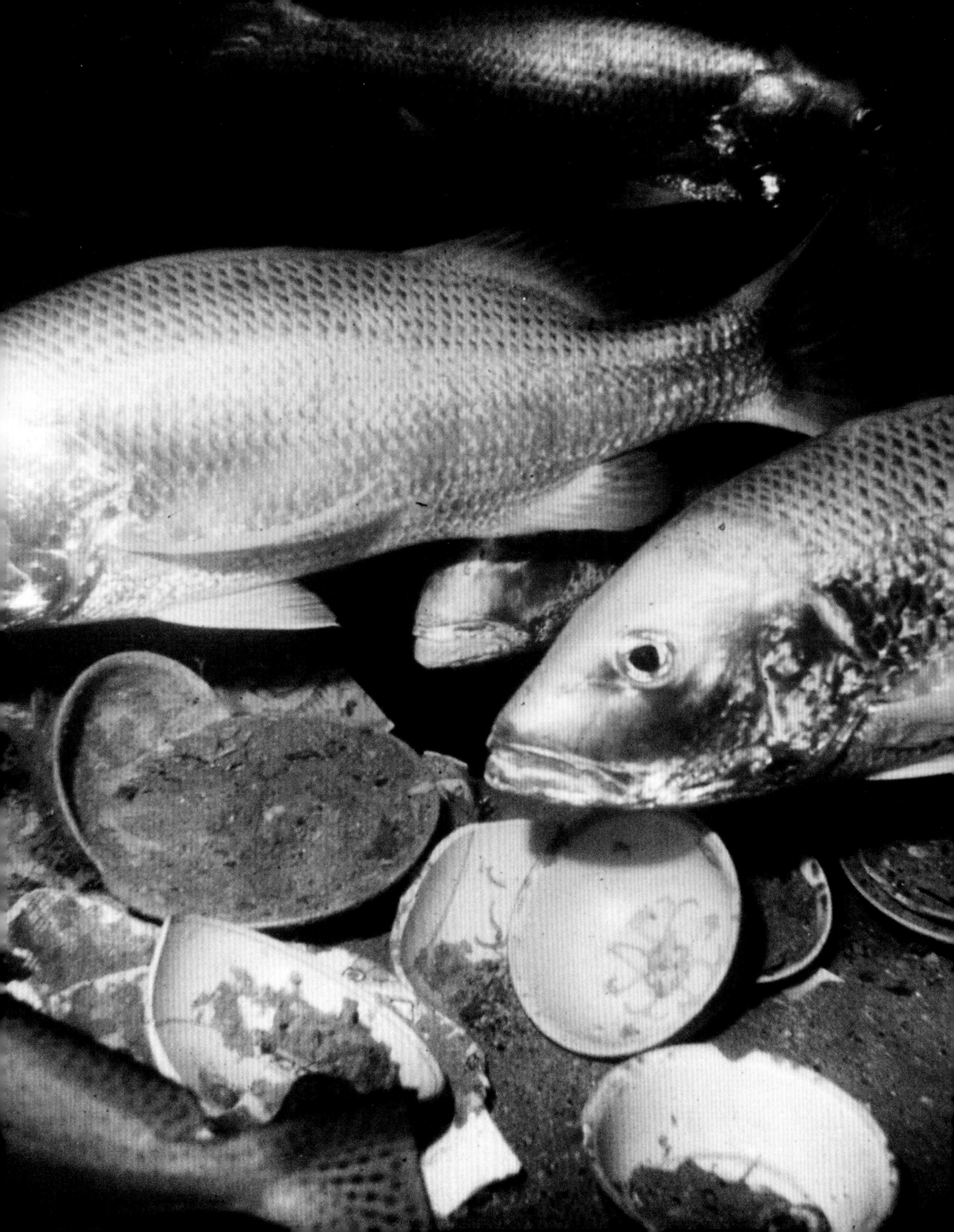

Inhoud Content

Porselein van de *Geldermalsen* op de zeebodem
Geldermalsen porcelain lying exposed on the seabed

Wraklocaties Wreck locations

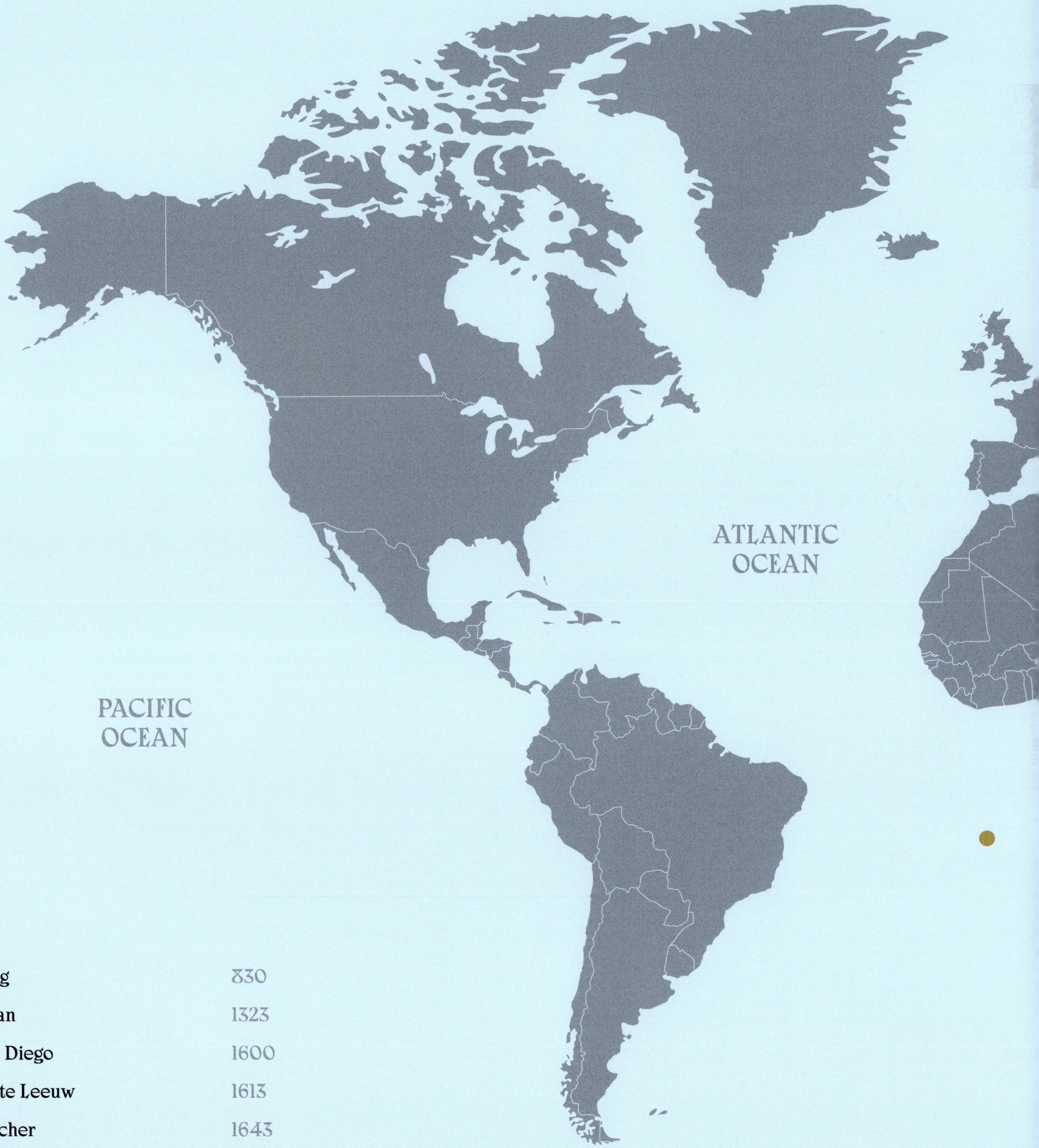

- Tang 830
- Sinan 1323
- San Diego 1600
- Witte Leeuw 1613
- Hatcher 1643
- Geldermalsen 1752
- Tek Sing 1822

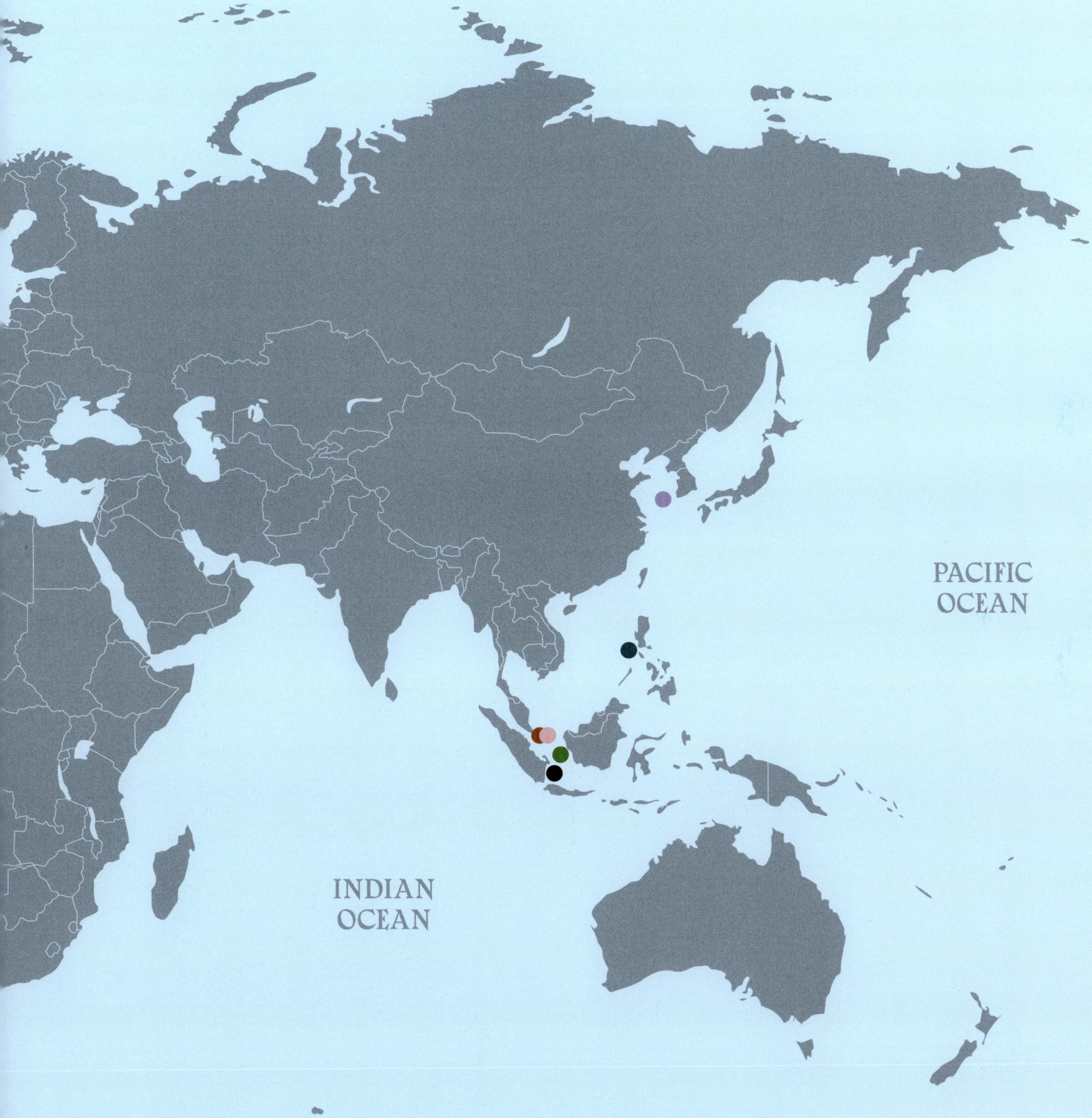
PACIFIC
OCEAN
INDIAN
OCEAN

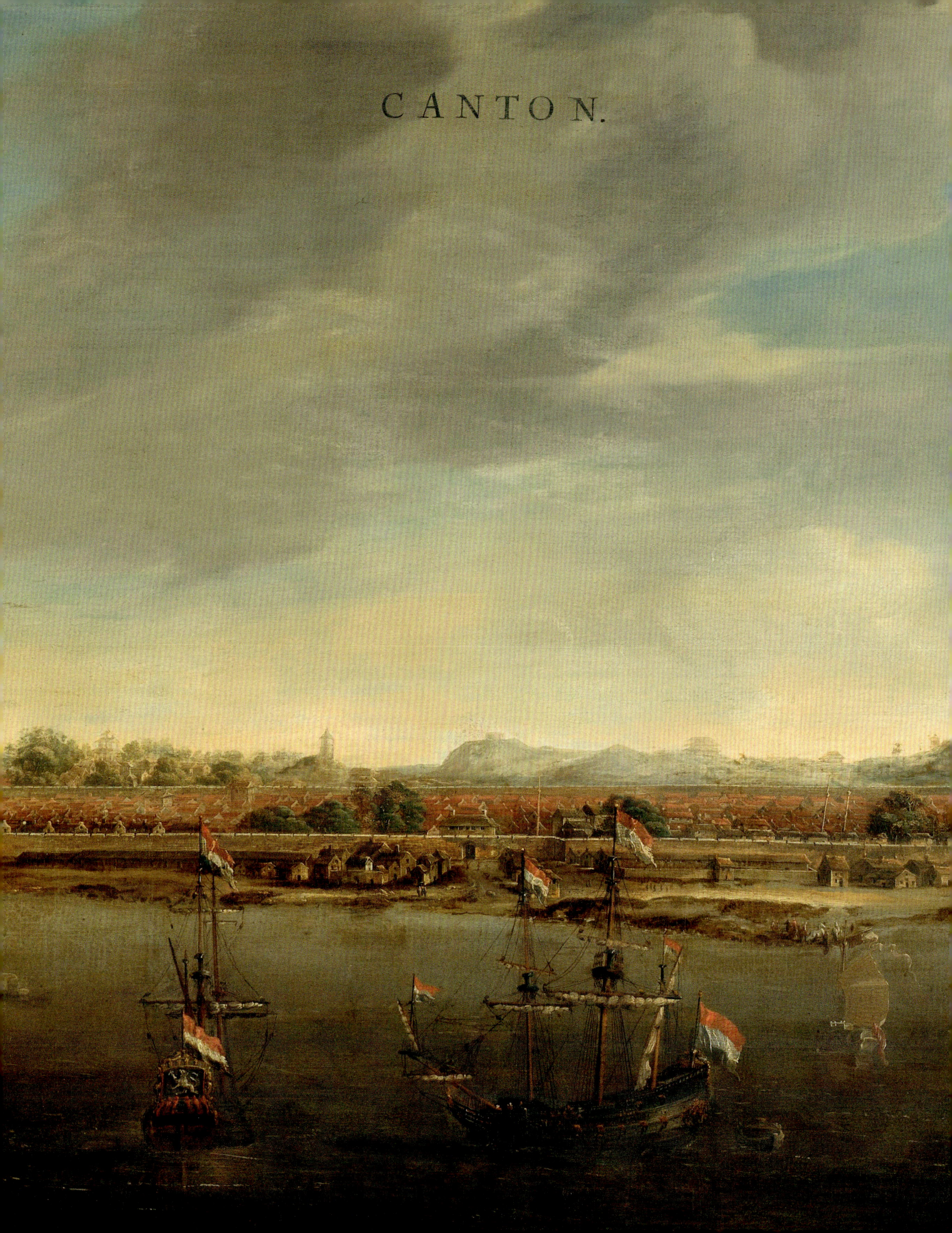
CANTON.

Inleiding Introduction

In de Gouden Eeuw belandden miljoenen stuks Chinees porselein via de handelsroutes van de Verenigde Oost-Indische Compagnie (VOC) in West-Europa. Dit verhaal is inmiddels algemeen bekend. Dat Chinese keramiek als handelsproduct veel ouder is en al vanaf de negende eeuw in grote hoeveelheden werd verhandeld over zee, weet echter vrijwel niemand. Een nog verrassender inzicht is dat keramiek de kroongetuige is van een veel groter historisch verhaal dat zich eeuwenlang afspeelde op de handelswegen van de Maritieme Zijderoute.[1] Deze handel bracht naast rijkdom ook veel gevaren met zich mee. Verraderlijke riffen, hevige stormen of piraterij bemoeilijkten de reis en talloze schepen haalden hun eindbestemming niet en zonken onderweg. Gedurende eeuwen lagen de wrakken op de bodem van de zee. Grote delen van de schepen vergingen en spoelden weg , evenals de ladingen met thee, specerijen en textiel. Maar de keramiek bleef achter.

In the Dutch Golden Age, the trade routes of the Dutch East India Company (VOC) brought millions of pieces of Chinese porcelain to Western Europe. This is a story well known to many. However, few people know that Chinese ceramics were a trade product long before this, and that they were already being sold in large quantities across the seas from the ninth century onwards. An even more surprising insight is that ceramics provide the key evidence to a much wider historical narrative that took place for centuries on the trade routes of the Maritime Silk Road.[1] Besides riches, this trade also brought many dangers. Treacherous reefs, violent storms and piracy made the voyages difficult. Countless ships sank on the way and never reached their final destination. The wrecks lay at the bottom of the sea for centuries. Large parts of the ships decayed and washed away, as did the cargoes of tea, spices and textiles. But the ceramics remained.

1
Gezicht op Kanton | View of Canton, Johannes Vinckboons (toegeschreven aan | attributed to), circa 1662, Rijksmuseum Amsterdam

2 →
Wereldkaart door de Portugese cartograaf Domingo Teixeira | World map by Portuguese cartographer Domingo Teixeira, 1573, Bibliothèque nationale de France, Parijs | Paris

Noten op p.154 Notes on p.154

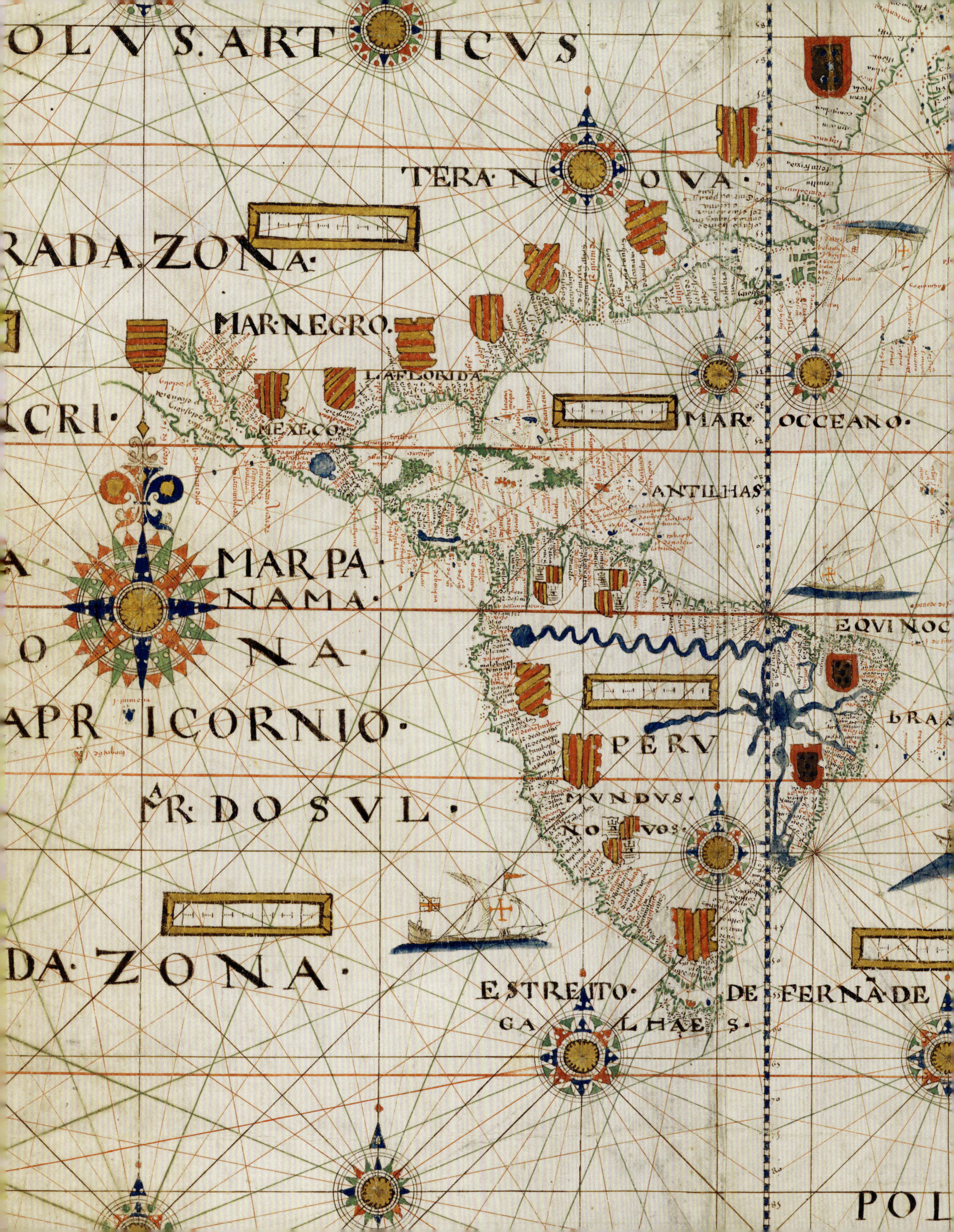
OLVS.ARTICVS
TERA NOVA
RADA.ZONA
MAR.NEGRO.
LA FLORIDA
ACRI
MEXECO
MAR OCCEANO
ANTILHAS
A
MAR PANAMA
O
NA
EQVINOC
APRICORNIO
PERV
BRAS
MAR DO SVL
MVNDVS NOVOS
DA ZONA
ESTREITO DE FERNADE GALHAES
POL

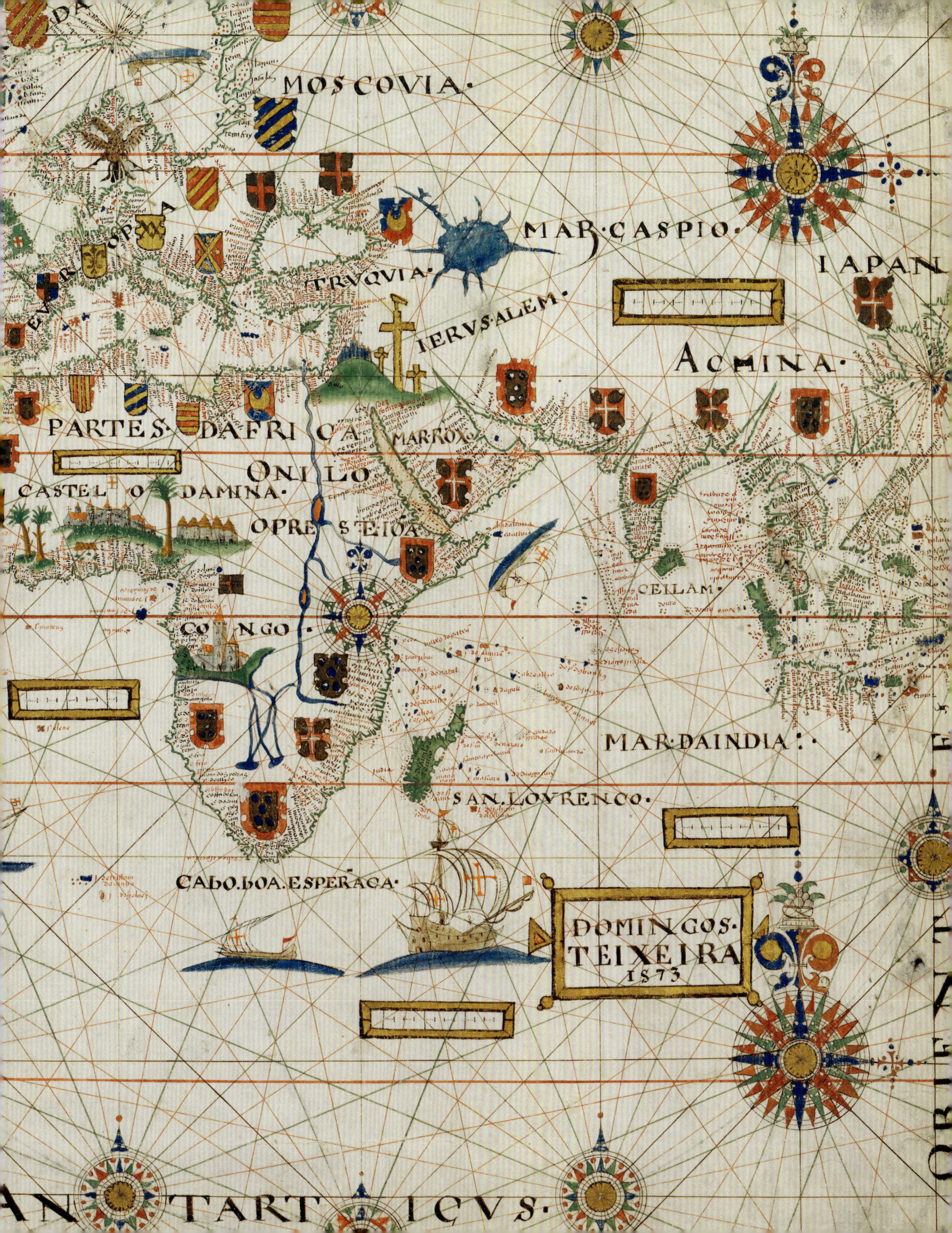
MOSCOVIA·
MAR·CASPIO·
IAPAN
TRVQVIA·
IERVS·ALEM·
ACHINA·
EVROPA
PARTES·DAFRICA
ONILO
CASTEL O DAMINA·
OPRESTEIOA
MARROXO
CONGO·
CEILAM·
MARDAINDIA·
SAN.LOVRENCO·
CABO.BOA.ESPERAÇA·
DOMINGOS·
TEIXEIRA
1573
AN TARTICVS·
ORIENT

Sinds de jaren zeventig van de twintigste eeuw zijn tientallen van deze gezonken schepen opgegraven door archeologen, of geborgen door schatgravers. Waar die laatste groep duikers vaak vooral uit is op de handelsbuit, levert de context in de handen van een professionele maritiem archeoloog juist een schat aan unieke informatie op. Deze context is net zo belangrijk als de vondsten zelf en het is daarom van groot belang om deze gegevens goed te registreren. Door de professionalisering van onderwaterarcheologie is er enorme vooruitgang geboekt om dit unieke erfgoed te bewaren en zo een beter beeld te krijgen van ons maritieme verleden. Een scheepswrak is als een tijdscapsule, die een uitzonderlijk kijkje biedt in een verloren wereld. Omdat keramiek de tand des tijds zo goed weerstaat, is het een uitstekend medium om deze onbekende verhalen te vertellen.

De Maritieme Zijderoute is eeuwenlang bevaren voor de handel. Daarnaast is zij van groot belang geweest voor de verspreiding van ideeën, religies, culturele tradities en voor de migratie van mensen.[2] Moessons, de periodieke winden in Azië, waren van cruciaal belang voor de vaarroutes en bepaalden wanneer schepen konden vertrekken.[3] Door het verval van de routes over land kregen de zeeroutes in de achtste eeuw een extra stimulans. Bovendien slaagden de Arabieren erin schepen te ontwikkelen die lange(re) afstanden konden afleggen. In belangrijke Chinese havensteden als Guangzhou (ook bekend als Kanton) en Yangzhou woonden in deze periode al veel buitenlanders, zoals Perzen, Arabieren en Maleiers. Chinese keramiek ontwikkelde zich rond deze tijd tot een veelgevraagd exportproduct in Zuidoost-Azië en het Midden-Oosten. Het Arabische Tang-scheepswrak dat in het begin van de negende eeuw zonk en in 1998 werd gevonden, vormt het eerste concrete bewijs van deze intensieve handel. De lading bestond uit meer dan 60.000 stuks keramiek, van eenvoudig massagoed tot exclusieve stukken.

Tot ongeveer de twaalfde eeuw werden keramiek en andere handelsproducten voornamelijk door buitenlandse schepen vanuit de Chinese havens naar elders verscheept. Daarna vond in China een enorme ontwikkeling plaats in de eigen scheepsbouw. De introductie van het kompas zorgde voor betere maritieme kennis en kaarten werden steeds nauwkeuriger. Dit leidde tot een actieve rol van de Chinezen op de zeeroutes. In de daaropvolgende periode (Yuan-dynastie, 1279-1368) werd China overheerst door de Mongolen. Zij profiteerden van de maritieme ontwikkelingen en gebruikten de Chinese schepen en bemanning intensief, niet alleen voor militaire doeleinden maar ook voor de handel binnen Azië, zowel naar het oosten als naar het westen. Zo weten we dat het in 1323 gezonken schip dat nu bekend staat als het Sinan-scheepswrak op weg was via Korea naar Japan met aan boord een gigantische lading celadon (keramiek met een jadegroen glazuur), bestemd voor tempels en rijke Japanners. Vanaf de late veertiende eeuw kwam hier verandering in met de vestiging van de Ming-dynastie (1368-1644). Buitenlandse handel werd door de Chinese keizers beperkt en uiteindelijk zelfs

Since the 1970s, dozens of these sunken ships have been excavated by archaeologists or salvaged by treasure hunters. While the main aim of the latter group of divers is the booty that can be sold, in the hands of a professional maritime archaeologist the context of the shipwreck can provide a wealth of unique information. This context is just as important as the treasures themselves, and it is therefore of the greatest importance that this information is registered correctly. The professionalisation of underwater archaeology has resulted in huge progress in the preservation of this unique heritage and thus an improved picture of our maritime past. A shipwreck is like a time capsule: it provides a special look at a lost world. Because ceramics can withstand the test of time so well, they are an excellent medium for telling these unknown stories.

Ships navigated the Maritime Silk Road for centuries, transporting trading products. But the route was also extremely important for the dissemination of ideas, religions and cultural traditions, and for the migration of people.[2] Monsoons, the periodic winds in Asia, were of vital importance to the shipping routes; they determined when ships could leave.[3] The decline of the overland routes boosted the use of the sea routes in the eighth century. The Arabs also discovered how to develop ships that were capable of sailing further distances. In this period there were already many foreigners, including Persians, Arabs and Malaysians, living in major Chinese seaports like Guangzhou (also known as Canton) and Yangzhou. Around this time, Chinese ceramics developed into an export product that was in great demand in Southeast Asia and the Middle East. The Arabian Tang shipwreck that sank at the start of the ninth century and was discovered in 1998 provides the first concrete evidence of this vigorous trade. The cargo consisted of more than 60,000 ceramic items, from simple bulk goods to luxury objects.

Until about the twelfth century, ceramics and other commercial products were transported mainly by foreign vessels from the Chinese ports to elsewhere. Then Chinese shipbuilding underwent a huge development. The introduction of the compass helped improve maritime knowledge and charts became increasingly accurate. These changes led to the Chinese actively taking part in the shipping routes. In the following period (Yuan dynasty, 1279–1368), China was dominated by the Mongolians. They took advantage of the maritime developments and used the Chinese ships and crews intensively, not only for military purposes but also for trade in Asia, both to the east and to the west. Thus we know that a ship that sank in 1323, now known as the Sinan Shipwreck, was on its way via Korea to Japan with a gigantic cargo of celadon (ceramics with a jade green glaze) on board, intended for temples and wealthy Japanese. This situation changed from the late fourteenth century when the Ming dynasty (1368–1644) was established. The Chinese emperors restricted and eventually even prohibited foreign trade; only tributes were still permitted.[4] An illegal network of Chinese merchants grew quite quickly, and they established themselves in great numbers in the

verboden, alleen tribuuthandel was nog toegestaan.[4] Al snel ontwikkelde zich een illegaal netwerk van Chinese handelaren die zich in grote aantallen in de belangrijkste havenplaatsen in Azië vestigden. Tegelijkertijd sprongen andere regio's als Thailand en Vietnam in op dit gat in de markt en dit is ook terug te zien in de scheepswrakken uit deze periode, waarin keramiek uit deze gebieden domineert. Pas in de late vijftiende eeuw nam de Chinese keramiek haar dominantie positie als handelsproduct weer over.

Rond 1500 wisten Portugal en Spanje de route naar Azië via Zuid-Afrika succesvol te bevaren. Dit opende de weg voor de handel tussen Europa en Azië. Specerijen waren het belangrijkste handelsproduct, daarnaast ging ook de handel in Chinese keramiek een steeds grotere rol spelen. De Portugezen en Spanjaarden maakten daarbij dankbaar gebruik van de eeuwenoude maritieme netwerken in Azië. De Spanjaarden markeerden de Filipijnen als hun uitvalsbasis, met Manilla als de belangrijkste havenplaats. Tevens ontdekten zij de route naar Mexico vanaf Azië. Dit vormde het begin van de Manillagaljoens die tussen Manilla en Acapulco (Mexico) voeren. Vanaf 1580 viel Portugal onder het Spaanse rijk als deel van de Iberische Unie. Het gevolg hiervan was dat de haven van Lissabon niet meer gebruikt mocht worden voor de invoer en doorvoer van goederen uit Azië. Dit was voor Nederland, op dat moment in oorlog met Spanje, alsook voor Engeland, de aanleiding om zelf de route naar Azië te ontdekken. Het opzetten van een netwerk in dit gebied bleek echter lastig. Een effectieve manier om de Spanjaarden en Portugezen te intimideren was het kapen van hun schepen. Zo sloeg men twee vliegen in een klap: schepen op de terugweg hadden namelijk kostbare ladingen aan boord die zowel de Nederlandse VOC als de Engelse East India Company (EIC) goed konden verkopen in eigen land.[5] Dat dit niet zonder strijd verliep laten bijvoorbeeld de gebeurtenissen rond de *San Diego* (gezonken 1600) en de *Witte Leeuw* (gezonken 1613) duidelijk zien. Tegelijkertijd geven de scheepsladingen een uniek beeld van wat er werd verhandeld in deze vroege periode waarin Europa actief was in Azië.

In de zeventiende en achttiende eeuw waren de Europese mogendheden zeer bedrijvig op de Maritieme Zijderoute. China exporteerde in deze periode enorme hoeveelheden porselein binnen Azië. Chinese schepen vervoerden het naar allerlei bestemmingen, waar het vervolgens op markten werd verkocht aan de lokale bevolking, maar ook aan de westerse landen. De Chinese jonk die nu bekend staat als het Hatcher-wrak (gezonken circa 1643) was waarschijnlijk zo'n schip. Batavia, het huidige Jakarta, was een grote afzetmarkt voor de Chinese keramiek, waar de VOC grote aantallen inkocht voor verscheping naar Nederland. Vanaf de late zeventiende eeuw werd het steeds gemakkelijker om directe bestellingen te plaatsen voor specifieke vormen en decoraties van Chinees porselein. In die periode werd de Chinese havenstad Kanton ook toegankelijk voor Europanen.[6] Thee was het voornaamste product dat in China werd gekocht, daarnaast zijde en andere soorten textiel. En uiteraard porselein, dat ook als ballast diende voor de

major seaports in Asia. At the same time, other regions like Thailand and Vietnam jumped on this gap in the market. This is also reflected in the shipwrecks from this period, with a profusion of ceramics from these areas. It was only in the late fifteenth century that Chinese ceramics regained their dominant position as a commercial product.

Around 1500, Portugal and Spain successfully managed to navigate a route to Asia via South Africa, thus opening the way to trade between Europe and Asia. Spices were the most important commercial product, while the trade in Chinese ceramics would play an increasingly large role. The Portuguese and Spanish made grateful use of the centuries-old maritime networks in Asia. The Spanish marked the Philippines as their base, with Manila as the most important seaport. They also discovered the route to Mexico from Asia. This constituted the start of the Manila Galleons that sailed between Manila and Acapulco (Mexico). From 1580, Portugal fell under the Spanish kingdom as part of the Iberian Union. As a result, the port of Lisbon could no longer be used for the import and transit of goods from Asia. For the Netherlands, at war with Spain at the time, and also for England, this served as even more incentive to discover the route to Asia for themselves. However, it was difficult to set up a network in this area. One effective way of intimidating the Spanish and Portuguese was to seize their ships. This killed two birds with one stone: ships on their return voyage carried valuable cargoes that the Dutch VOC and the English East India Company (EIC) could easily sell in their own countries.[5] This did not always happen without conflict, as shown clearly by the events involving the *San Diego* (sunk in 1600) and the *Witte Leeuw* (sunk in 1613). At the same time, the ship cargoes provide a unique picture of the kinds of commodities that were being traded in this early period during which Europe was active in Asia.

In the seventeenth and eighteenth centuries the European powers were extremely active on the Maritime Silk Road. During this period China exported enormous quantities of porcelain within Asia. Chinese ships transported it to a wide range of destinations where it was sold at markets to the local inhabitants, but also to the Western countries. The Chinese junk now known as the Hatcher Wreck (sunk around 1643) was probably such a ship. Batavia, now Jakarta, was a large market for Chinese ceramics. The VOC purchased large quantities of it there to ship to the Netherlands. It became increasingly easy from the late seventeenth century to place direct orders for specific shapes and decorations on Chinese porcelain. The Chinese seaport Canton was also opened to Europeans in this period.[6] The main product purchased in China was tea, followed by silk and other types of textiles and of course porcelain. The latter also served as ballast for the return voyage. This is well illustrated by the VOC ship *Geldermalsen* (sunk in 1752) which was carrying an enormous amount of tea as well as porcelain. The porcelain had been packed in between the tea.

The Western merchants still only had limited access to China in the eighteenth century, and this created more and more

terugreis. Het VOC-schip *Geldermalsen* (gezonken 1752) bijvoorbeeld had naast porselein een enorme hoeveelheid thee bij zich. Het porselein zat hiertussen verpakt.
Directe toegang tot China voor de westerse handelaren bleef in de achttiende eeuw nog altijd beperkt, wat tot steeds grotere frustratie leidde. Tegelijkertijd werd het keizerlijke systeem in China aan het begin van de negentiende eeuw steeds wankeler als gevolg van de enorme corruptie in het land. Engeland besloot van deze zwakte gebruik te maken en ging over tot het illegaal verhandelen van opium aan China, een verslavend middel dat door de keizer ten strengste was verboden. Het had echter een grote aantrekkingskracht op de Chinese elite. De handel in opium nam hierdoor toe, wat zeer lucratief was voor de Engelsen maar funest voor China aangezien steeds meer mensen aan dit middel verslaafd raakten. De verslechterde politieke en economische situatie in China leidde ertoe dat met name Chinezen uit de kustprovincies massaal uit het land vertrokken, op zoek naar werk en een beter leven elders. Borneo en Indonesië, waar al grote Chinese gemeenschappen waren gevestigd, vormden een belangrijke bestemming. Dat deze reis niet zonder risico was toont het dramatische verhaal van de *Tek Sing*. Dit schip, op weg naar Batavia, had aan boord meer dan 1.600 migranten. Door een aanvaring met een rif verging het en daarmee verloren ook bijna alle mensen die aan boord zaten het leven. Tijdens de berging van het wrak in de jaren negentig van de twintigste eeuw werden meer dan 350.000 stuks porselein naar boven gehaald. Het toont daarmee aan dat ondanks de verslechterde economische situatie in China in het begin van de negentiende eeuw, de handel binnen Azië nog steeds floreerde.

Eline van den Berg
Conservator Aziatische keramiek
Keramiekmuseum Princessehof

frustration. Al the same, the imperial system in China was becoming increasingly unstable at the start of the nineteenth century as a result of the huge level of corruption in the country. England decided to make use of this weakness and resorted to trafficking opium illegally in China. Although this addictive substance was forbidden strictly by the emperor, it proved very attractive to the Chinese elite. This increased the trade in opium; very lucrative for the English but disastrous for China, since more and more people became addicted to the substance. The deteriorating political and economic situation in China meant that massive numbers of Chinese people, especially those from the coastal provinces, abandoned the country in search of work and a better life elsewhere. Borneo and Indonesia, with large Chinese communities already, were major destinations. The dramatic story of the *Tek Sing* shows that this journey was not without risk. That ship was heading for Batavia with more than 1,600 migrants on board. The ship struck a reef and sank; almost all the people on board died. When the wreck was salvaged in the 1990s, more than 350,000 pieces of ceramics were retrieved. This shows that trade in Asia still flourished, despite the economic downswing in China at the start of the nineteenth century.

Eline van den Berg
Curator Asian Ceramics
Princessehof National Museum of Ceramics

Tang

TYPE SCHIP	TYPE OF SHIP
Arabische dhow	Arab dhow
LENGTE	LENGTH
20-22 meter	20-22 metres
BREEDTE	WIDTH
5,1 meter	5.1 metres
CAPACITEIT	CAPACITY
> 35 ton	> 35 tonnes
GEZONKEN	SANK
circa 830, vlakbij het eiland Belitung, Indonesië	circa 830, close to the island Belitung, Indonesia
GEBORGEN	SALVAGED
1998-1999	1998-1999

Stephen A. Murphy

Senior-conservator voor Zuidoost-Azië en de Tang Shipwreck Gallery bij het Asian Civilisations Museum in Singapore
Senior Curator for Southeast Asia and the Tang Shipwreck Gallery at the Asian Civilisations Museum, Singapore

In de negende eeuw was Azië al zeer gericht op de rest van de wereld en bestond er een sterke verbondenheid tussen de landen en streken. Het wrak uit de tijd van de Tang-dynastie (kortweg Tang-wrak en ook bekend als het Belitung-wrak), maakt de complexiteit en omvang hiervan duidelijk. Het schip werd in het Midden-Oosten gebouwd van hout dat afkomstig was uit Afrika. Het vertrok in de eerste helft van de negende eeuw op een reis die twee rijken verbond: het kalifaat van de Abbasiden (in het tegenwoordige Iran en Irak) en China ten tijde van de Tang-dynastie. Onderweg zal de bemanning met veel verschillende culturen en volkeren in contact zijn gekomen en daarmee handel hebben gedreven, vooral met volkeren die gevestigd waren in de havens langs de kust van India en Zuidoost-Azië [2].
Naar de lading van het schip op de heenreis kunnen we slechts raden, maar deze zal waarschijnlijk hebben bestaan uit producten zoals wierook (gomhars zoals olibanum en mirre), glazen en metalen voorwerpen, ivoor, katoenen stoffen, dadels, olijfolie, specerijen, aromatisch hout en mineralen zoals kobalt.[1] Deze lading is waarschijnlijk gelost en verkocht in Guangzhou of Yangzhou, de twee belangrijkste Chinese havens in die tijd. Voor de terugreis naar huis zal het schip vervolgens een lading bijeen hebben gebracht die grotendeels was toegesneden op de markt van het Midden-Oosten.

The Tang Shipwreck (also known as the Belitung Shipwreck), elucidates the complexity and extent of globalisation and interconnectivity of Asia in the ninth century. The ship itself was built in the Middle East, of timbers sourced in Africa. It set sail sometime in the first half of the ninth century on a voyage that connected two empires, the Abbasid Caliphate (in modern-day Iran and Iraq) and Tang dynasty China. Along the way, its crew would have traded and sojourned with many different cultures, particularly those based at ports along the coasts of India and Southeast Asia [2].
On its outbound voyage, it was laden with a cargo that we can only guess at, but most likely consisting of commodities such as incense (gum resins such as frankincense and myrrh), glass and metal objects, ivory, cotton textiles, dates, olive oil, spices, aromatic woods, and minerals such as cobalt.[1] It would have unloaded and sold this cargo, either at Guangzhou or Yangzhou, the two major Chinese ports at the time. For the return journey home it would then have acquired a cargo which was largely tailored to the Middle Eastern market.

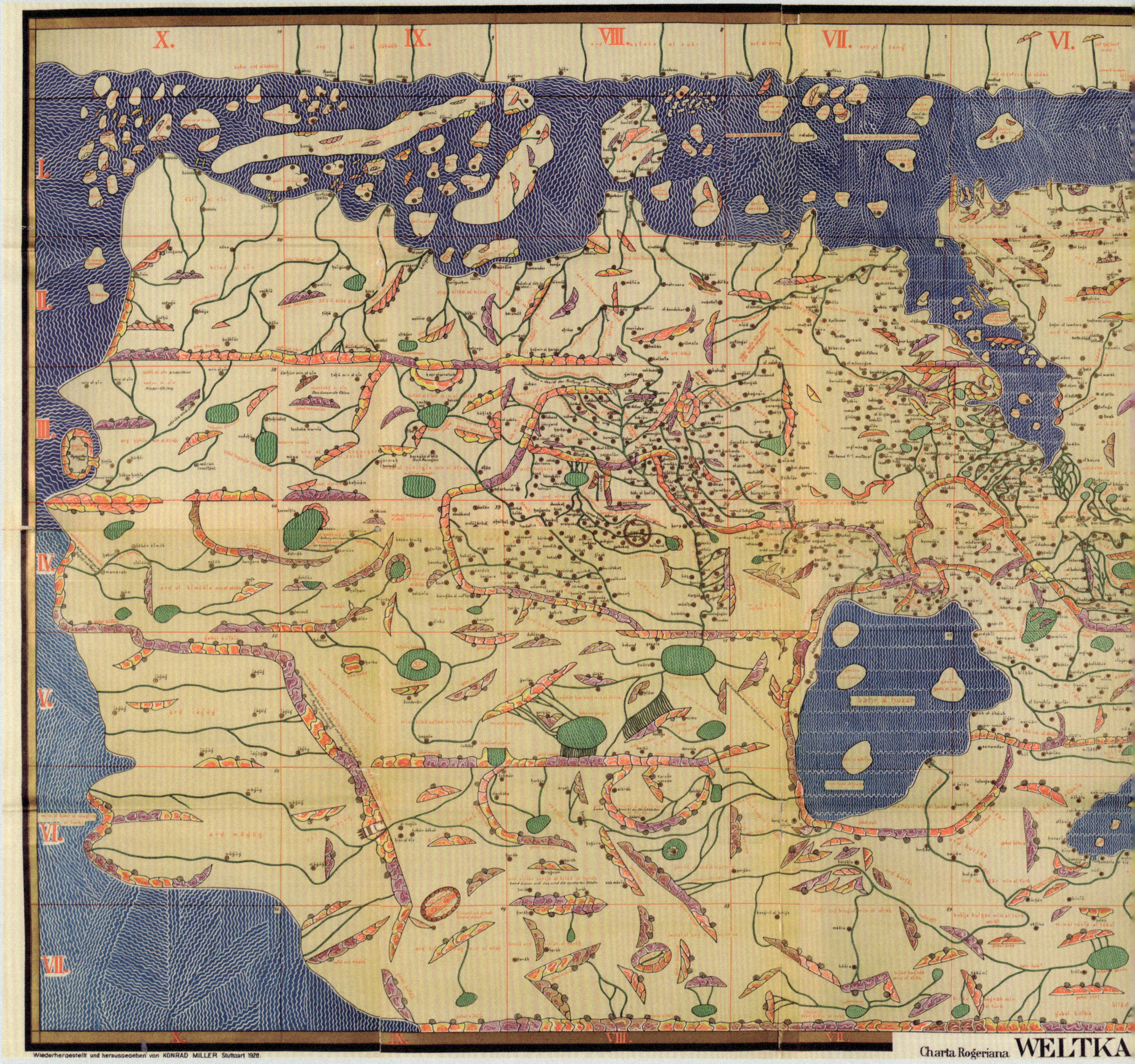

1
Charta Rogeriana, wereldkaart door Muhammad al-Idrisi | world map by Muhammad al-Idrisi, 1154, kopie door | copy by Konrad Miller, 1928, Bayerische Staatsbibliothek, München | Munich

Op deze wereldkaart is het zuiden aan de bovenzijde afgebeeld.
This world map is oriented with the South at the top.

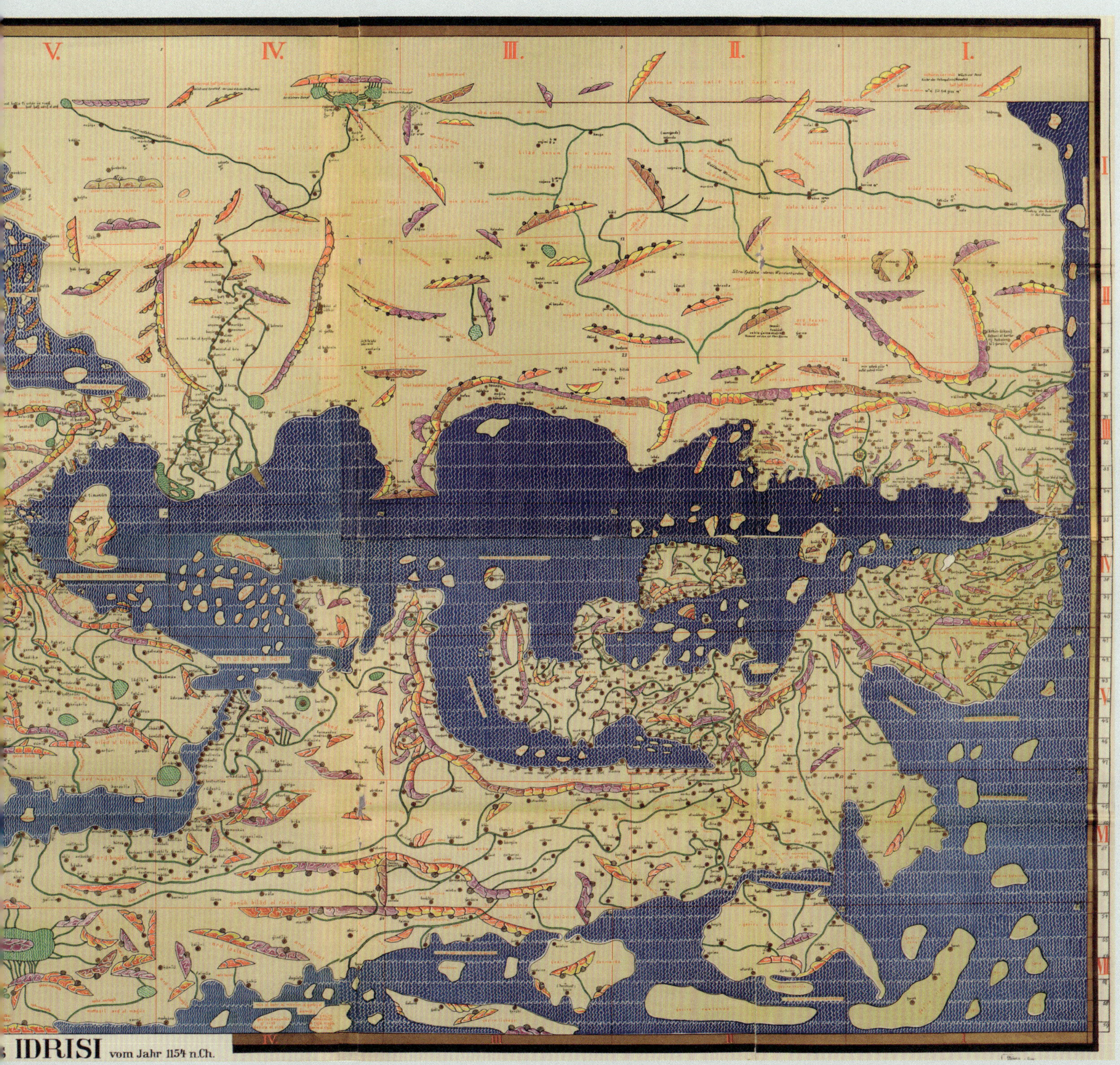
V.
IV.
III.
II.
I.
IDRISI vom Jahr 1154 n.Ch.

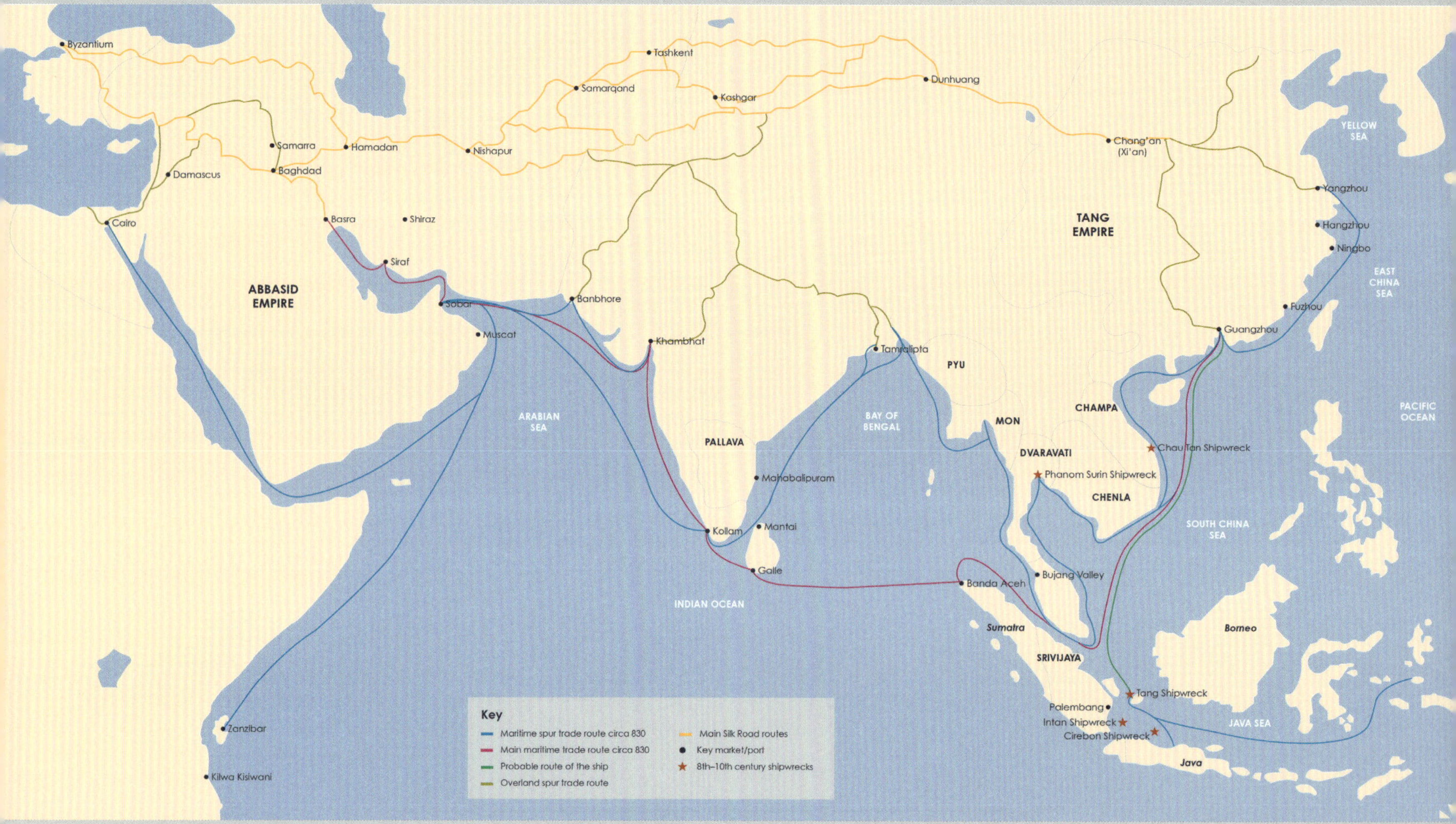

2
De vermoedelijke route van het Tang-schip, met de belangrijkste culturen in Azië in de 9de eeuw | The probable route of the Tang Ship, with the major cultures of Asia in the 9th century
© Asian Civilisations Museum, Singapore

Het grootste deel van deze lading bestond uit Chinese keramiek uit de Changsha-ovens in de provincie Hunan. Meer dan 50.000 kommen waren zorgvuldig verpakt in grote voorraadpotten [7-8]. Deze enorme lading zal tegelijkertijd hebben gediend als ballast en handelswaar. Daarnaast had men keramiek van hogere kwaliteit aangeschaft, maar wel in veel kleinere aantallen.[2] Het ging onder meer om voorwerpen met een jade-achtig groen glazuur uit de Yue-ovens [9], verfijnde witte keramiek uit de Xing- en Ding-ovens [10], objecten met groene spetters [12] en drie borden met een blauw-witte decoratie uit Gongxian [15]. Er was ook een kleine maar zeer waardevolle lading edelmetalen aan boord, zoals een kop, kommen en schalen van goud, zilveren dozen en flessen en ook negenentwintig bronzen spiegels [9, 14].

Nadat al deze goederen waren ingepakt en ingeladen werd het anker gelicht en begon het schip aan de terugreis. Toen het door de wateren van Zuidoost-Azië voer, werd het echter door een ramp getroffen. Het zonk in de Javazee bij de kust van het eiland Belitung in het zuiden van Sumatra. De zee in dat gebied is verraderlijk en het schip liep waarschijnlijk op een rif, waardoor de genaaide scheepsromp lek raakte en het schip zonk. We zullen nooit zeker weten hoe het op de bodem van de zee terechtgekomen is. Dat het schip echter intact werd ontdekt, geeft aan dat het niet in stukken is gebroken of gekapseisd. Het is ook niet in brand gevlogen. Er zijn namelijk geen brandsporen gevonden op het scheepshout dat tijdens de berging naar boven werd gehaald. Wat we wel zeker weten is dat het schip meer dan duizend jaar onaangeroerd op de zeebodem heeft gelegen voordat het in 1998 door vissers werd ontdekt.

De berging

In 1998 waren vissers bij de kust van het eiland Belitung aan het vissen op zeekomkommers. Tijdens het duiken stuitten zij op een ophoging op de zeebodem [6]. Toen zij deze nader onderzochten, kwamen er enkele stukken Chinese keramiek tevoorschijn die zij mee naar boven haalden. Het nieuws van de ontdekking verspreidde zich snel. Toen het belang van de ontdekking duidelijk werd, besloot de Indonesische regering een manier te vinden om het wrak te bergen. Er werd een licentie gegeven aan een bergingsbedrijf en Seabed Explorations met Tilman Walterfang aan het hoofd begon vervolgens aan een bergingsoperatie.

Het grootste deel van het materiaal werd gedurende twee seizoenen in 1998-1999 geborgen. In het tweede seizoen was maritiem archeoloog dr. Michael Flecker bij de berging betrokken. Daardoor zag hij kans nog wat belangrijke archeologische informatie vast te leggen. De voorwerpen werden vervolgens in Nieuw-Zeeland geconserveerd, wat geruime tijd in beslag nam. De Nationale Commissie voor de Berging en het Gebruik van Waardevolle Objecten uit Gezonken Schepen, een overheidsinstantie onder het Indonesische ministerie van Zeezaken en Visserij, kende de bergingslicentie toe uit naam van de Indonesische regering. De commissie stipuleerde de juridische overeenkomst en de licentievoorwaarden. Seabed Explorations vereffende

The majority of this cargo was made up of Chinese ceramics from the kilns at Changsha in Hunan province. Over 50,000 such bowls were carefully packed in large storage jars [7-8]. This mass cargo would have functioned both as ballast and as a commercially viable product. Alongside it, ceramics of superior quality were also procured but in significantly lesser numbers.[2] These included jade-like green wares from the Yue kilns [9], fine white wares from the Xing and Ding kilns [10], green-splashed wares [12] and three blue-and-white dishes from Gongxian [15]. A small, but highly valuable cargo of precious metals was also procured. This includes a gold cup, bowls, and dishes, silver boxes and flasks as well as twenty-nine bronze mirrors [9, 14].

The cargo packed and stowed, the ship weighed anchor and began its journey home. However, while the ship sailed through Southeast Asian waters, disaster struck. It sank in the Java Sea, off the coast of Belitung Island in southern Sumatra. The waters in that area are treacherous and the ship most likely hit a reef, causing its sewn hull to spring a leak which subsequently led to its sinking. We will never know for sure how it came to rest on the seabed. However, the fact that the ship was discovered intact on the seafloor indicates that it did not break up or capsize. Nor did the timbers revealed during the recovery effort provide any evidence of it catching fire. What we do know for sure is that it lay undisturbed for over a millennium until it was discovered by fishermen in 1998.

The recovery

In 1998, fishermen diving for sea cucumbers off the coast of Belitung Island came across a mound on the seabed [6]. Taking a closer look, they uncovered some Chinese ceramics and brought them to the surface. Word soon spread of the discovery, and as its significance became apparent, the Indonesian government moved to organise a means of recovering the wreck. A licence was granted to a salvage company and a recovery operation was subsequently mounted by Seabed Explorations run by Tilman Walterfang. Over the course of two seasons spanning 1998-1999 the majority of the material was recovered. In the second season maritime archaeologist Dr. Michael Flecker was present and he managed to record a degree of important archaeological information. The objects then went through a lengthy period of conservation in New Zealand. As part of the legal agreement and licensing conditions set forth by the National Committee for Salvage and Utilisation of Valuable Objects from Sunken Ships (a body under the Ministry of Marine Affairs and Fisheries, who granted the salvage licence on behalf of the Indonesian government), Seabed Explorations made the Ministry of Marine Affairs and Fisheries a one-time payment of US$ 2.5 million plus the return of another cargo, the Intan Shipwreck, as settlement of their share.[3]

After this, Seabed Explorations had fulfilled its legal and financial commitments to the Indonesian government and was free to sell the Tang Shipwreck Cargo.

On 13 January 2005, a generous donation by the Khoo Teck Puat Foundation helped the Singapore Tourism

Noten op p.154 Notes on p.154

zijn aandeel door het ministerie van Zeezaken en Visserij een eenmalig bedrag te betalen van US$ 2,5 miljoen en een andere lading terug te geven, die van het Intan-wrak.[3]
Op deze manier voldeed Seabed Explorations zijn juridische en financiële verplichtingen aan de Indonesische regering en kon het bedrijf de lading van het Tang-scheepswrak verkopen.
Op 13 januari 2005 wist de Singapore Tourism Board als vertegenwoordiger van de regering van Singapore de geborgen lading te verwerven. De aankoop liep via de Sentosa Leisure Management Pte Ltd en werd mogelijk gemaakt dankzij een genereuze bijdrage van de Khoo Teck Puat Foundation.[4] Op 28 maart 2013 droeg de Singapore Tourism Board de collectie van het wrak over aan de National Heritage Board van Singapore en werd het Asian Civilisations Museum de nieuwe beheerder. Op deze manier werd de geborgen lading onderdeel van de nationale collectie van Singapore. Het museum besloot een nieuwe permanente expositieruimte te bouwen, die werd geopend op 14 november 2015. De ruimte kreeg de naam van de Khoo Teck Puat familie uit erkenning voor hun genereuze bijdrage. In april 2017 verscheen er een nieuwe catalogus.[5]

Discussie over de berging

Veel archeologen zijn van mening dat bij commerciële bergingen van scheepswrakken het winstoogmerk de overhand krijgt en ten koste gaat van conservering en onderzoek. Bij het Tang-wrak huurde het bergingsbedrijf alleen tijdens de tweede ronde van het project in april 1999 archeologen in om de gegevens vast te leggen van de locatie, het schip en zijn lading. Hoewel er belangrijke informatie werd verzameld, onder meer over de constructiemethode en materialen van het schip, zou er met nauwkeurig archeologisch onderzoek veel meer zijn vastgelegd. Er is bijvoorbeeld geen gedetailleerd verslag van waar de lading zich aan boord bevond.
Was een commerciële berging de geschiktste manier om het Tang-wrak naar boven te halen? In dit geval waarschijnlijk wel. Archeologische opgravingen onder water eisen grote deskundigheid en zijn kostbaar, maar ze leveren wel zeer gedetailleerde documentatie op. Zoals zoveel vindplaatsen onder water dreigde de vindplaats van het Tang-wrak echter direct te worden geplunderd en zoals Michael Flecker terecht opmerkte was een commerciële berging '...de enige manier om plundering te voorkomen, tenzij er permanent een marineschip bij het wrak wordt gestationeerd.'[6]
Bovendien was de kans erg klein dat er een internationaal team kon worden samengesteld en er voldoende geld beschikbaar zou komen voor een archeologische opgraving. Gewoon bergen leek gezien de omstandigheden de enig haalbare oplossing.
Een van de positieve gevolgen was dat de regering van Singapore het overgrote deel van de scheepslading verwierf, waardoor het als één collectie behouden bleef. Dit is heel bijzonder en daardoor is de lading nu en in de toekomst toegankelijk voor zowel onderzoekers als het gewone publiek.

Board acquire the Tang Shipwreck Cargo, on behalf of the Singapore government, through Sentosa Leisure Management Pte Ltd.[4] On 28 March 2013, the collection was transferred from Singapore Tourism Board to the National Heritage Board of Singapore and the Asian Civilisations Museum became the new custodian of the Tang Shipwreck Collection. It thus became part of the Singapore national collection and planning of a new permanent gallery at the Asian Civilisations Museum got underway. Construction soon commenced, with the gallery opening on 14 November 2015. The gallery was named after the Khoo Teck Puat Family in recognition of their generous donation and a new catalogue was published in April 2017.[5]

Debate over the recovery

Many archaeologists argue that commercial involvement compromises the documentation and retrieval of historical data from wreck sites, since the pursuit of profits may take precedence over preservation and research. In the case of the Tang Shipwreck, the company only engaged archaeologists to record details of the site, the ship and its contents during the second round of recovery work in April 1999. While important information, including the construction method and materials of the ship, was gathered, it was not as comprehensive as what would have been recorded by strict archaeological methods. For instance, there is no detailed account of the placement of the cargo on board.
Was commercial salvage the most appropriate way to recover the Tang Shipwreck? In this case, most likely. Underwater archaeological excavations require highly specialised professionals and are expensive, but they result in very detailed documentation. However, the threat of looting was imminent for this site (as with many other underwater sites). As Michael Flecker notes, salvage was '...the only way to prevent looting, short of permanently stationing a navy ship over the wreck.'[6] In addition to this, the feasibility of assembling an international team and securing funding for an archaeological excavation was extremely low. Salvage it seems, was the only viable option under the circumstances.
One of the positive outcomes however, was that the vast majority of the ship's cargo was acquired by the Singapore government, ensuring that it was retained as a single collection. This is extremely rare for salvaged cargoes. As a result, the cargo is now accessible to the public and scholars alike for many generations to come.

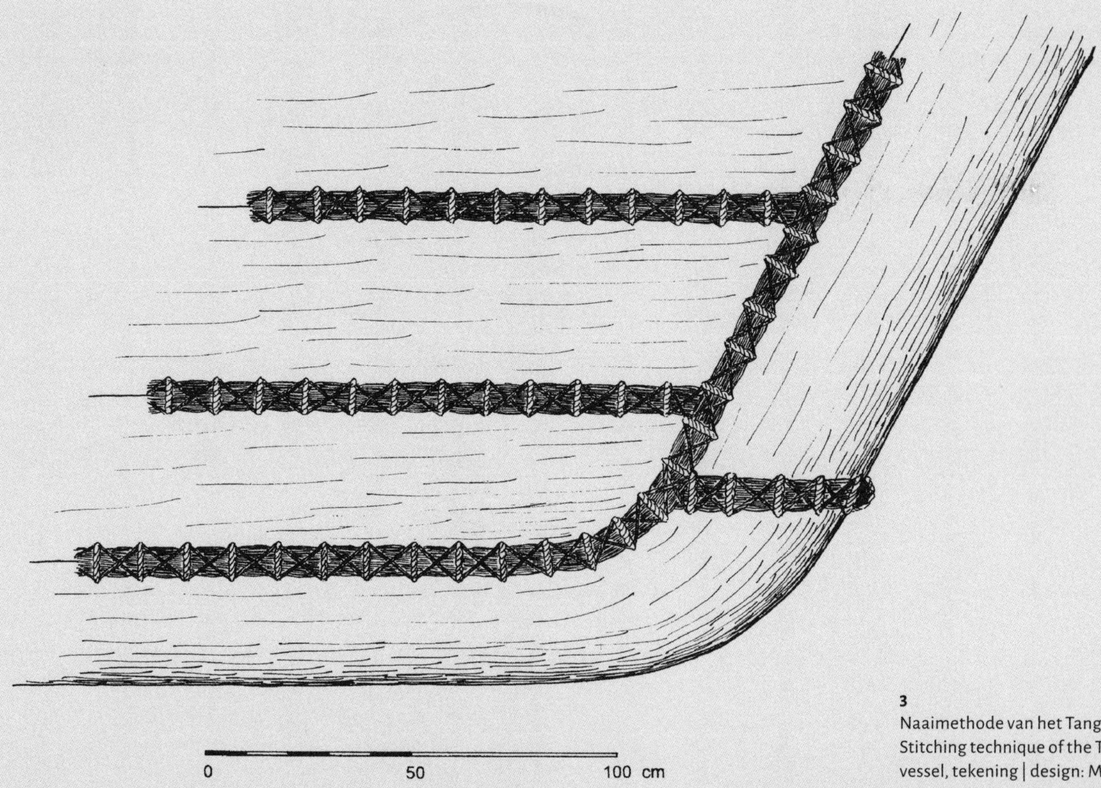

3
Naaimethode van het Tang-schip | Stitching technique of the Tang Shipwreck vessel, tekening | design: Michael Flecker

Het schip
Dankzij zijn betrokkenheid bij het bergingsproces heeft Flecker het schip nog enigszins kunnen bestuderen en documenteren. Hierdoor kon hij vaststellen dat het schip afkomstig was uit het Midden-Oosten. Dat leidde hij af uit de methode van bouwen.[7] Er is niet één spijker of deuvel gebruikt. In plaats daarvan naaide men houten planken aan elkaar met touw dat gemaakt was van de waroeboom [3]. Daarna werd het schip waterdicht gemaakt door breeuwsel rond de verbindingen aan te brengen en af te dichten met kalk.
Deze technieken zijn karakteristiek voor vroege schepen die zijn gemaakt in gebieden rond de Perzische Golf en het westen van de Indische Oceaan. Wetenschappelijke analyse toonde aan dat het hout uit Afrika afkomstig was, en dat er reparaties waren verricht met materialen uit India en Zuidoost-Azië. Volgens Flecker kwam het schip daarom uit het Midden-Oosten, omdat voor schepen die in het westen van India werden gebouwd, er geen hout uit Afrika hoefde te worden geïmporteerd.[8] In India was er voor het bouwen van schepen een overvloed aan hout van uitstekende kwaliteit aanwezig, namelijk teak. Etnografisch bewijs van scheepsbouw in Oman, met name de kruissteek en de bevestiging door de balk heen, laat volgens Flecker zien dat het schip bijna identiek is aan kleine vaartuigen die daar nu nog worden gebouwd [4]. Bovendien dateert de vroegst bewaard gebleven afbeelding van een soortgelijk Arabisch vaartuig uit 1237. Het staat in de geïllustreerde uitgave van al-Hariri's *Maqamat* (de Engelse titel is *Assemblies* of *Rhetorical Anecdotes*) en het vertoont opvallende gelijkenissen met het Tang-wrak [5].

The ship
Owing to his involvement in the recovery process, Flecker was able to record and study the vessel in some detail. This allowed him to ascertain that the ship was Middle Eastern in origin. This conclusion came from the construction method.[7] Not a single nail or dowel was used. Instead, wooden planks were sewn together with rope made from sea hibiscus [3]. In addition, wadding was packed around the joints and sealed with lime, waterproofing the ship. These techniques are typical of early ships made around the Persian Gulf and the western Indian Ocean. Scientific analysis shows that the wood came from Africa, and that repairs were made with materials from India and Southeast Asia. Flecker is of the opinion that the ship is therefore of Middle Eastern origin, as ships built in western India would not need to import wood from Africa.[8] This is because they already possessed a plentiful supply of excellent shipbuilding timber, namely teak. Flecker also notes that ethnographic evidence of boat building from Oman, particularly the cross-stitching and through-beam attachment, shows that the ship is almost identical to small craft still built there today [4]. Furthermore, the earliest surviving image of an Arab vessel of this type dates from 1237 and is recorded in the illustrated edition of al-Hariri's *Maqamat* (*Assemblies*) [5]. It too shows striking similarities to the Tang Shipwreck.

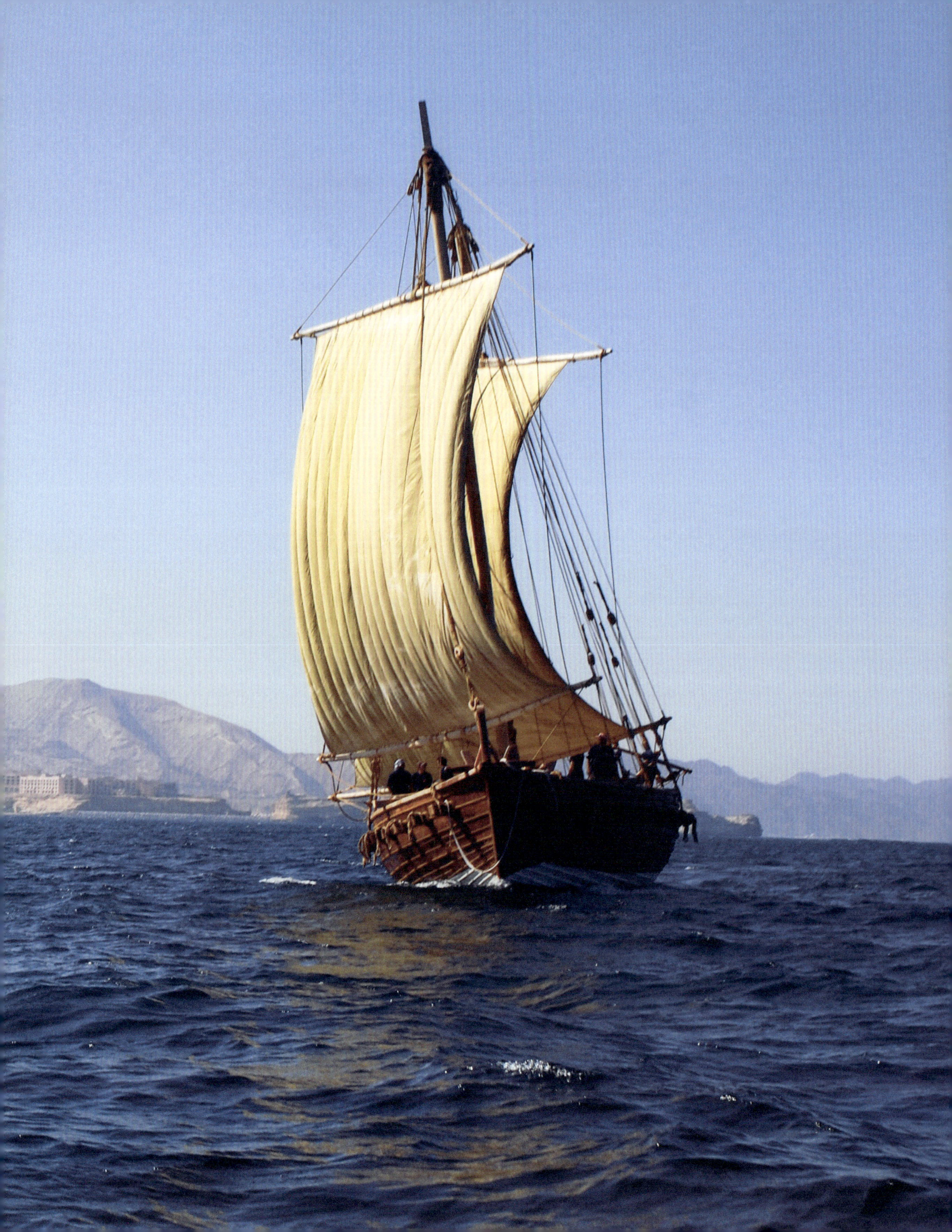

Arabische en Perzische zeevaart in het eerste millennium
Havens langs de maritieme handelsroute waren kosmopolitische centra. Al in de zevende eeuw woonden er grote gemeenschappen uit het Midden-Oosten in Chinese steden zoals Guangzhou, Yangzhou, Quanzhou en Ningbo. Zo dateert de Huaisheng-moskee in Guangzhou vermoedelijk uit de zevende eeuw. Er waren ook andere volkeren aanwezig zoals de Maleiers, Chams en Indiërs, net als verschillende religies zoals de oosters-orthodoxe kerk, het judaïsme, het hindoeïsme en het boeddhisme.[9] Arabische en Perzische kooplieden vestigden zich ook langs de kust van de Indische Oceaan van Zanzibar in Afrika tot Calicut (tegenwoordig Kozhikode) in India, vaak naast Joodse gemeenschappen die daar al langer gevestigd waren.[10] De haven van Kollam in het zuiden van India had bijvoorbeeld een markt waar christenen, joden en Arabieren met elkaar omgingen en handel dreven onder de bescherming van de plaatselijke hindoe koning.[11] Aan de oostkust van het zuiden van India waren Nagapattinam en Mahabalipuram bedrijvige havens. Verder naar het zuiden was het eiland Sri Lanka al vele eeuwen actief in de maritieme handel, en vanaf de eerste eeuw na Christus had het al contacten met de Romeinse wereld.[12]
Door zich in deze havensteden te vestigen bouwden Arabische en Perzische kooplieden een handelsnetwerk op van tussenpersonen en agenten waardoor ze producten konden verkrijgen, verschepen en verkopen in een gebied dat zich uitstrekte van de kust van Oost-Afrika in het westen tot China in het oosten en misschien nog wel verder. Zo zijn er goederen uit Changsha in Japan aangetroffen en op het Koreaanse schiereiland dreef het koninkrijk Silla al actief handel met China.[13]
We zien dit ook terug in de oudste bekende scheepvaart-verhandelingen in het Midden-Oosten. De Arabische geograaf Mas'udi (overl. 956) schreef bijvoorbeeld in zijn werk (*De Weiden van Goud en Mijnen van Edelstenen / Muruj adh-dhahab was ma'adin al-jawhar*) dat in elk geval tot 877-78 na Christus schepen vanuit Basra, Siraf, Oman en India met hun koopwaar en lading naar de mond van de rivier van Guangzhou voeren.[14]
Het is daarom aannemelijk dat de bemanning en kapitein van het schip Arabieren of Perzen waren. Deze reizen moeten echter fysiek zwaar zijn geweest en het verloop onder de bemanning zal zeker een rol hebben gespeeld. Gedurende de reis rekruteerde de kapitein waarschijnlijk nieuwe bemanningsleden. Maleiers bijvoorbeeld waren gerenommeerde zeelieden en moeten een voor de hand liggende keuze zijn geweest. Zeker ook omdat ze het gebied rond het Maleisische schiereiland goed kenden en misschien

Arab and Persian seafaring in the first millennium
Ports along the maritime trade route were cosmopolitan hubs. From as early as the seventh century, Chinese cities such as Guangzhou, Yangzhou, Quanzhou and Ningbo had large Middle Eastern communities. The Huaisheng Mosque in Guangzhou, for instance, is thought to date back to the seventh century. Other cultures were also present, such as the Malays, Chams and Indians, as were various religions including the Christian Church of the East, Judaism, Hinduism and Buddhism.[9] Arab and Persian merchants also settled along the coast of the Indian Ocean from Zanzibar in Africa to Calicut (present day Kozhikode) in India, often alongside already established Jewish communities.[10] For instance, the port of Kollam in southern India had a marketplace where Christians, Jews and Arabs all mingled and traded under the aegis of a local Hindu king.[11] On the east coast of southern India, Nagapattinam and Mahabalipuram were active ports. Further south, the island of Sri Lanka had for many centuries been involved in maritime trade, and contacts with the Roman world were established as early as the first century AD.[12]
By settling in these port cities, Arab and Persian merchants set up a trade network of middlemen and agents that allowed them to source, move and monetize commodities from as far west as the East African coast to as far east as China and perhaps beyond. Changsha wares have been discovered in Japan, for example, and in the Korean Peninsula the Silla Kingdom was already actively trading with China.[13]
The oldest known Middle Eastern navigational treatises also reflect this. The Arab geographer Mas'udi (d. 956) for instance, wrote in his work (*Meadows of Gold and Mines of Gems / Muruj adh-dhahab was ma'adin al-jawhar*) that up until 877-78 AD ships from Basra, Siraf, Oman and India all sailed to the mouth of the river of Guangzhou with their merchandise and cargo.[14]
We can assume therefore that the crew and captain of the ship were of Arab or Persian origin. However, these voyages would have been physically tough and attrition of crew must have been a factor. The captain most likely replenished crew members along the journey. Malays, for instance, were renowned seafarers and would have been an obvious choice. They also had the advantage of knowing the region around the Malay Peninsula and probably acted as navigators.
A Chinese merchant may also have been on board, as suggested by the discovery of an ink stone. If this was the case, it was probably to oversee a consignment of the cargo.

4
De *Jewel of Muscat* op zee in de buurt van Oman | The *Jewel of Muscat*, sailing near Oman

De *Jewel of Muscat* is een hedendaagse replica van een schip uit de negende eeuw waarbij is uitgegaan van het Tang-wrak. Het is een geschenk van het Sultanaat Oman aan Singapore en wordt nu tentoongesteld in het Maritime Experiential Museum te Singapore.
The *Jewel of Muscat* is a modern replica of a ninth-century ship, based on evidence from the Tang Shipwreck. A gift of the Sultanate Oman to Singapore, the ship is now displayed at the Maritime Experiential Museum in Singapore.

als navigator optraden. De vondst van een inktsteen geeft aan dat er misschien ook een Chinese koopman aan boord was. In dat geval voer hij waarschijnlijk mee om een partij van de lading in de gaten te houden.

Nusantara, het land onder de golven

De rol van Zuidoost-Azië moet niet worden onderschat bij deze internationale maritieme handelsroute. Het gebied nam een sleutelpositie in dankzij de moessons en was een mozaïek van bruisende, uiteenlopende culturen. In Cambodja begon in deze periode de opkomst van het rijk van Angkor. Op Sumatra beheerste de zeemogendheid Srivijaya de zeeën. Op het eiland Java vormde de Borobudur, een monumentale prestatie van boeddhistische architectuur, een testament van de macht van de Sailendra-dynastie. In Thailand en Myanmar kwamen er machtige steden op die gestoeld waren op boeddhistische en hindoeïstische ideologieën. In havens zoals de Bujang vallei op het Thais-Maleisische schiereiland lagen schepen maandenlang voor anker in afwachting van gunstige moessons om hen over de Zuid-Chinese Zee of de Indische Oceaan te voeren. Deze staten en rijken in Zuidoost-Azië waren in de loop van het eerste millennium belangrijker geworden en speelden nu een actieve rol in deze internationale handel.
In de tijd dat het Tang-schip zijn zeereis begon, werd het merendeel van de zeeën in het gebied beheerst door de maritieme handelsmacht Srivijaya. De locatie van het wrak suggereert dat het schip op weg was naar Palembang, de hoofdstad van Srivijaya, of net uit die stad was vertrokken. De meest waarschijnlijke verklaring daarvoor was dat het schip zich wilde mengen in de specerijenhandel door nootmuskaat en kruidnagels te kopen in Palembang of verder naar het zuiden op Java. Specerijen waren een zeer winstgevende en lichtgewicht lading en zouden de omweg zeker de moeite waard hebben gemaakt. In de omgeving van de Borobudur op centraal Java zijn Changsha-keramiek en grote voorraadpotten gevonden uit de periode van het schip. Dat geeft aan dat er inderdaad handel was met China. In de collectie van Keramiekmuseum Princessehof bevinden zich een aantal van dat soort voorraadpotten [13].
Het Tang-wrak leeft vandaag de dag voort als een momentopname van Azië in de negende eeuw. Als een tijdscapsule lag het meer dan duizend jaar op de bodem van de Javazee. De ontdekking van het wrak heeft onze kennis over hoe de verschillende culturen in Azië met elkaar verweven waren met nieuwe inzichten verrijkt.

Nusantara: the land below the waves

The role of Southeast Asia cannot be underestimated in this international maritime trade route. It commanded a key position owing to the monsoons and was a mosaic of vibrant, diverse cultures. In Cambodia, the Angkorian Empire was beginning to emerge. In Sumatra the maritime power, Srivijaya, commanded the seas. On the island of Java, Borobudur, a monumental feat of Buddhist architecture, stood as testament to the might of the Sailendra dynasty. In Thailand and Myanmar, powerful cities based around Buddhist and Hindu ideologies were emerging. At ports such as the Bujang Valley on the Thai-Malay peninsula, ships would anchor for months at a time waiting for favourable monsoons to carry them either across the South China Sea or the Indian Ocean. These Southeast Asian polities had grown in prominence over the course of the first millennium and were now playing an active role in this international trade.
During the period in which the Tang ship set sail, the maritime trading power of Srivijaya controlled much of the seas in the region. The location of the wreck site suggests that the ship was heading for Palembang, the capital of Srivijaya, or had just set sail from there. The most likely explanation for this was that it was intending to engage in the spice trade, by sourcing items such as nutmeg and cloves either at Palembang or further south in Java. Spices were a highly profitable and lightweight cargo, and would have made such a diversion worth the effort. Changsha wares as well as large storage jars dating to the Tang period – some of which are in the collection of the Princessehof National Museum of Ceramics [13] – have been found in and around the area of Borobudur in central Java, indicating that trade with China did indeed occur.
The Tang Shipwreck survives today as a snapshot of Asia in the ninth century. Locked in time for over a millennium at the bottom of the Java Sea, its discovery has opened up new vistas in our understanding of just how interwoven the cultures of Asia really were.

5
Afbeelding van een Arabische dhow | A depiction of an Arab dhow, uit | from *Muqamat al-Hariri*, geschilderd door | painted by al-Wasiti, 1237, Bibliothèque nationale de France, Parijs | Paris

6→
Keramiek van het Tang-wrak op de zeebodem | Ceramics lying exposed on the seabed at the Tang Shipwreck site

القرآن ثم قرأ بعد أساطير تلاها وزخارف جلاها وقال اركبوا فيها بسم الله مجراها

ومرساها ثم تنفس تنفس المغرمين أو عباد الله المكرمين وقال أما أنا

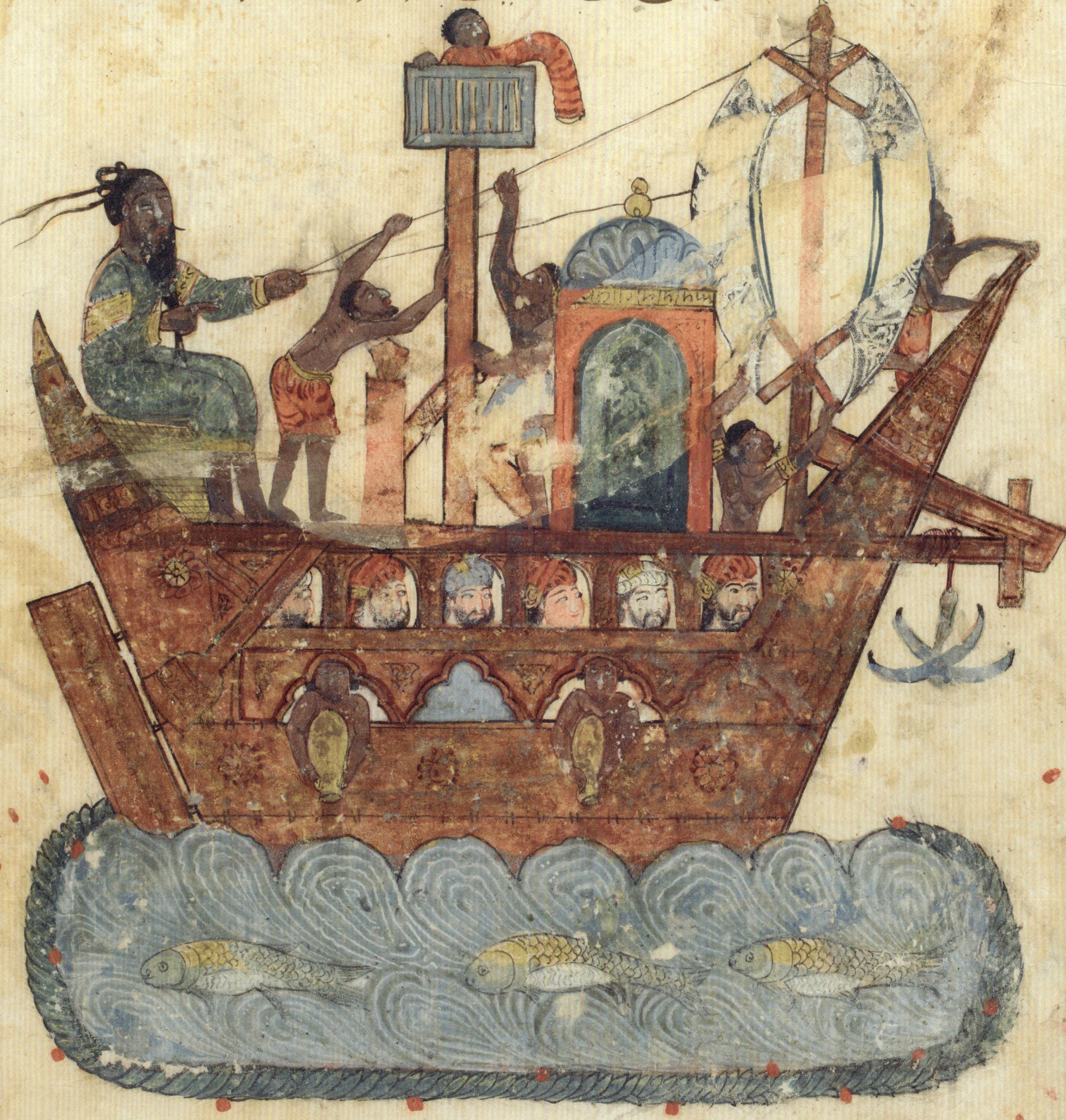

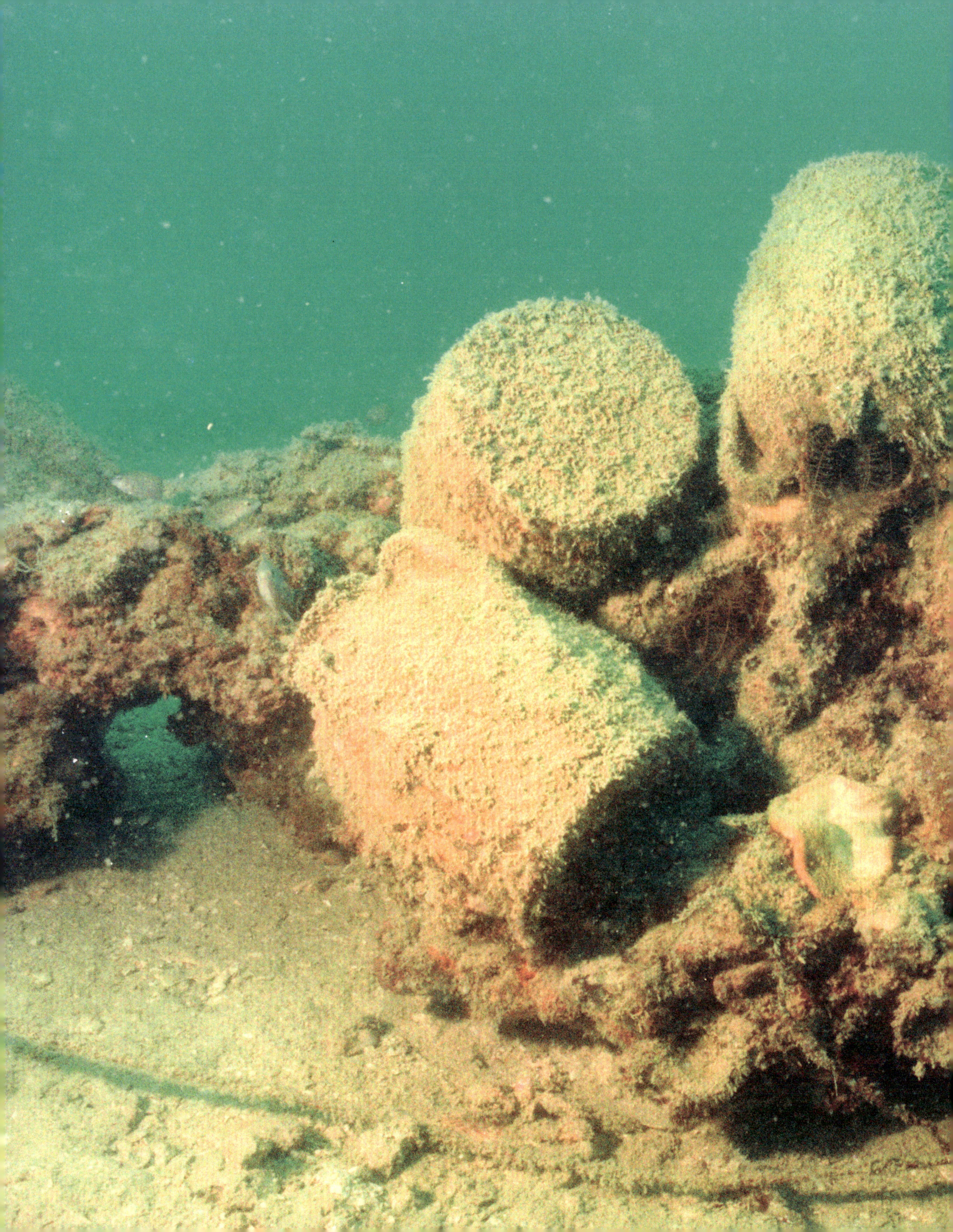

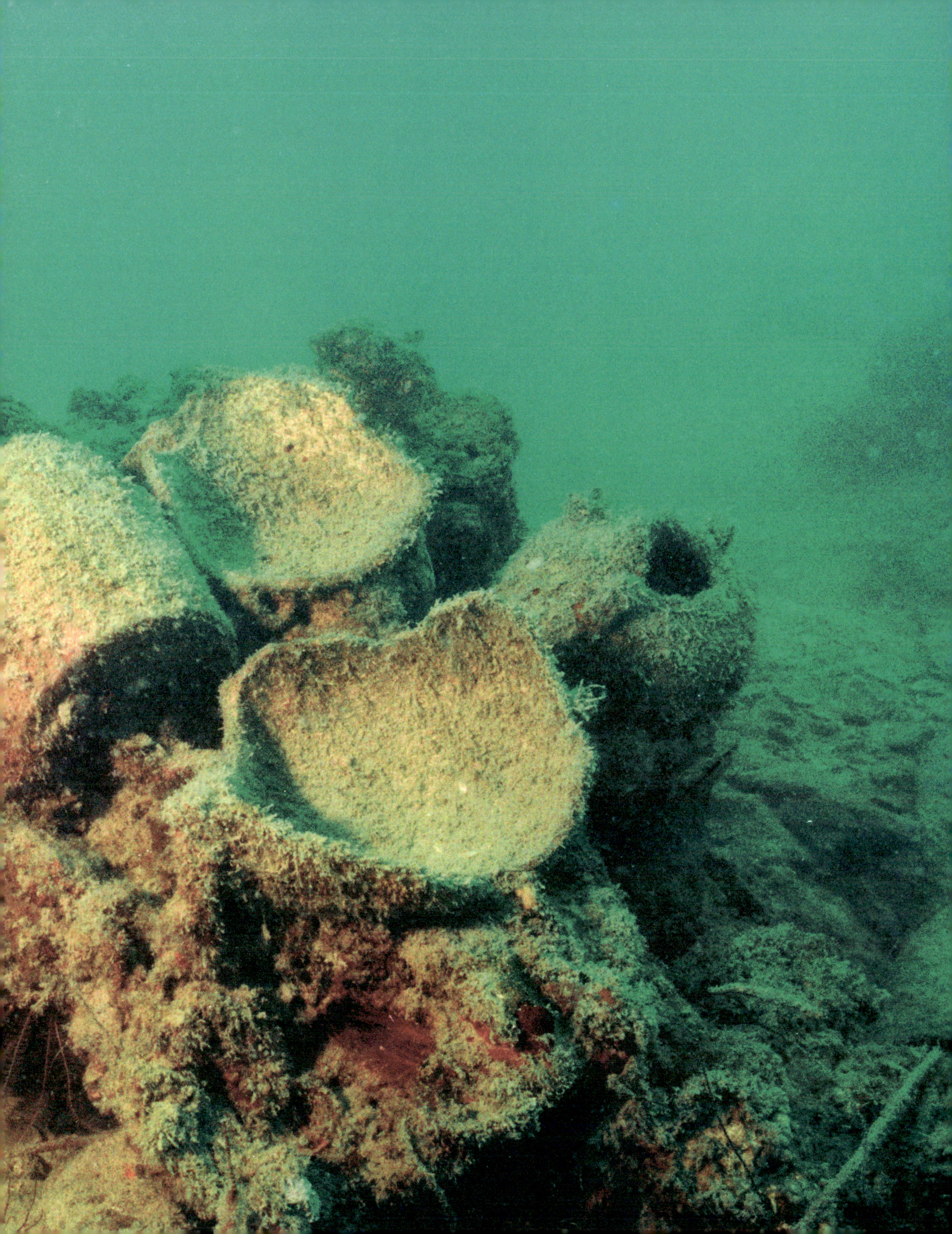

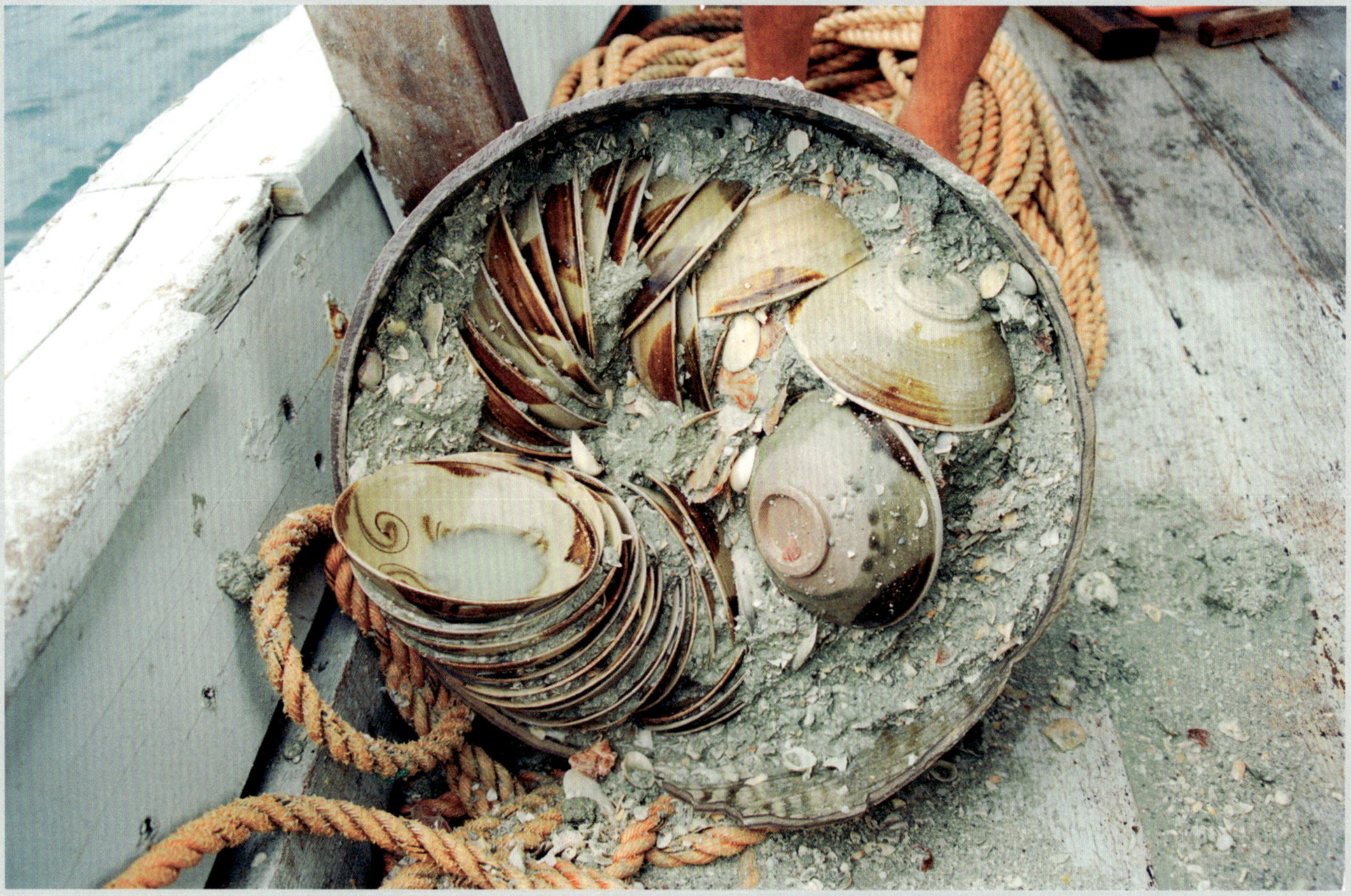

7
Een opengebarsten voorraadpot laat zien hoe de Changsha-kommen in de pot waren gestapeld | A pre-existing break in a storage jar exposes the stacking method of the Changsha bowls within

8
Kommen met verschillende decoraties | Bowls with various decorations, China, Hunan, Changsha ovens | kilns, circa 830, steengoed | stoneware, Asian Civilisations Museum, Singapore

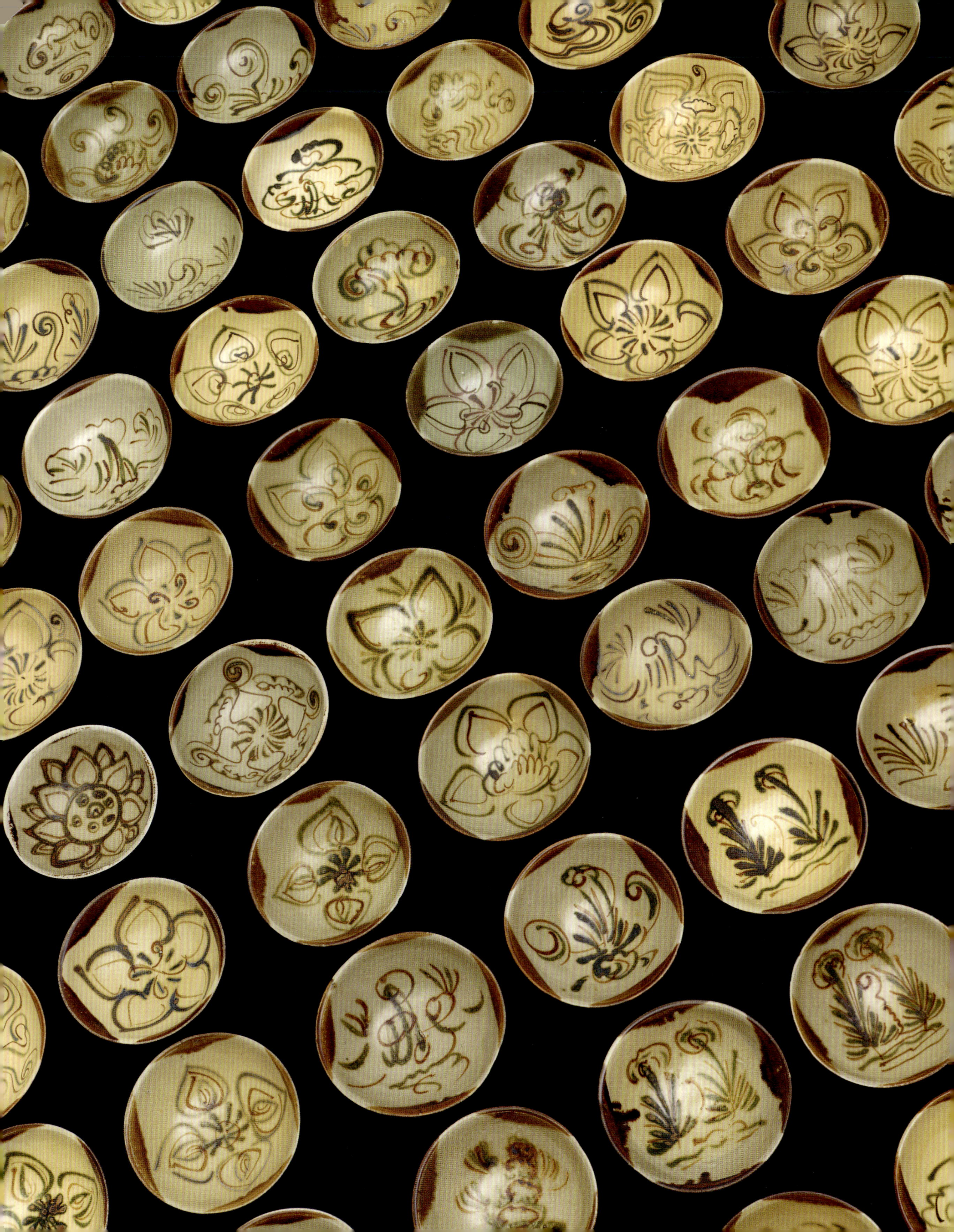

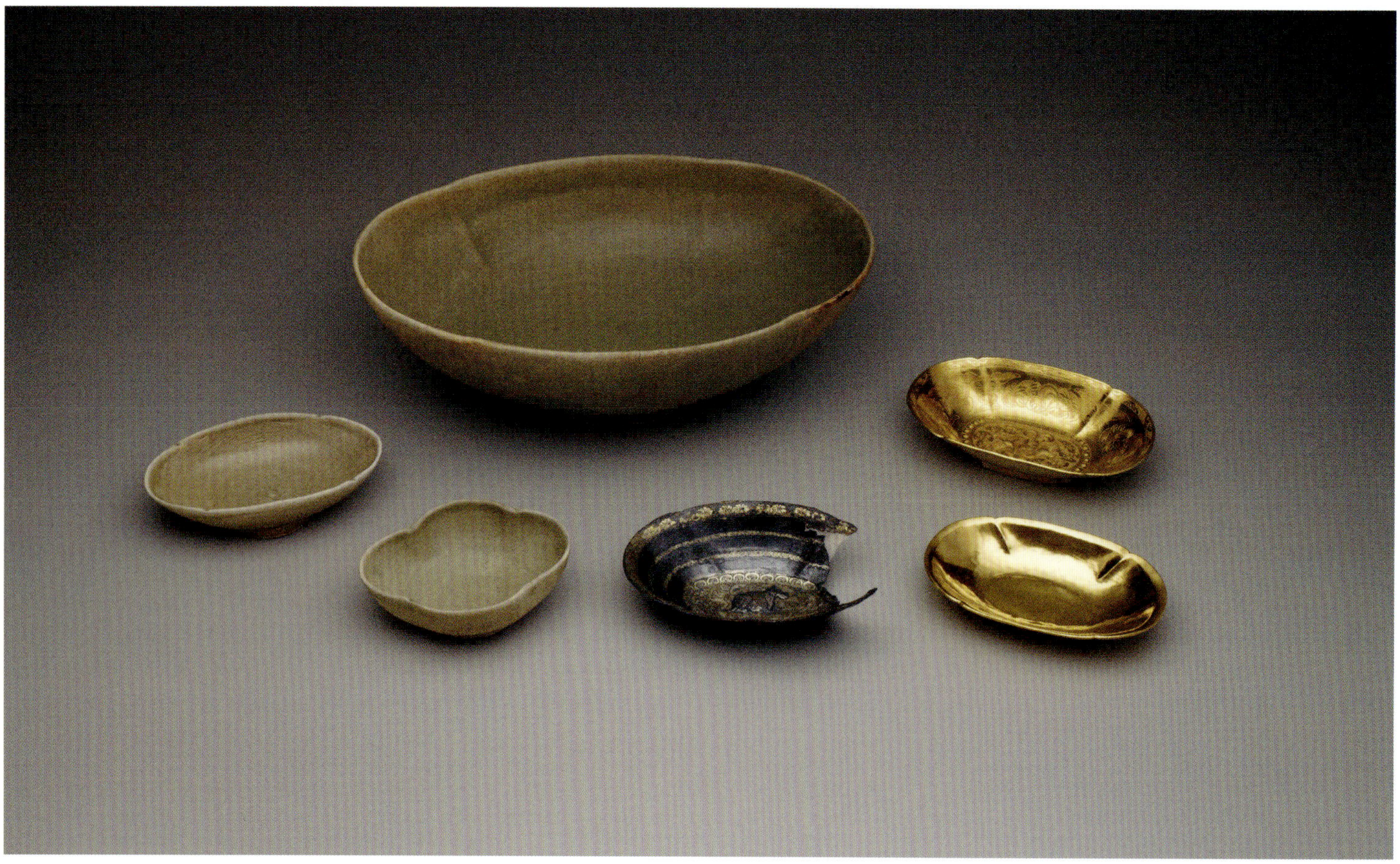

9
Schalen in goud, zilver en celadon |
Gold and silver dishes and green-glazed ceramics, circa 830, Ø 14 - 33 cm, Asian Civilisations Museum, Singapore

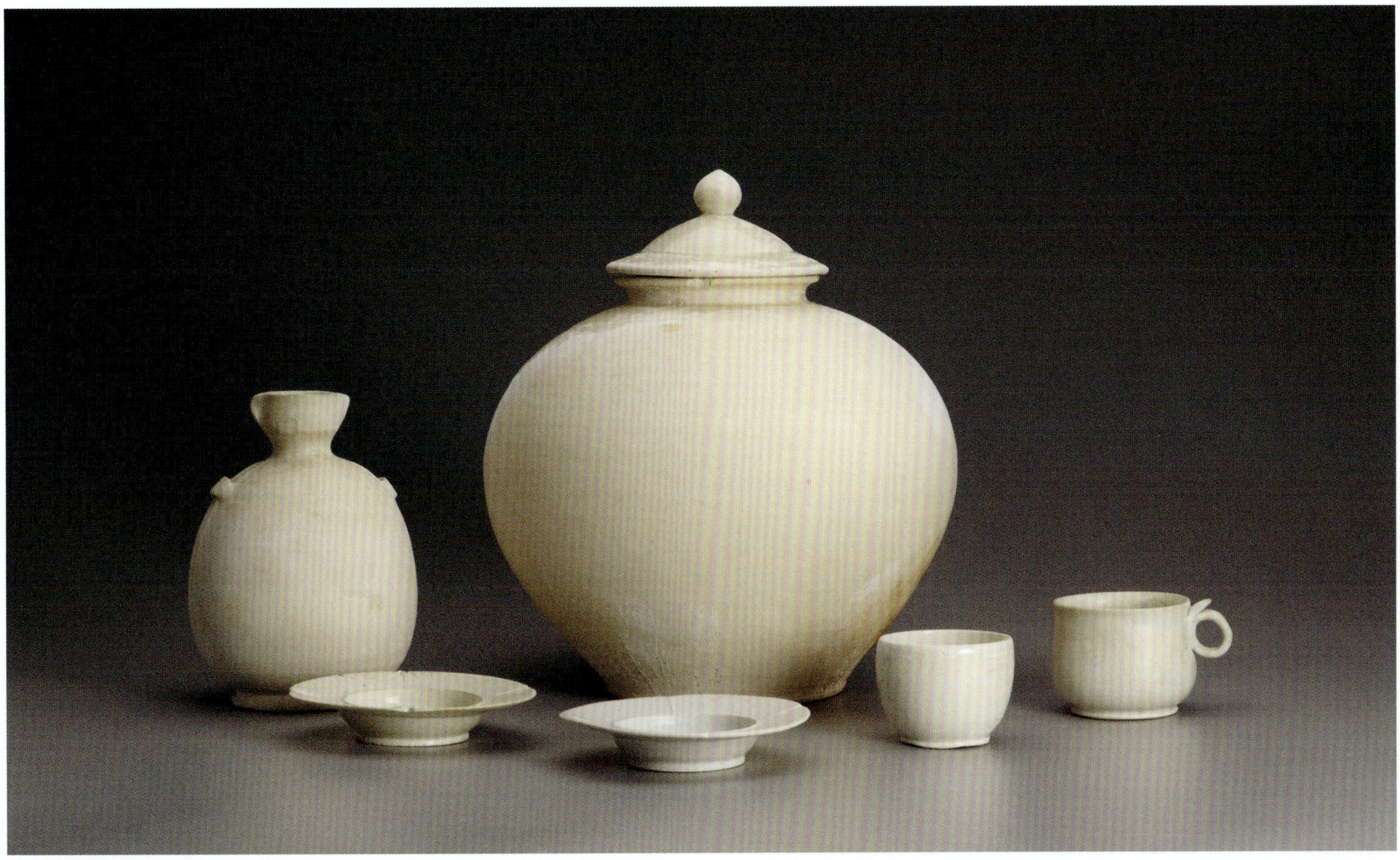

10
Onbeschilderd porselein | White ware, China, Hebei, Xing en | and Gongxian ovens | kilns, circa 830, porselein | porcelain, h. dekselpot | lidded jar 35 cm, Asian Civilisations Museum, Singapore

Aan boord van het Tang-wrak zijn zo'n driehonderd stuks van dit verfijnde witte porselein gevonden. Het werd gemaakt in de Xing-ovens in het noorden van China en was in die tijd al bijzonder kostbaar.
Around three hundred pieces of this fine white porcelain were found on the Tang Shipwreck. They were produced in the Xing kilns in northern China and were already very valuable at the time.

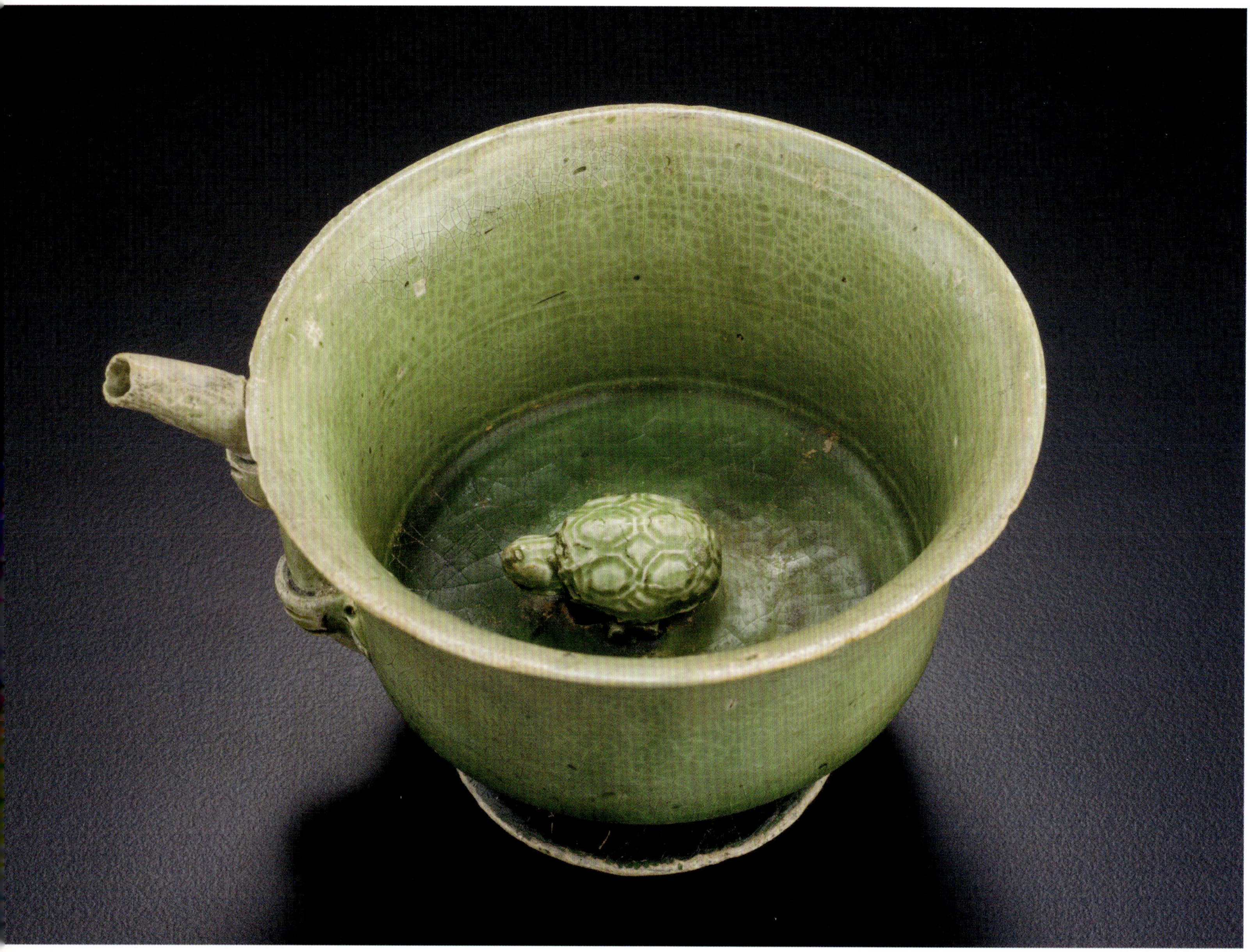

Onder de schildpad bevindt zich een gaatje dat in verbinding staat met de tuit. Mogelijk werden dit soort kommen gebruikt om met de neus uit te drinken.
A hole beneath the turtle is connected to the spout. These kinds of cups were possibly used for drinking through the nose.

11
Kom op hoge voet met schildpad aan de binnenkant | Stem cup with drinking tube and turtle, China, Henan, Gongxian ovens | kilns, circa 830, steengoed | stoneware, h. 10 cm, Asian Civilisations Museum, Singapore

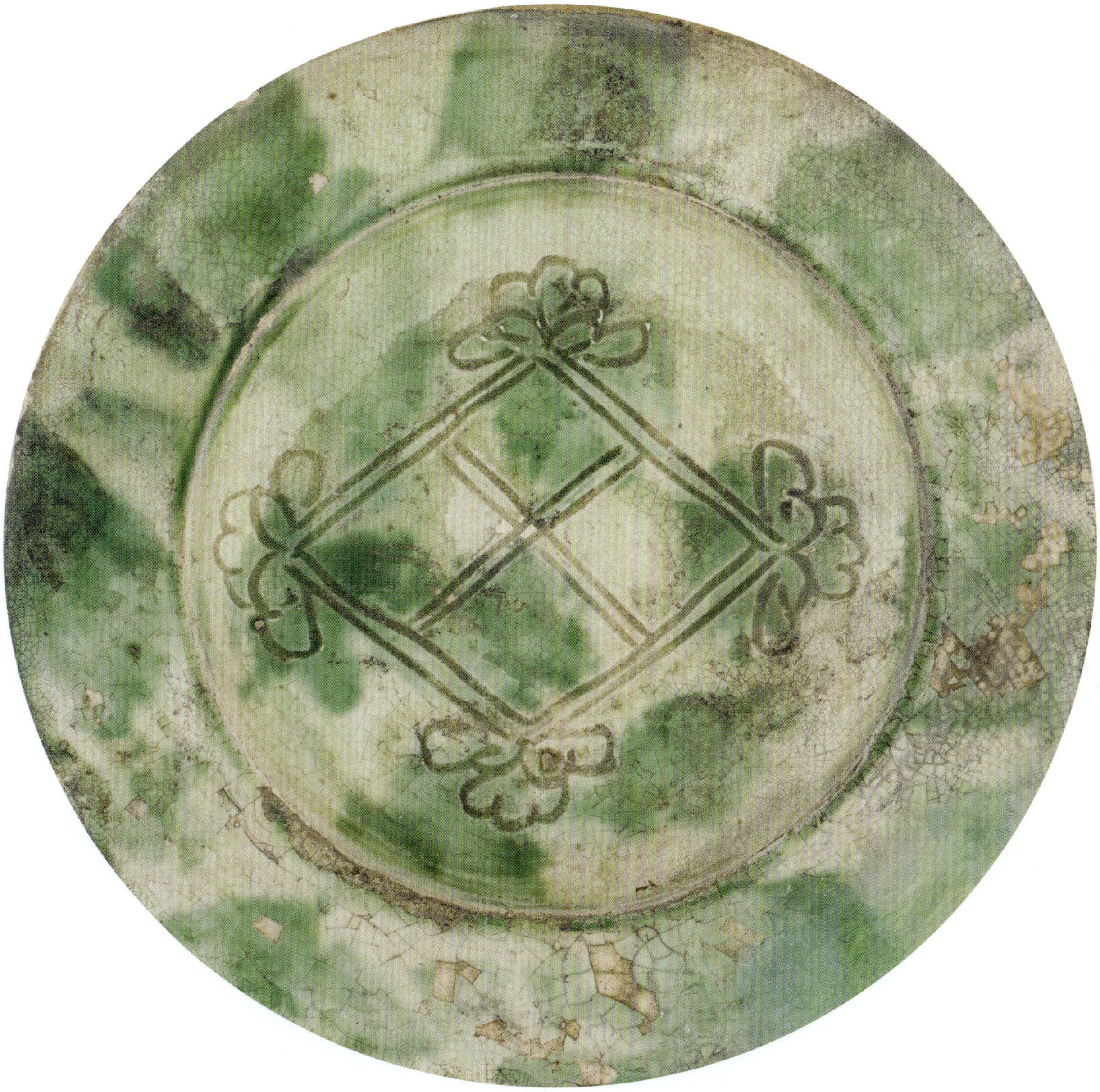

12
Bord met ruit- en bloemmotief en groene glazuur spetters | Green-splashed dish with lozenge and flower pattern, China, Gongxian ovens | kilns, circa 830, steengoed | stoneware, Ø 22,1 cm, Asian Civilisations Museum, Singapore

Het ruit- en bloemmotief vindt zijn oorsprong in het Midden-Oosten. Voor de export naar die gebieden decoreerden de Chinese pottenbakkers hun keramiek met dit motief.
The lozenge and flower pattern originated in the Middle East. The Chinese potters decorated their ceramics with this pattern for export to those regions.

13 →
Voorraadpotten uit de Tang-periode die zijn opgegraven in de omgeving van de Borobudur en die zeer vergelijkbaar zijn met de voorraadpotten uit het Tang-wrak | Tang period storage jars excavated from the vicinity of Borobudur which bear a striking similarity to those found on the Tang Shipwreck, steengoed | stoneware, h. 31 - 64 cm, Keramiekmuseum Princessehof, Leeuwarden (bruikleen | loan Ottema-Kingma Stichting)

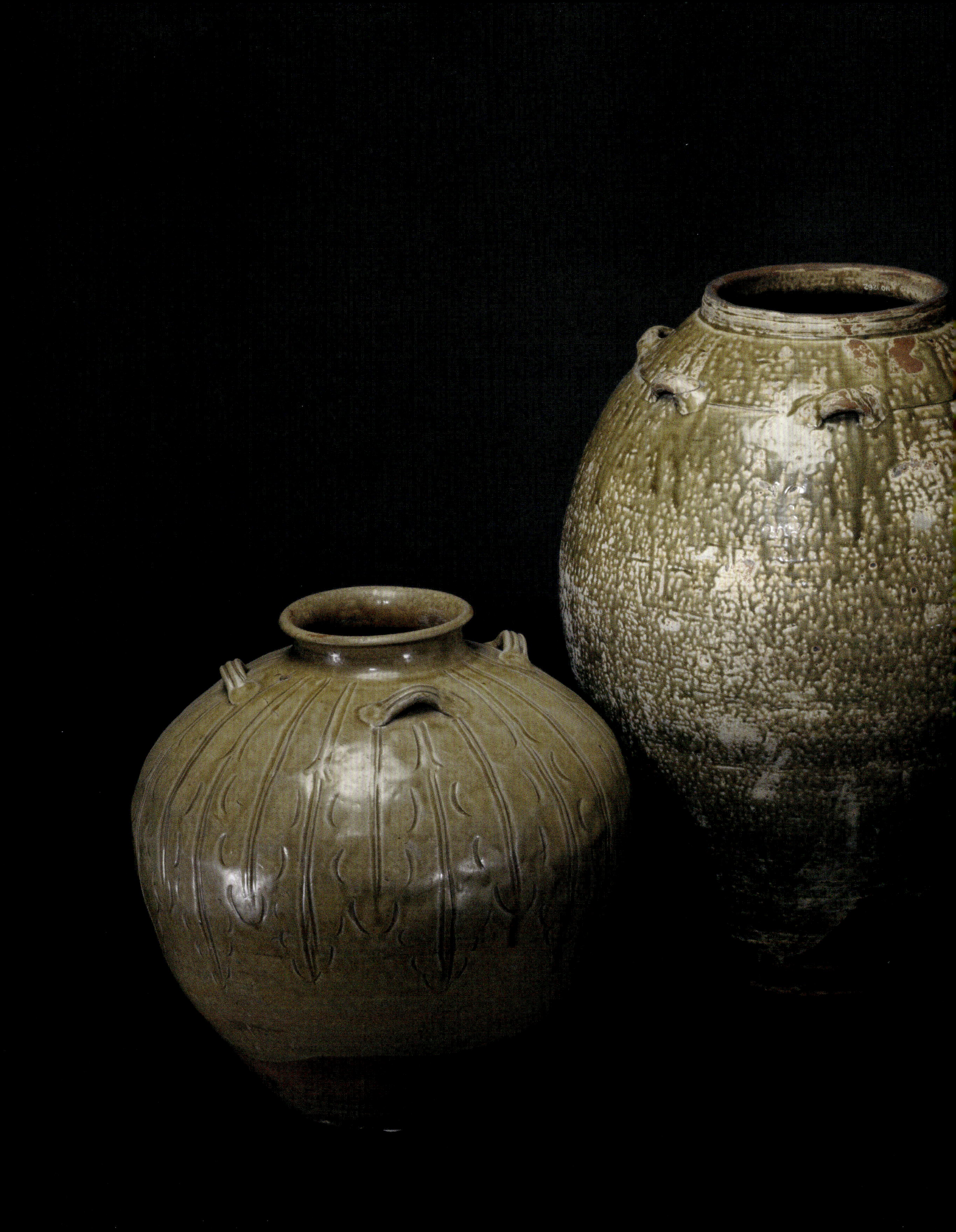

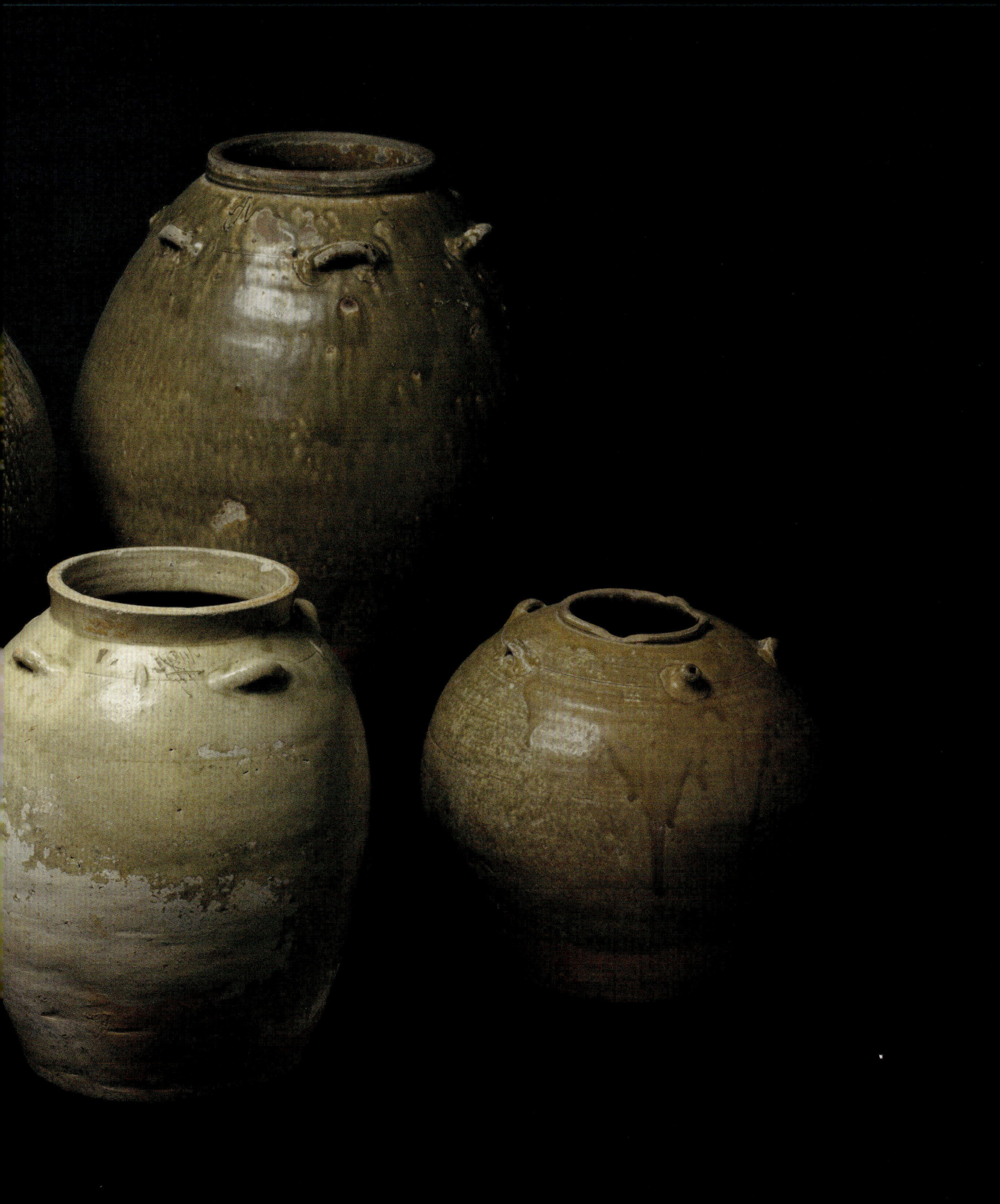

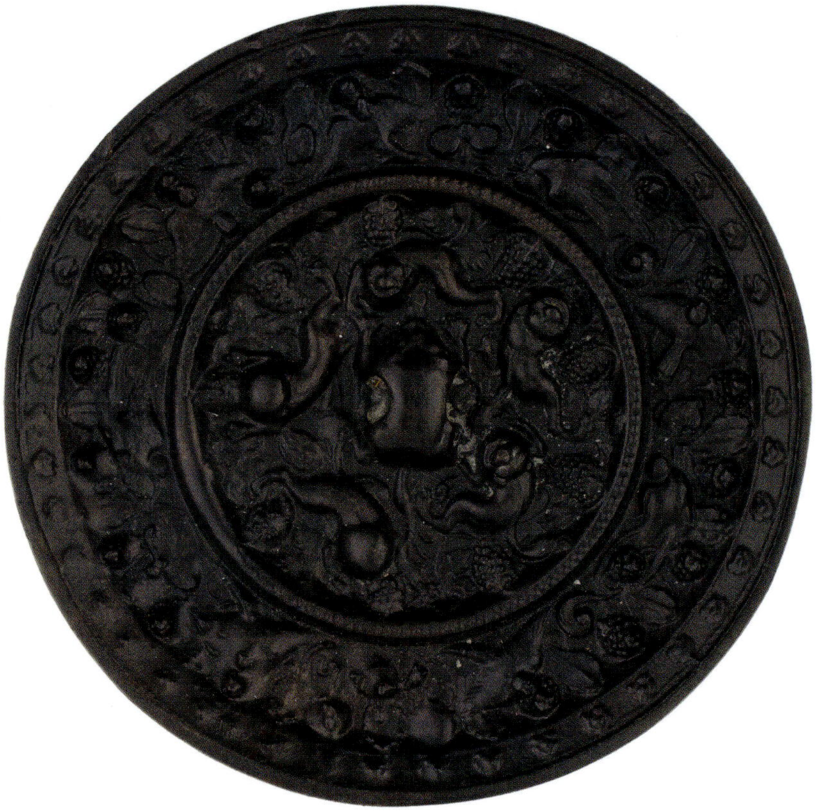

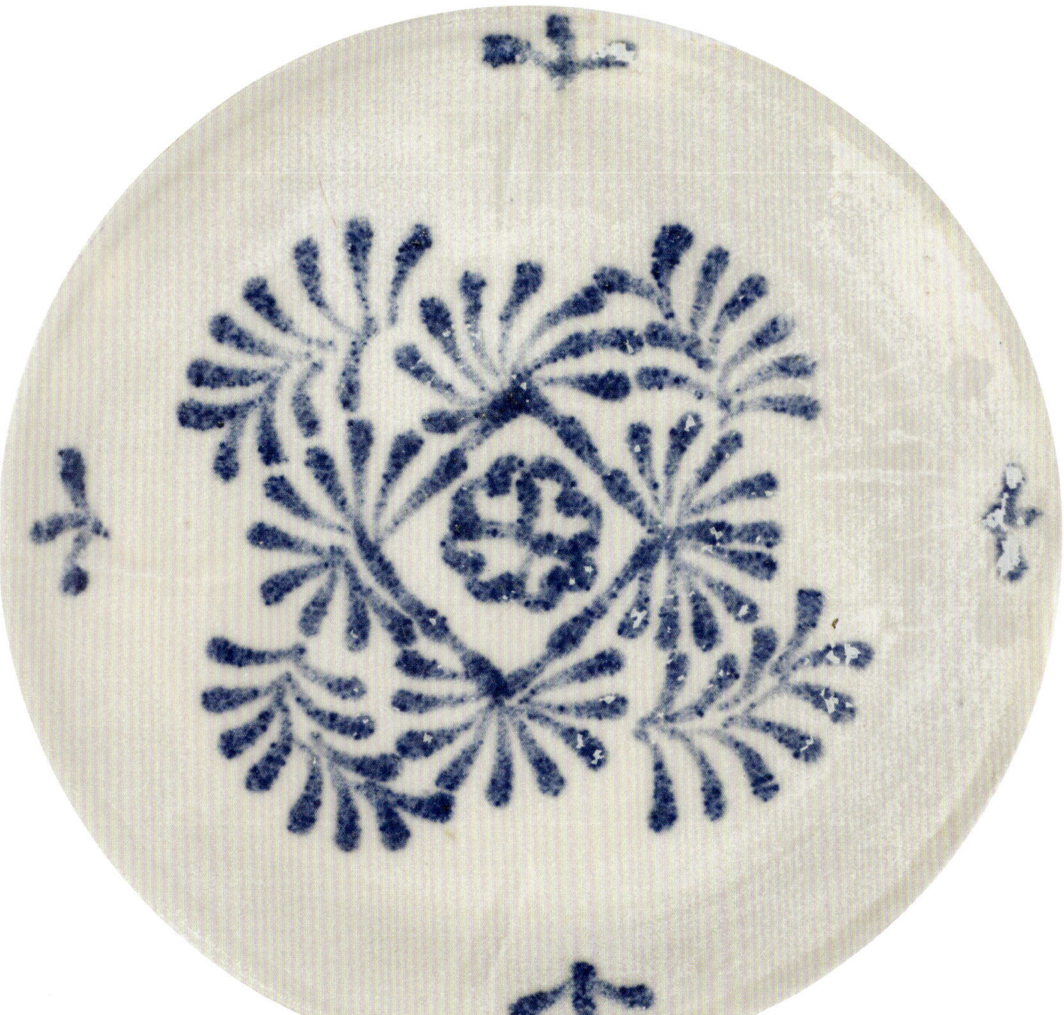

830

14
Spiegel met leeuwen en wijnranken | Mirror with lions and grapevines, China, 7de of vroeg 8ste eeuw | 7th or early 8th century, brons | bronze, Ø 12,5 cm, Asian Civilisations Museum, Singapore

15
Bord met blauw-witte decoratie | Blue-and-white decorated dish, China, vermoedelijk | probably Gongxian ovens | kilns, circa 830, steengoed | stoneware, Ø 23 cm, Asian Civilisations Museum, Singapore

Drie van deze borden zijn in het Tang-wrak gevonden. Het zijn de oudste complete exemplaren van Chinese blauw-witte keramiek die bekend zijn. Het ruitmotief laat zien dat ze waren gemaakt voor de markt in het Midden-Oosten.
This is one of three such dishes found on the Tang Shipwreck. They represent the earliest complete examples of Chinese blue-and-white ceramics known.
The lozenge motif indicates they were manufactured for the Middle-Eastern market.

Sinan

TYPE SCHIP	TYPE OF SHIP
Chinees handelsschip uit provincie Fujian	Chinese merchant ship from Fujian Province
LENGTE	LENGTH
34 meter	34 metres
BREEDTE	WIDTH
11 meter	11 metres
DIEPTE	DEPTH
4 meter	4 METRES
CAPACITEIT	CAPACITY
> 200 ton	> 200 TONNES
GEZONKEN	SANK
1323, vlakbij het eiland Jeungdo, Sinan, Zuid Jeolla Provincie, Zuid-Korea	1323, close to the island Jeungdo, Sinan County, South Jeolla Province, South Korea
OPGEGRAVEN	EXCAVATED
1976-1984	1976-1984

Young-mi Kim

Conservator Aziatische kunst bij het National Museum of Korea, Seoul
Curator Asian Art at the National Museum of Korea, Seoul

In 1975 trof een visser zes archeologische vondsten, waaronder een celadon vaas, in zijn net aan bij de kust van Jeungdo in Mokpo-si, Jeollanam-do, de meest zuidwestelijk gelegen provincie van Zuid-Korea. De zee bij deze provincie is bezaaid met talloze eilanden die vroeger een sleutelpositie innamen op de zeeroutes waarmee veel handelsposten in Oost-Azië met elkaar waren verbonden. De voorwerpen die de visser vond, leidden tot de ontdekking van een oud gezonken handelsschip in de zee bij Sinan (vandaar de naam 'Sinan-wrak'). Het wrak werd samen met zijn lading naar de oppervlakte van de zee gebracht tijdens een project dat negen jaar in beslag nam, van 1976 tot en met 1984. Dit was het begin van onderwaterarcheologie in Korea. Sindsdien zijn veel andere scheepswrakken in Koreaanse wateren op archeologisch verantwoorde wijze naar boven gehaald. De lading van het Sinan-wrak bestond uit 22.000 stuks keramiek, 1.000 voorwerpen van rood sandelhout, 28 ton munten, houten latjes die werden gebruikt als schrijfmateriaal, en persoonlijke voorwerpen die de handelslieden aan boord van het schip in het dagelijkse leven gebruikten.[1]

In 1975, six archaeological relics, including a celadon vase, were caught in a fisherman's net off the coast of Jeungdo Island in Mokpo-si, Jeollanam-do, the southwestern-most province of South Korea. The seas off the province are dotted with numerous islands which in the past formed a key point for the maritime routes linking many trading ports across East Asia. The fisherman's artefacts led to the discovery in the seas around Sinan of an old sunken trading ship (hence the name 'Sinan Shipwreck'). It was pulled up together with its cargo in a project that took nine years, from 1976 to 1984. This marked the start of the development of underwater archaeology in Korea; since then many other shipwrecks found in Korean waters have undergone archaeological excavation. The Sinan cargo consisted of about 22,000 pieces of ceramics, 1,000 objects of red sandalwood, 28 tonnes of coins, wooden strips used as writing material and personal objects used by the merchants on the ship in the course of daily life.[1]

Na restauratie en zorgvuldig onderzoek werd berekend dat het Sinan-wrak een zeilschip was van meer dan 200 ton, 34 meter lang, met een maximale breedte van 11 meter en een diepgang van 4 meter. De structuur van het schip en de gebruikte houtsoort wijzen op een constructie in de provincie Fujian, hoogstwaarschijnlijk Quanzhou, een van de vele Chinese havens in die tijd.[2] De lading was bestemd voor boeddhistische tempels, shinto heiligdommen en welgestelde aristocratische families in Japan. Het schip vertrok in 1323 vanuit de Chinese haven Qingyuan (tegenwoordig Ningbo in de provincie Zhejiang). Op zijn weg naar Japan kwam het waarschijnlijk in een storm terecht, waardoor het zonk. In de samenvatting hieronder worden de meest opvallende vondsten beschreven, zoals de houten latten, bronzen gewichten en uiteenlopende voorwerpen voor de cultuur van het theedrinken, die in de voorafgaande eeuwen een belangrijk onderdeel was geworden van de gebruiken en gewoonten in Oost-Azië.

Voorwerpen die de geheimen van het Sinan-wrak prijsgeven

Archeologen ontdekten in het Sinan-wrak ongeveer 360 houten latten in allerlei maten, die werden gebruikt als labels voor de lading. Zij geven ons waardevolle informatie over de bijzonderheden van het handelsschip [3]. De opschriften die met inkt op de labels zijn geschreven, geven de namen aan van de klanten die goederen hadden besteld, maar ook productiedata ('至治三年', 'Derde jaar van Zhizhi', dat wil zeggen 1323), de namen van tempels ('Tohoku-ji (東福寺)', 'Chojaku-an (釣寂庵)' en 'Hakozakigu (筥崎宮)') en het soort en de hoeveelheid goederen die werden verhandeld.
Op sommige labels staat de productiedatum 'Het derde jaar van Zhizhi', waarmee duidelijke informatie wordt gegeven over wanneer het schip uit de Chinese haven Ningbo vertrok. Sommige opschriften bevatten ook andere data tussen de 22ste dag van de vierde maand tot de derde dag van de zesde maand. Deze bronnen laten zien dat het ongeveer veertig dagen kostte om de vracht in te laden voor het vertrek tussen mei en juni, een periode met weersomstandigheden die gunstig werden geacht voor een reis naar Japan.
In het wrak zijn in totaal elf bronzen gewichten gevonden. Deze voorwerpen werden in China tijdens de Yuan-periode (1279-1368) gebruikt om het gewicht of de massa van handelswaar te wegen. Het hier afgebeelde gewicht is trapezevormig met een handvat aan de bovenkant en een gat in het midden [2]. Aan beide kanten is een inscriptie te zien: 'Qingyuan' (慶元) en 'Het jaar Gengshen' (庚申年), wat verwijst naar 1320. Op basis van de ontdekking van dit gewicht zijn archeologen er sterk van overtuigd dat het schip de haven van Qingyuan ergens in het jaar 1320 of kort daarna heeft verlaten.
Hoewel keizer Renzong (仁宗, 1311-1320 aan de macht) van de Yuan-dynastie (1279-1368) weinig belangstelling had voor handel met naburige staten, besloot hij in 1314 de zeehandelskantoren (die bekend stonden als Shibosi) nieuw leven in te blazen in de belangrijkste havensteden

Following restoration and careful study, the Sinan Shipwreck was calculated as having been a sailing ship of more than 200 tonnes, measuring 34 metres in length, with a maximum width of 11 metres and draught of 4 metres. The structure of the ship and material of the wood point to construction in Fujian province, most likely Quanzhou, one of the main ports in China during this period.[2] The cargo was intended for Buddhist temples, Shinto shrines and wealthy aristocratic families in Japan. The ship departed from the Chinese harbour of Qingyuan (present-day Ningbo, Zhejiang province) in 1323. On its way to Japan it probably encountered a storm, which caused it to sink. The summary below describes the most remarkable finds, including wooden strips, bronze weights and a variety of objects related to the tea-drinking culture, which had become an important part of East Asian culture in the preceding centuries.

Artefacts revealing the secrets of the Sinan Shipwreck

At the Sinan Shipwreck, archaeologists discovered approximately 360 wooden strips in various shapes which were used as cargo tags. These provide valuable information regarding the details of the trading ship [1]. The inscriptions written in ink on the tags indicated the names of the customers who ordered goods together with production dates ('至治三年', 'Third Year of Zhizhi', i.e. 1323), temple names ('Tohoku-ji (東福寺)', 'Chojaku-an (釣寂庵)' and 'Hakozakigu (筥崎宮)') and the types and quantities of goods being traded.
Some of the tags found contain the production date, 'Third year of Zhizhi', which provides clear information regarding when the ship departed Ningbo port in China. The inscriptions also include other dates ranging from the 22nd day of the fourth month to the third day of the sixth month. These sources also show that it took around forty days to prepare the loading of the cargo for departure in the period between May and June, which was regarded as a period of favourable conditions for a voyage to Japan.
A total of eleven bronze weights were found on the Sinan Shipwreck. During the Yuan period (1279-1368) these objects were used in China to measure the weight or mass of items for trade. The weight shown features a trapezoidal body with a handle on top and a hole at the centre [2]. There are two inscriptions engraved on opposite sides: 'Qingyuan' (慶元) and 'Gengshen Year' (庚申年), referring to the year 1320. Based on the discovery of this weight, archaeologists strongly believe that the Sinan Shipwreck left the port of Qingyuan sometime during or after the year 1320.
Though Emperor Renzong (仁宗, reign 1311-1320) of the Yuan dynasty (1279-1368) had little interest in trading with neighbouring states, in 1314 he decided to revive the Maritime Trade Offices (known as Shibosi) in the main port cities Guangdong, Quanzhou and Qingyuan. This system was invented during the Tang dynasty (618-907) to control inter-regional trading and the related custom duties. Private trade was not allowed and merchants were required

Noten op p.154 Notes on p.154

Guangdong, Quanzhou en Qingyuan. Dit systeem was in het leven geroepen tijdens de Tang-dynastie (618-907) om de interregionale handel te beheersen met de daarbij horende douanerechten. Privéhandel werd niet toegestaan en kooplieden moesten een vergunning krijgen van de autoriteiten om handel met het buitenland te voeren. Het Shibosi-systeem werd in 1320 weer opgeschort. Twee jaar later werd het weer hersteld, maar alleen in Qingyuan. In deze periode stuurde de Japanse regering boeddhistische monniken naar China om materialen te verwerven die nodig waren voor de bouw van diverse religieuze bouwwerken: de tempel Kencho-ji in 1325, het beeld van de Grote Boeddha van Kanto in 1329, het heiligdom Sumiyoshi in 1332 en de tempel Tenryu-ji in 1341. We kunnen er vanuit gaan dat de handel tussen China en Japan voor deze grootschalige bouwprojecten plaatsvond na de heropening van de Shibosi in Qingyuan. In de voorafgaande periode zou het immers door de handelsbeperkingen moeilijk zijn geweest zoveel vracht te vervoeren. Op basis van deze veronderstelling en het jaar 1320 dat op het gewicht staat geschreven, zijn onderzoekers tot de conclusie gekomen dat het Sinan-schip waarschijnlijk een jaar na het herstel van dit systeem is vertrokken. Dat zou overeenkomen met 1323.

Keramiek

De keramiek die in het Sinan-wrak is gevonden, wordt beschouwd als een belangrijke bron voor het vaststellen van de chronologische ontwikkeling van Chinese keramiek, alsook voor het verkrijgen van een beter begrip van middeleeuws Japan. Daarom hebben de vondsten bij het Sinan-wrak veel aandacht getrokken bij historici in China, Japan en Korea.

Toen het wrak in de wateren bij Sinan werd opgegraven, verbaasde het de onderzoekers dat het schip 's werelds grootste verzameling celadon uit Longquan bevatte. Nog opmerkelijker was het dat alle voorwerpen zorgvuldig naar type waren gesorteerd voordat ze in afzonderlijke houten dozen waren verpakt, en dat het celadon en het porselein van de hoogste kwaliteit waren. De verzameling van meer dan 22.000 stukken keramiek bestaat uit ongeveer 16.000 celadon objecten uit de ovens van Longquan, meer dan 5.300 stuks Qingbai porselein geproduceerd in Jingdezhen, en andere keramiek uit de ovens van Cizhou en Jizhou. Tot de collectie behoren ook zeven Koreaanse stukken celadon uit de tijd van de Goryeo-dynastie (918-1392) en twee Japanse prunusvazen uit de Kamakura-periode (1185-1333). De keramiek diende voor allerlei gebruik: voor het bereiden en bewaren van voedsel, als serviesgoed voor het theedrinken en zelfs voor religieuze doeleinden.

Een goed voorbeeld van de celadon voorwerpen is een vaas uit de ovens van Longquan, gekenmerkt door een cilindrische buik, een gespreide mond en twee oren in de vorm van een drakenvis [7]. De vaas is voorzien van een dikke laag blauwachtig groen glazuur, die de buitengewone schoonheid en waardigheid toont waardoor de keizerlijke ovens van de Zuidelijke Song-periode (1127-1279) zo beroemd zijn geworden.

to obtain a permit from the authorities to trade overseas. The system of the Shibosi was again suspended in 1320. Two years later it was restored, but only in the city of Qingyuan. It was during this period that the Japanese government sent Buddhist monks to China to obtain materials required for the construction of several religious buildings: the Kencho-ji Temple in 1325, the Great Buddha Statue of Kanto in 1329, Sumiyoshi Shrine in 1332 and Tenryu-ji Temple in 1341. It can be assumed that this trade between China and Japan for these large-scale construction projects took place after the reopening of the Shibosi in Qingyuan, since before that period it would have been difficult to transport such a large cargo due to the trading restrictions. Based on this assumption and the inscribed year 1320 on the weight, researchers have concluded that the Sinan ship probably departed one year after the revival of this system, which would correspond to 1323.

Ceramics

The ceramic objects discovered in the Sinan Shipwreck are regarded as an important source for determining the chronological development of Chinese ceramics and gaining a better understanding of mediaeval Japan. For these reasons the discoveries made and materials found on the Sinan Shipwreck have attracted great attention from historians in China, Japan and Korea.

When the Sinan Shipwreck was excavated near the waters of Sinan, scholars were astonished to find out that the ship contained the world's largest discovered collection of Longquan celadon. Even more remarkable was that all the wares had been carefully sorted according to types before being packed into separate wooden boxes, and that the celadon and porcelain wares were of the highest quality.

The collection of over 22,000 ceramics consists of about 16,000 celadon vessels from the Longquan kilns, more than 5,300 pieces of Qingbai ware produced in Jingdezhen, and other ceramics produced at the kilns of Cizhou and Jizhou.

The collection also includes seven Korean celadon pieces dating to the Goryeo dynasty (918-1392) and two Japanse prunus vases from the Kamakura period (1185-1333).

All these vessels were made for a great variety of purposes, for cooking and storing food, as tea drinking utensils, and even for religious use.

A fine example of the celadon pieces discovered is a celadon vase from the Longquan kilns. It is distinguished by a cylindrical body with basin-shaped mouth and a pair of ears in the shape of a dragon-fish [7]. This vase has a thick coat of a bluish-green glaze, exhibiting the outstanding beauty and dignity that made the imperial kilns of the Southern Song period (1127-1279) so famous.

The Sinan collection also includes a celadon figurine of a woman with a lotus leaf on her shoulder on which a slender tube is set up as if to hold a candle [8]. This figurine is coated with celadon glaze except for the face, neck, and hands which were left exhibiting a skin-like texture. A similar male version of this figurine is held in the Shokoku-ji Temple (Kyoto) in Japan.

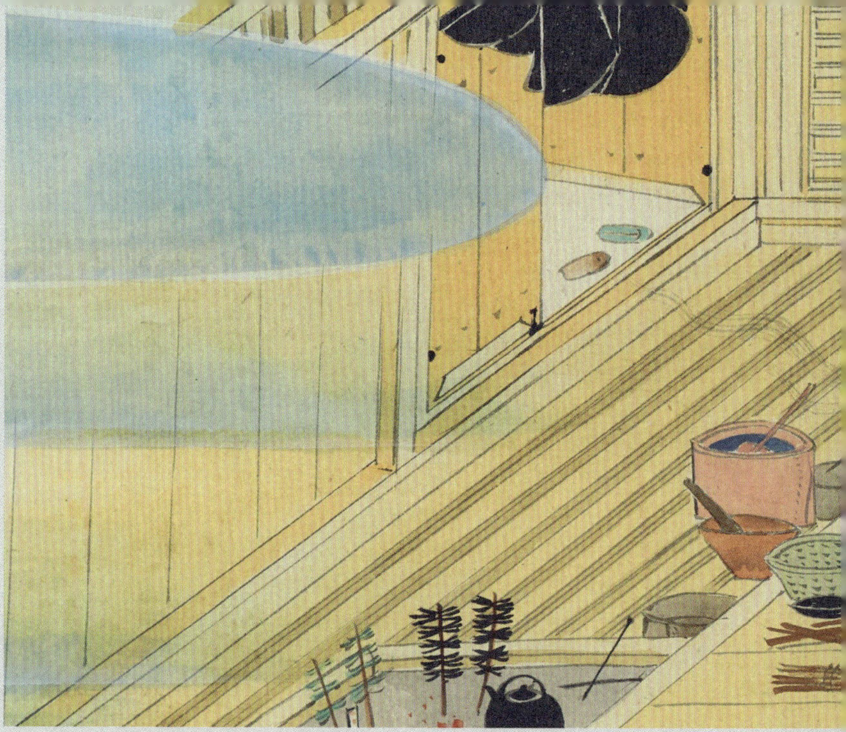

1
Japans gezelschap aan een diner, waarbij diverse celadon voorwerpen worden gebruikt | Japanese group at dinner, with various celadon objects in use, Nagai Jyoun, 19de eeuw | 19th century

In de Sinan-collectie bevindt zich ook een celadon figuurtje van een vrouw met een lotusblad op haar schouder waarop een slanke buis is geplaatst alsof het is bedoeld als kaarsenhouder [8]. Het figuurtje is met een celadon glazuur bedekt, op het gezicht, de hals en de handen na die een huidtextuur hebben. Een vergelijkbare mannelijke versie van dit figuurtje wordt bewaard in de tempel Shokoku-ji (Kyoto) in Japan.
Het Qingbai porselein met een rode versiering onder het glazuur uit de ovens van Jingdezhen is bijzonder bekoorlijk. Een bord gedecoreerd met een paar boombladeren, valt met name op dankzij een gedicht dat erop is geschreven [5]. Het is een verwijzing naar een liefdesverhaal. Volgens de legende schreef een jonkvrouw aan het keizerlijk hof van de Tang-dynastie een kort gedicht op twee bladeren om uitdrukking te geven aan haar eenzaamheid in het zwaarbewaakte paleis en liet de bladeren buiten het paleis wegzweven. De bladeren vielen toevallig in de handen van een jonge geleerde, die ze jarenlang koesterde, totdat hij op een dag zijn ontdekking bekende aan de vrouw met wie hij was getrouwd. Toen kwam hij erachter dat zij de hofdame was die het gedicht oorspronkelijk had geschreven.
Opmerkelijk is een kleine vaas met lange hals uit de Jizhou-ovens, voorzien van een decoratie bestaande uit pigment van verbrand rood ijzer dat is aangebracht op een witte achtergrond en licht bedekt met een transparant glazuur voordat het werd gebakken [11]. Een verfijnd patroon van een kronkelende wingerd bedekt het grootste deel van de vaas. Op het onderste deel van de buik bevindt zich aan beide kanten een cartouche, de ene met een cameliabloem, de andere met een golfmotief.
Zoals eerder vermeld zijn ook zeven voorbeelden van Koreaans Goryeo celadon aangetroffen, die te dateren zijn tussen de twaalfde en veertiende eeuw [4]. Een van de voorwerpen, een prunusvaas versierd met ingesneden lotussen en wingerds, is vermoedelijk gemaakt in de twaalfde eeuw. De slijttekens op het oppervlak laten zien

From the Jingdezhen kilns the Qingbai wares with red decoration under the glaze are especially charming. A dish decorated with a pair of tree leaves stands out in particular thanks to a couplet written on it that refers to a love story [5]. According to legend, a lady in the imperial court of the Tang dynasty wrote a short poem on two leaves to express her loneliness living in the heavily guarded palace and set them adrift outside the palace. The leaves happened to fall into the hands of a young scholar who cherished them for many years, until one day he confessed his discovery to the woman he married, only to find that she was the court lady who had originally written the poem.
A small long-necked vase made in the Jizhou kilns is renowned for its design consisting of burned red iron pigments, applied on a white background and lightly coated with transparent glaze before being fired [11]. The main portion of the vase's body is covered with a refined scrolling vine pattern. There is a cartouche on either side of the lower part of the vase, one filled with a camellia flower, the other with a wave motif.
As mentioned above, seven pieces of Korean Goryeo celadon made between the twelfth and fourteenth centuries were found [4]. One of the items, a prunus vase decorated with incised lotuses and vines, is believed to have been made in the twelfth century. It was probably cherished as an antique object as indicated by the signs of wear left on its surface. Other Goryeo celadon wares include a headrest with an inlaid design, a cup and holder and a bowl, all made between the thirteenth and fourteenth centuries.
It was during the twelfth century that Goryeo potters, who had eagerly imitated the Chinese Yue celadon of the Five Dynasties period (907-979), began to create characteristic features unique to Goryeo celadon, such as the attractive jade-like blue glaze, the application of inlaid designs and certain shapes different to those of Chinese celadon. Archaeologists recently discovered a multitude of Goryeo celadon shards at the imperial palace site in Hangzhou,

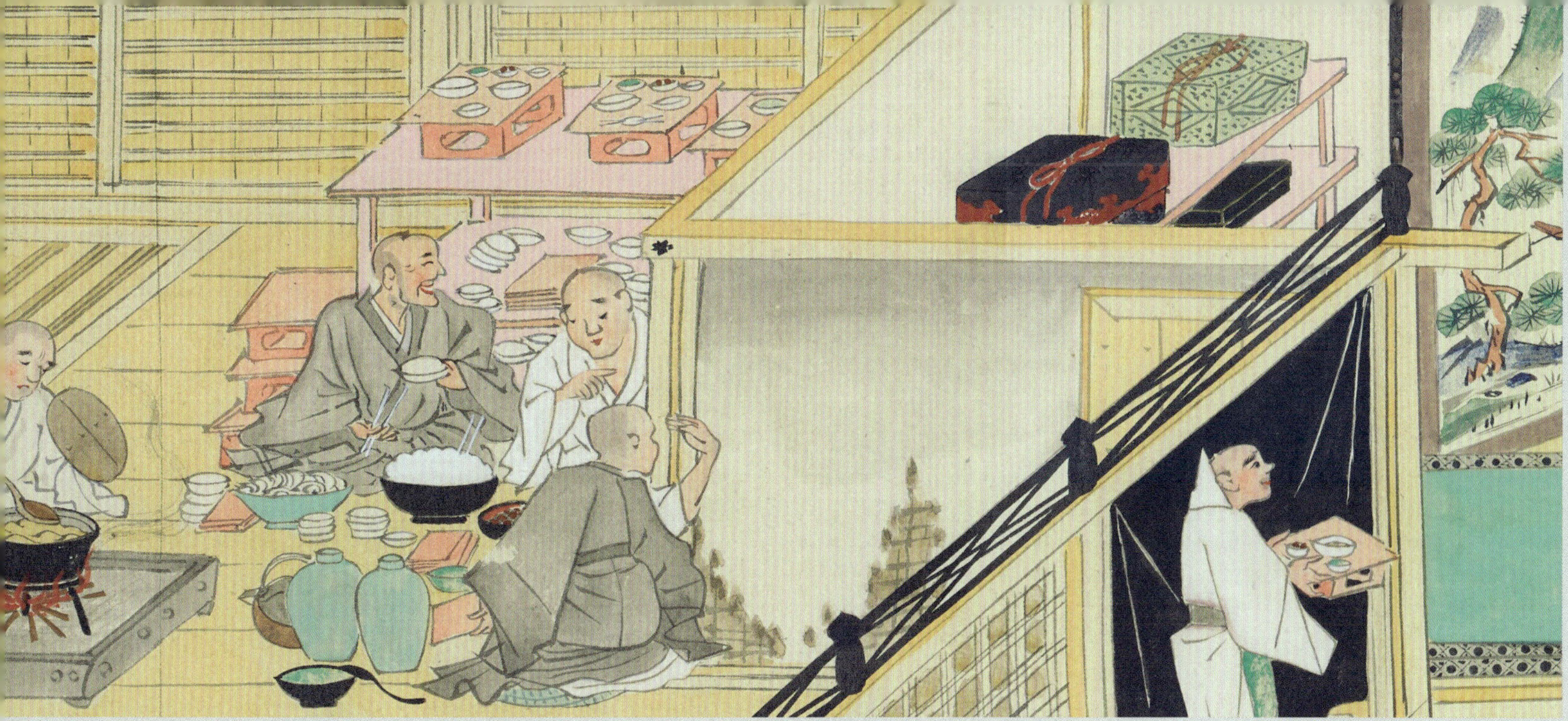

dat deze vaas mogelijk werd gekoesterd als een antiek voorwerp. Andere voorwerpen van Goryeo-celadon waren onder meer een hoofdsteun met een ingelegd patroon, een kop en houder en een kom. Deze zijn allemaal vervaardigd tussen de dertiende en veertiende eeuw. Tijdens de twaalfde eeuw begonnen pottenbakkers in Goryeo, die de Chinese Yue-celadons van de periode van de Vijf Dynastieën (907-979) naarstig hadden nagemaakt, hun eigen karakteristieke kenmerken te creëren die uniek zijn voor celadon uit Goryeo, zoals het aantrekkelijke jade-achtige blauwe glazuur, de toepassing van ingelegde patronen en bepaalde vormen die verschilden van het Chinese celadon. Archeologen hebben onlangs een enorme hoeveelheid scherven ontdekt op de plek van het keizerlijke paleis in Hangzhou, de hoofdstad van de Zuidelijke Song-dynastie. Dit bevestigt dat celadon uit Goryeo na de twaalfde eeuw naar China werd uitgevoerd.

Metalen voorwerpen

Er zijn ongeveer 720 objecten van koper, zilver en tin in het Sinan-wrak aangetroffen. Een voorwerp dat bijzonder in het oog springt, is een bronzen kelk in een Chinese archaïsche vorm, bestaande uit een ronde basis, een iets dikker middendeel, een lange hals en een uitlopende mond [14]. Zowel de onder- als bovenkant is rijk gedecoreerd met monsterachtige gezichten en bliksempatronen. Een dergelijke kelk behoorde tot een set van drie, die in Japan tijdens de latere Kamakura-periode werden gebruikt als altaarstukken of -vazen. Een ander ritueel voorwerp dat is gevonden, is een bronzen wierookbrander op drie poten [6]. De vondsten omvatten interessant genoeg ook een klein aantal objecten voor dagelijks gebruik, zoals een Chinese wadjan, een Koreaanse lepel [16], Japanse teenslippers en een Chinees schaakbord. Deze voorwerpen werden waarschijnlijk aan boord van het schip gebruikt en laten daarom de aanwezigheid zien van Koreanen, Japanners en Chinezen onder de kooplieden.

the capital of the Southern Song dynasty, confirming that Goryeo celadon wares were exported to China after the twelfth century.

Metalware

Approximately 720 artefacts made from copper, silver and tin were found at the Sinan Shipwreck. One that stands out in particular is a bronze chalice in a Chinese archaic shape [14]. It features a circular base, a voluminous middle portion, a long neck and a flared mouth. Both the lower and upper facets are lavishly decorated with monstrous faces and lightning patterns. An item such as this was used as one of three altar pieces or vases in Japan during the later Kamakura period. Another ritual object found is a bronze incense burner with tripod legs [6]. Interestingly, the discoveries also include a small number of objects for daily use, such as a Chinese wok, a Korean spoon [16], Japanese flip-flops and a Chinese chessboard. These items would have been used on board the ship and therefore show the presence of Korean, Japanese and Chinese people among the merchants.

Approximately eight million coins were found, weighing about 28 tonnes. The dating of the coins ranges from the first century BC to the early fourteenth century AD. The majority was produced during the Northern Song period (960-1127). The coins suggest that an economy based on monetary circulation developed in China was introduced to Japan between the late twelfth century and thirteenth century. Before that period, silk or cotton had functioned as the main currency in Japan.

Tea-drinking traditions of East Asia

From the late eighth century onwards, the tea-drinking culture was introduced from China to Japan. Initially, tea was consumed by members of the imperial households and aristocrats. Gradually this practice spread to Buddhist temples, where monks consumed it for its medicinal

Er zijn ongeveer acht miljoen munten aangetroffen, met een gewicht van ongeveer 28 ton. De datering van de munten varieert tussen de eerste eeuw voor Christus tot de vroege veertiende eeuw na Christus. De meerderheid werd gemaakt tijdens de Noordelijke Song (960-1127). De munten suggereren dat er tussen het eind van de twaalfde eeuw en de dertiende eeuw in Japan een economie op basis van geldcirculatie werd geïntroduceerd die zich in China had ontwikkeld. Voor die tijd diende zijde of katoen als belangrijkste betaalmiddel in Japan.

Theedrinktradities in Oost-Azië

De cultuur van het theedrinken werd vanaf het einde van de achtste eeuw vanuit China in Japan geïntroduceerd. Oorspronkelijk nuttigden alleen leden van het keizerlijk hof en aristocraten thee. Langzamerhand spreidde deze gewoonte zich uit naar boeddhistische tempels, waar monniken thee begonnen te gebruiken vanwege de geneeskrachtige kwaliteiten. Het ontstaan van deze theedrinktraditie in de gemeenschappen van zenboeddhisten leidde tot de ontwikkeling van de Japanse theeceremonie. Hierdoor ontstond een grotere vraag naar Chinese theekommen en ander serviesgoed voor het theedrinken. De traditie van het theedrinken verspreidde zich geleidelijk van de beoefenaren van zen naar de klasse van de samoerai, waarmee de Chinese invloed op de ontwikkeling van de Japanse theeceremonie verder toenam.

In het Sinan-wrak ontdekten archeologen ongeveer zestig zwart geglazuurde kommen, afkomstig uit de Jian-ovens in China; deze kommen staan bekend als Jian-kommen of in Japan als tenmoku theekommen [12]. In Japan werden dergelijke theekommen steeds meer gewaardeerd door boeddhistische priesters en aristocraten en bij Japanse kenners staan ze sindsdien in hoog aanzien. Op de kommen in het wrak zijn gebruikssporen aanwezig. Dit suggereert dat ze als antiek werden geïmporteerd.

Naast deze kommen zijn ook andere theeartikelen aangetroffen, waaronder schotels, een waterkan, een theedoos, een theemolen, houtskooltangen en houtskool. De theemolen om theepoeder te maken bestaat uit twee delen: het bovenste deel heeft twee gaten, een aan de bovenkant waar de theebladeren in gaan en een aan de zijkant om een houten handvat in te steken [15].[3]

Conclusie

De ontdekking van het Sinan-wrak heeft ons zicht gegeven op de maritieme handel en culturele uitwisseling in Oost-Azië tijdens de veertiende eeuw en markeert het begin van onderwaterarcheologie in Korea. Het is bovendien een uitstekend voorbeeld voor omringende gebieden hoe zo'n belangrijk project professioneel moet worden uitgevoerd.

qualities. The establishment of this tea-drinking tradition among the Zen Buddhist communities resulted in the development of the Japanese tea-drinking ceremony, which led to increased demand for Chinese tea bowls and other utensils related to tea-drinking practices. The tradition of tea drinking gradually spread from Zen practitioners to the Samurai class, contributing to an increasing Chinese influence on the development of the Japanese tea ceremony.

At the Sinan Shipwreck archaeologists discovered around sixty black-glazed bowls, made in the Jian kilns in China, which are generally known as Jian bowls or in Japan as tenmoku tea bowls [12]. These tea bowls came to be treasured by Buddhist priests and aristocrats in Japan and have since then always been held in high esteem by Japanese connoisseurs. The bowls discovered at the Sinan Shipwreck have traces of use, suggesting that they were imported as antiques.

In addition to these bowls, other tea-related artefacts were discovered, such as saucers, a ewer, a tea container, a tea grinder, charcoal tongs and charcoal. The tea grinder used to produce tea powder consists of two parts: the upper part has two holes, one at the top in which tea leaves were placed and one on the side to insert a wooden handle [15].[3]

Conclusion

The discovery of the Sinan Shipwreck shed light on the maritime trade and cultural exchange in East Asia during the fourteenth century and prompted the start of underwater archaeology in Korea. It also provided a great example for surrounding regions on how to conduct this kind of major project professionally.

De opschriften op dit gewicht verwijzen naar de haven Ningbo en het jaar 1320. In Ningbo werd keramiek uit de ovens van Longquan en Jingdezhen aan boord gebracht.
The inscriptions on this weight refer to the port of Ningbo and the year 1320. Ceramics from the kilns of Longquan and Jingdezhen were loaded on board in Ningbo.

2
Gewicht met opschrift *'qingyuanlu'* | Weight with inscription *'qingyuanlu'*, China, 1320, brons | bronze, h. 9,3 cm, National Museum of Korea, Seoul

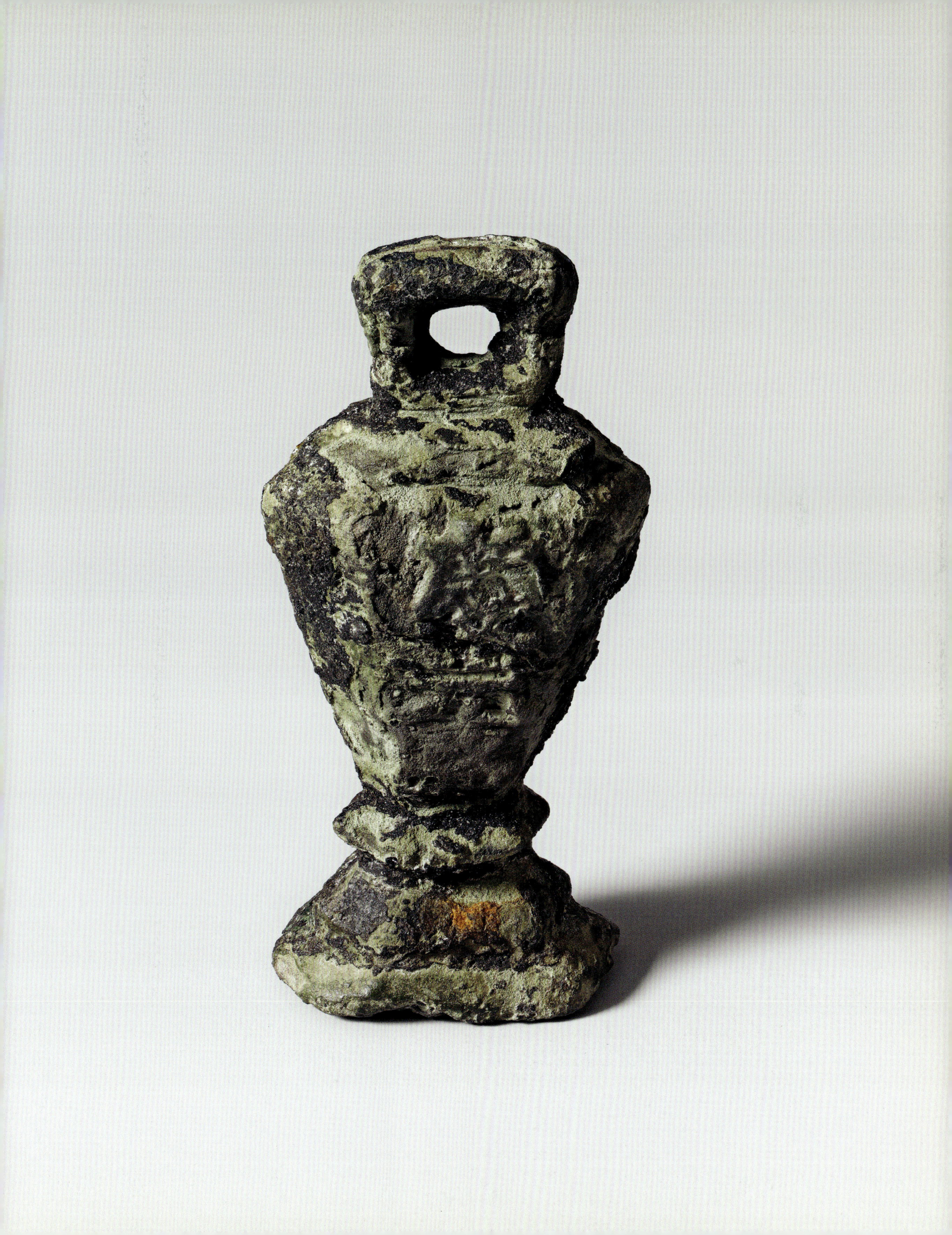

3
Houten latjes met opschrift |
Wooden tags with inscription,
China, 1323, l. 3,2 cm - 15 cm,
National Museum of Korea, Seoul

Deze houten latjes waren verpakt bij de diverse goederen aan boord. De opschriften geven waardevolle informatie, zoals namen van handelaren en klanten, de bestemmingen, de aantallen, et cetera.
These wooden tags were packed together with the various goods on board. The inscriptions provide valuable information such as the names of merchants and customers, the destinations and quantities, et cetera.

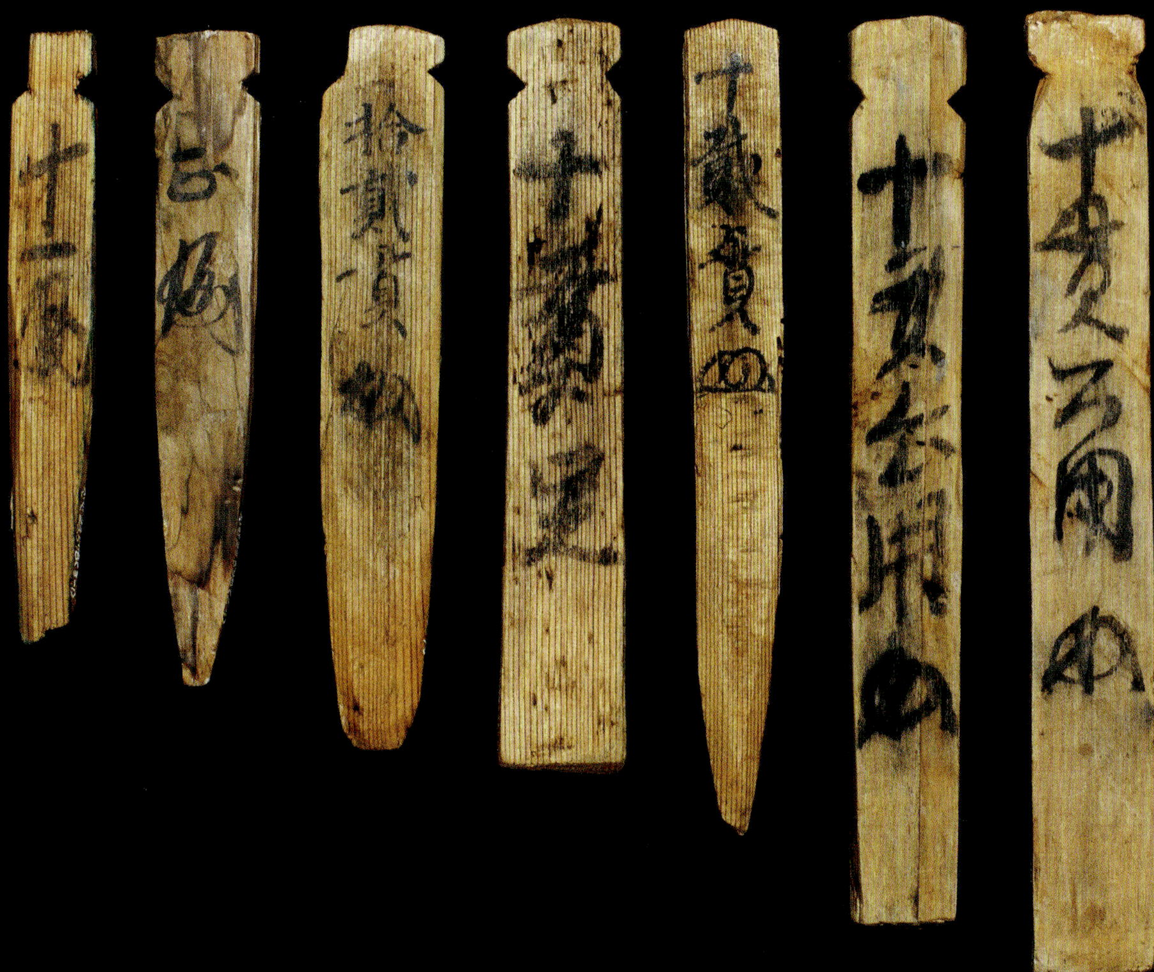

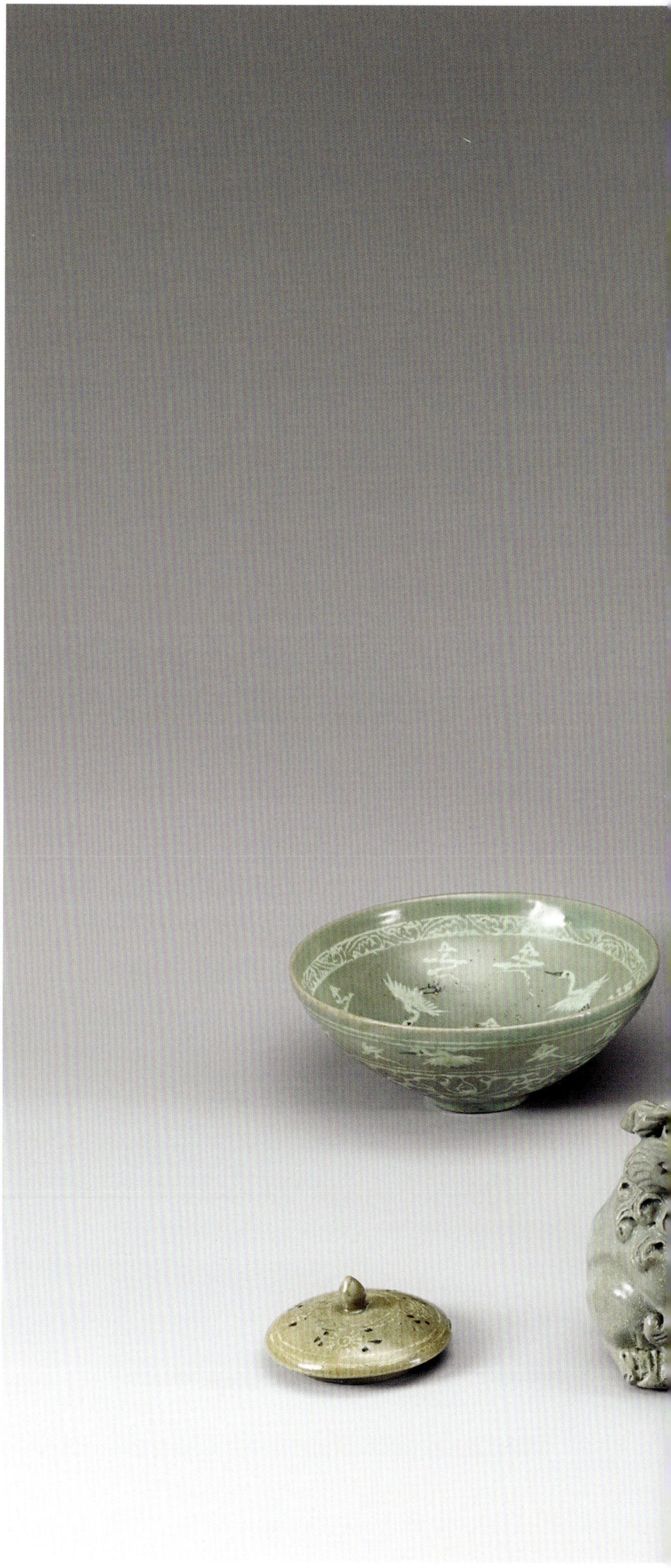

4
Voorwerpen van Goryeo celadon | Goryeo celadon ware, Korea, 13de eeuw | 13th century, steengoed | stoneware, celadon, h. hoofdsteun | pillow 16 cm, National Museum of Korea, Seoul

In het Sinan-wrak zijn enkele stukken celadon uit de Goryeo-dynastie (918-1392) gevonden. Waarschijnlijk waren deze in China aan boord gebracht. In zowel China als Japan werd het Goryeo-celadon hoog gewaardeerd.
Several pieces of celadon from the Goryeo dynasty (918-1392) were discovered in the Sinan Shipwreck. They had probably been loaded in China. Goryeo celadon was held in high esteem in both China and Japan.

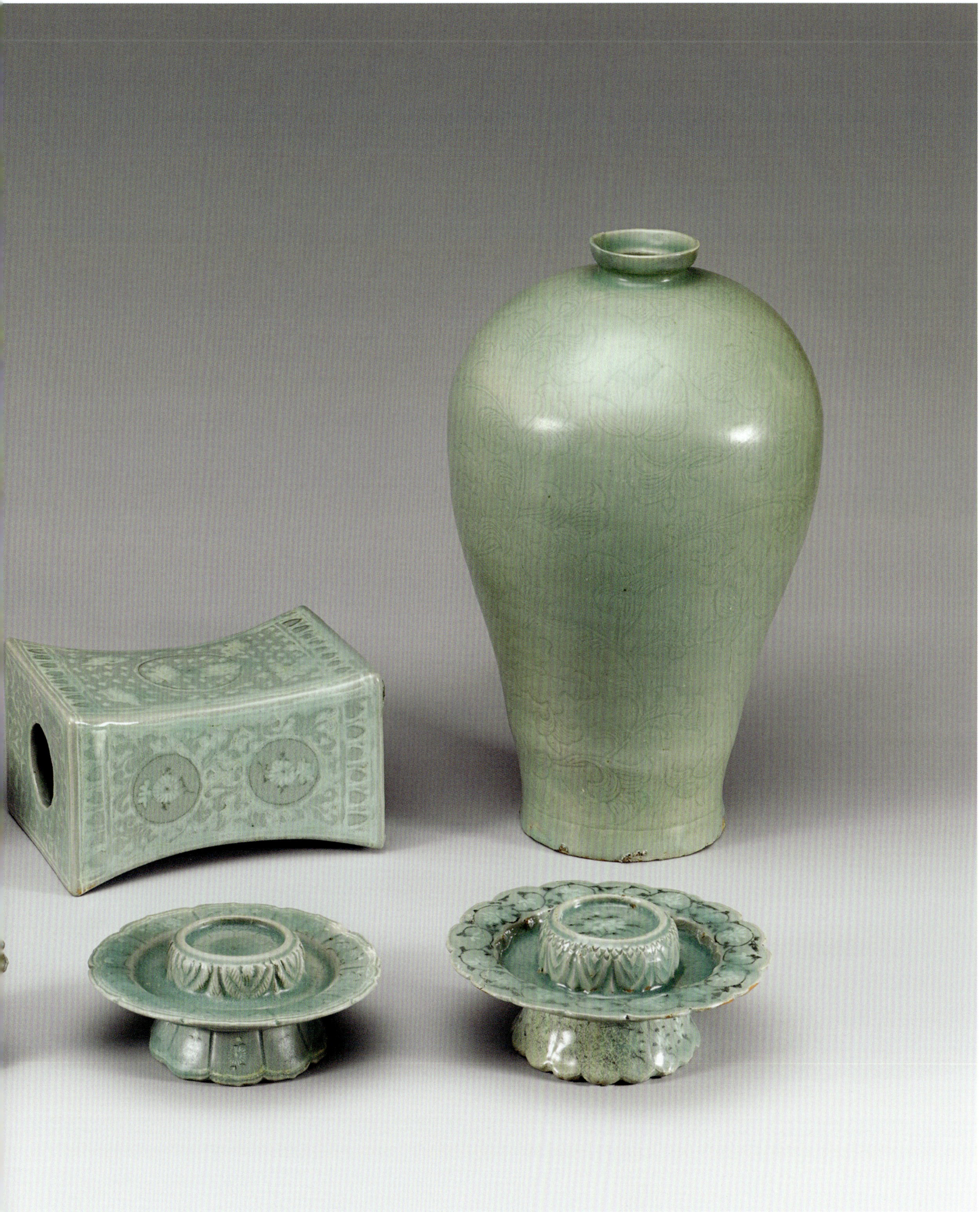

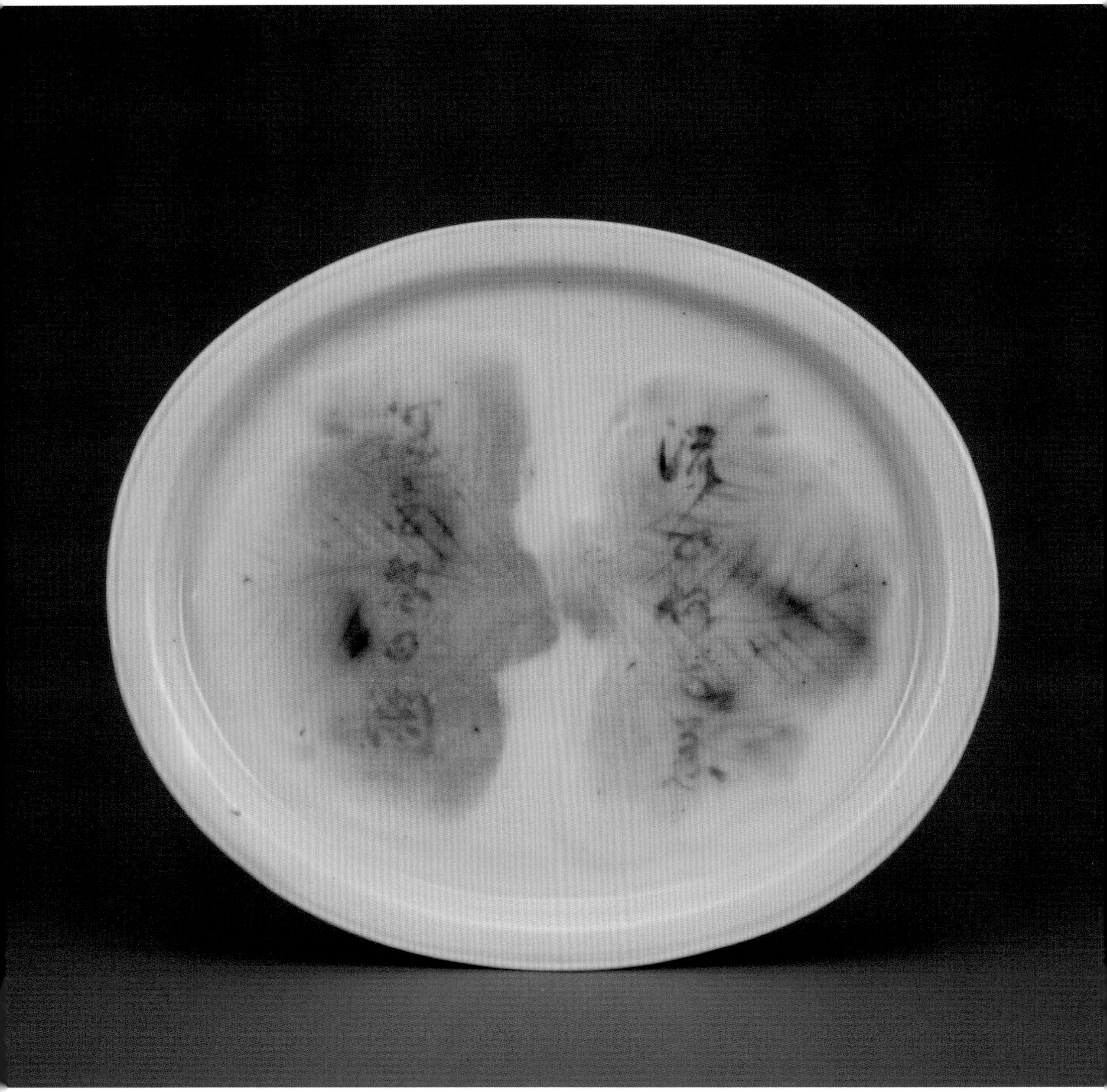

5
Bord met decoratie van boombladeren en gedicht | Dish decorated with tree leaves and poem, China, Jingdezhen, circa 1323, porselein | porcelain, Ø 16,4 cm, National Museum of Korea, Seoul

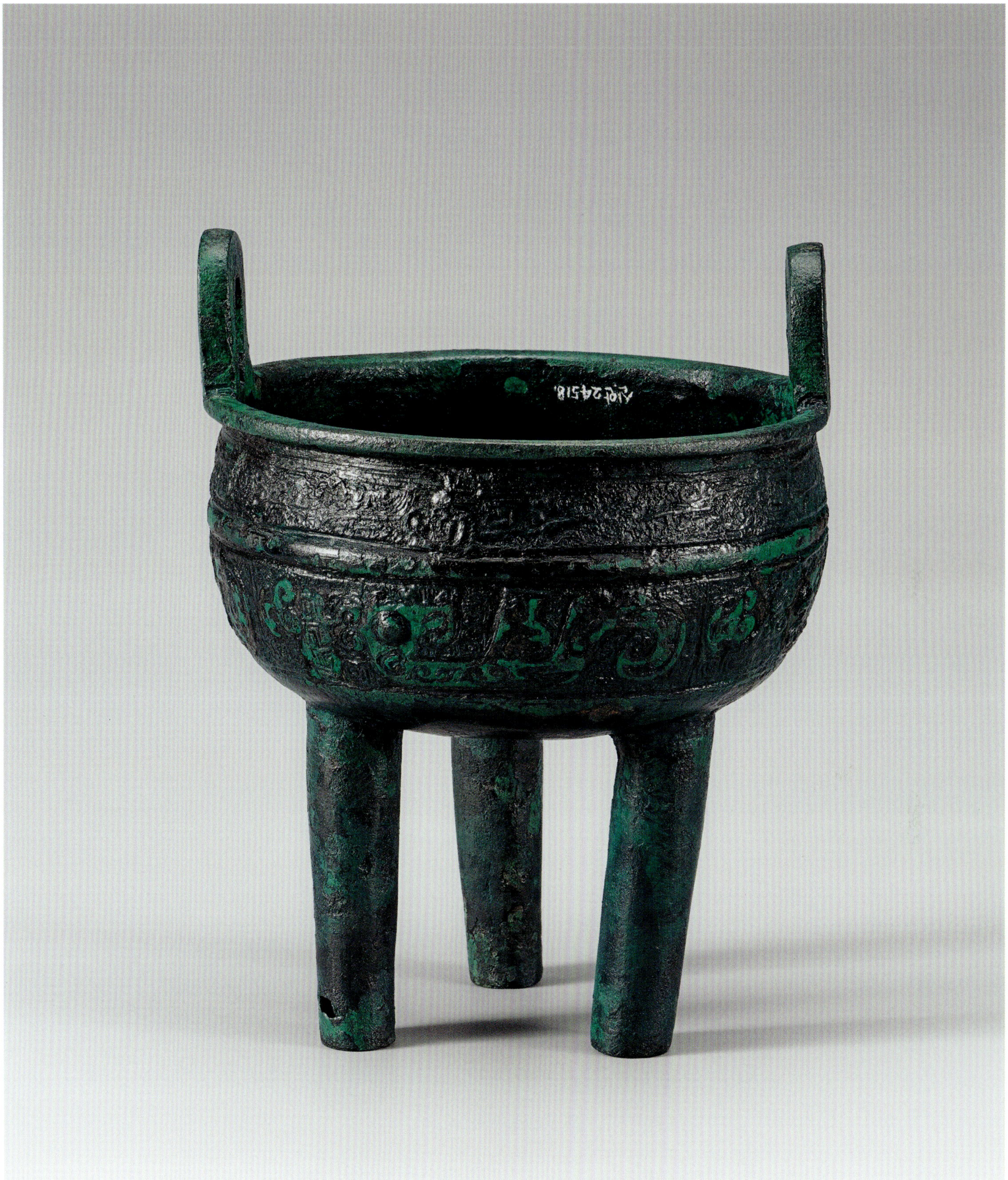

6
Wierookbrander | Incense burner, China, begin 14de eeuw | early 14th century, brons | bronze, h. 13,2 cm, Ø 12,1 cm, National Museum of Korea, Seoul

7 →
Vaas met twee oren in de vorm van een drakenvis | Vase with two ears in the shape of a dragonfish, China, Zhejiang, circa 1323, steengoed | stoneware, celadon, h. 15,8 cm, National Museum of Korea, Seoul

8 →
Vrouwenfiguur | Figurine of a woman, China, Zhejiang, circa 1323, steengoed | stoneware, celadon, h. 19,7 cm, National Museum of Korea, Seoul

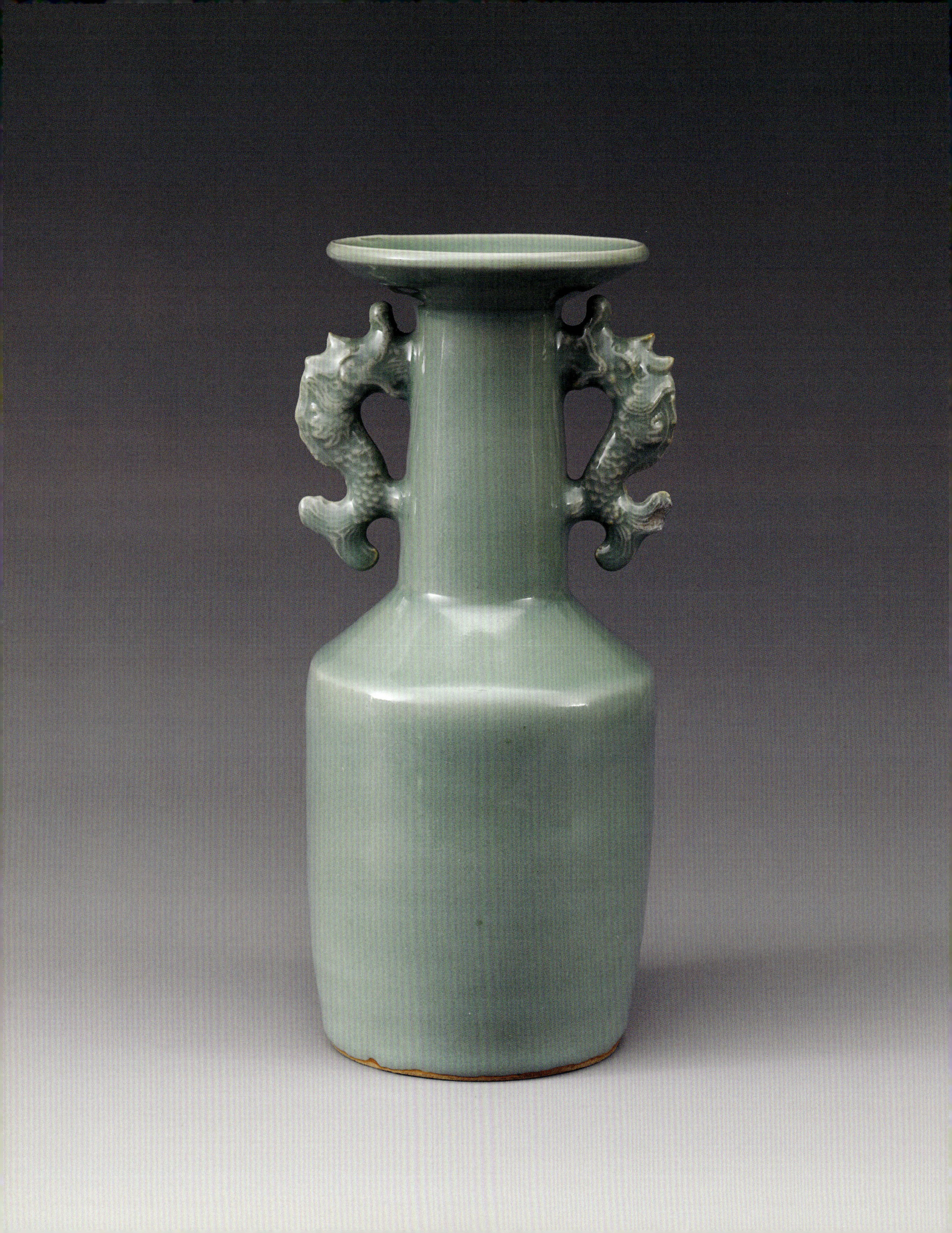

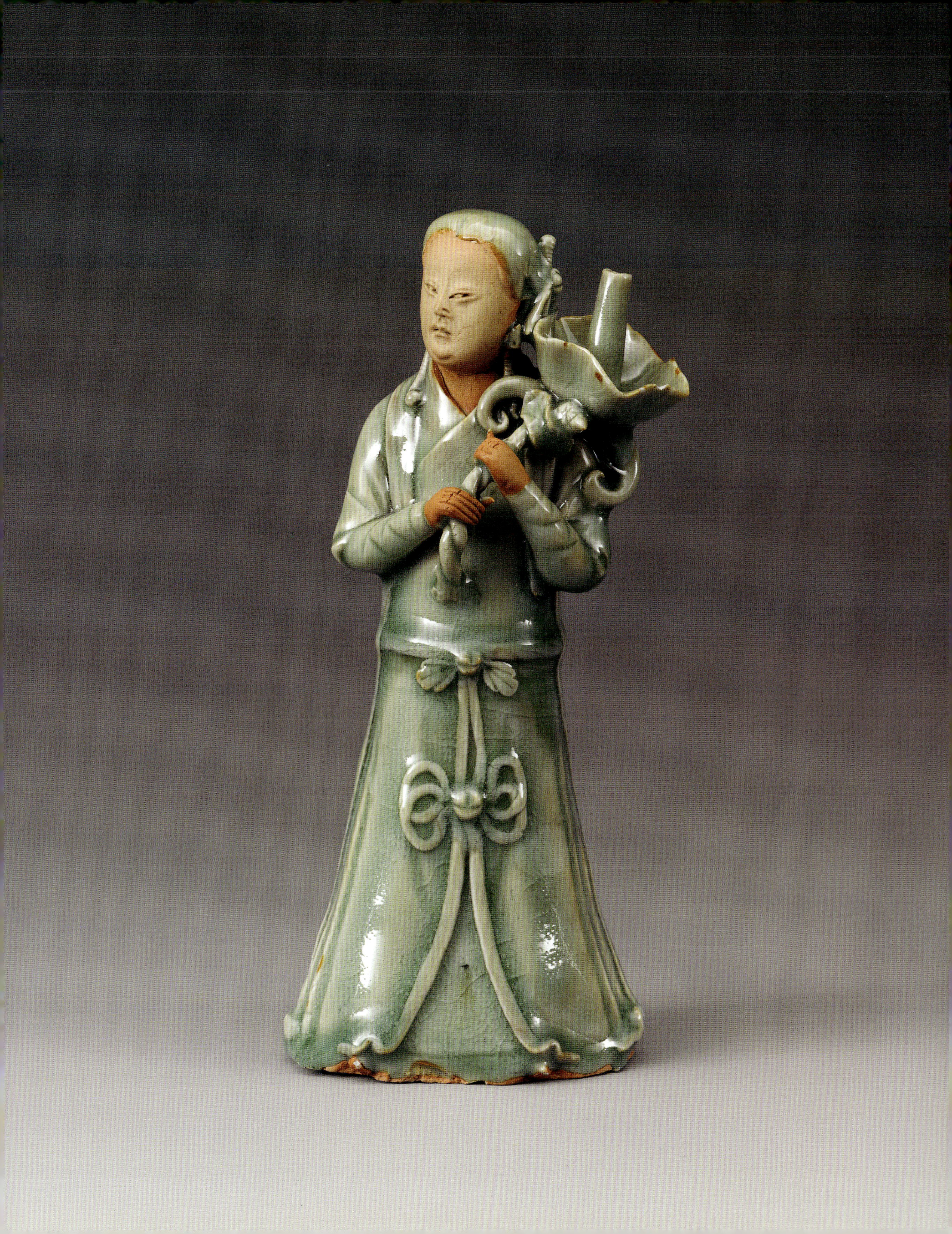

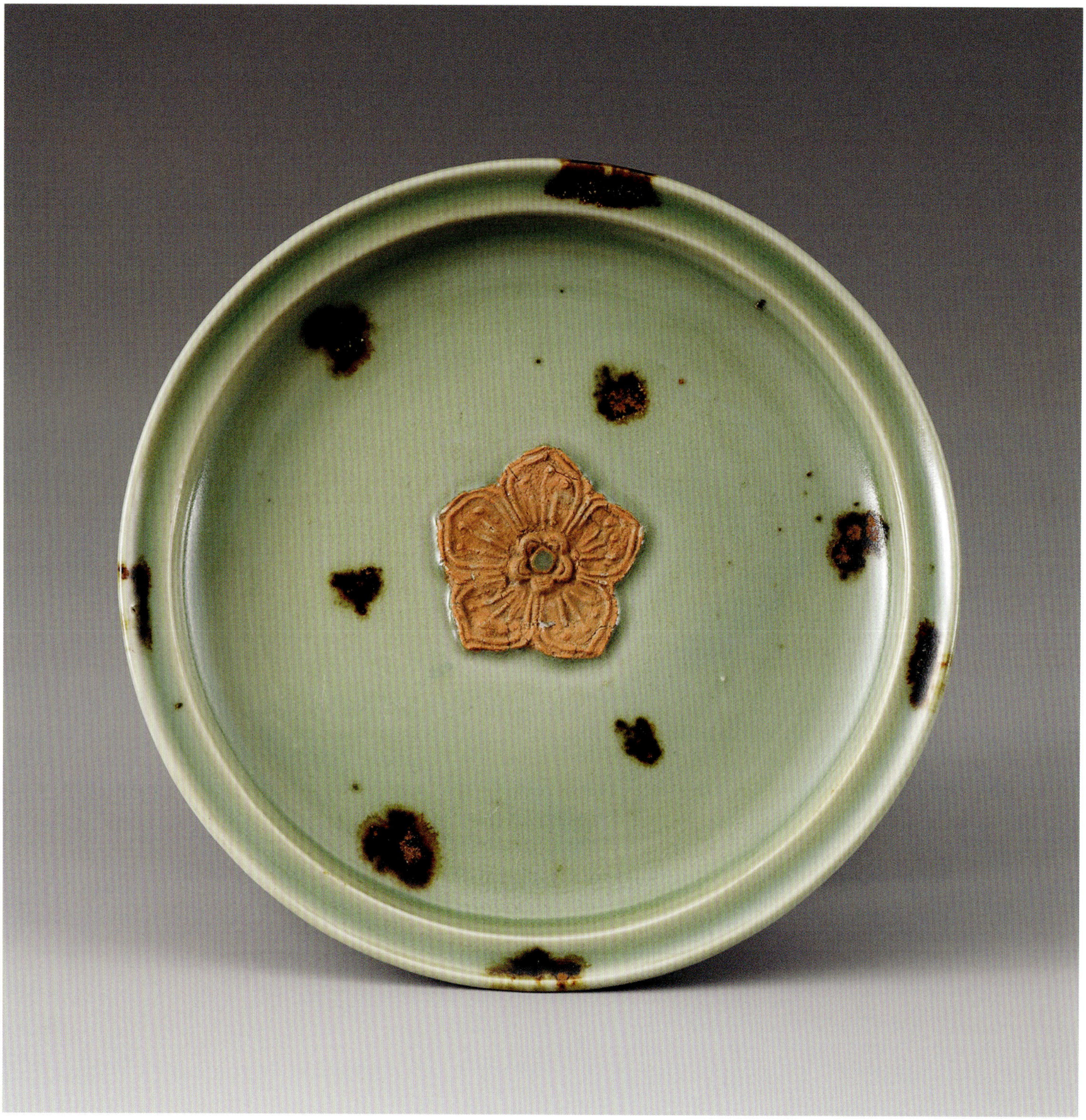

9
Bord met ijzerbruine vlekken en opgelegde decoratie van pruimenbloesem |
Plate with iron brown spots and an applied decoration of plum blossoms,
China, Zhejiang, circa 1323, steengoed |
stoneware, celadon, Ø 16,8 cm,
National Museum of Korea, Seoul

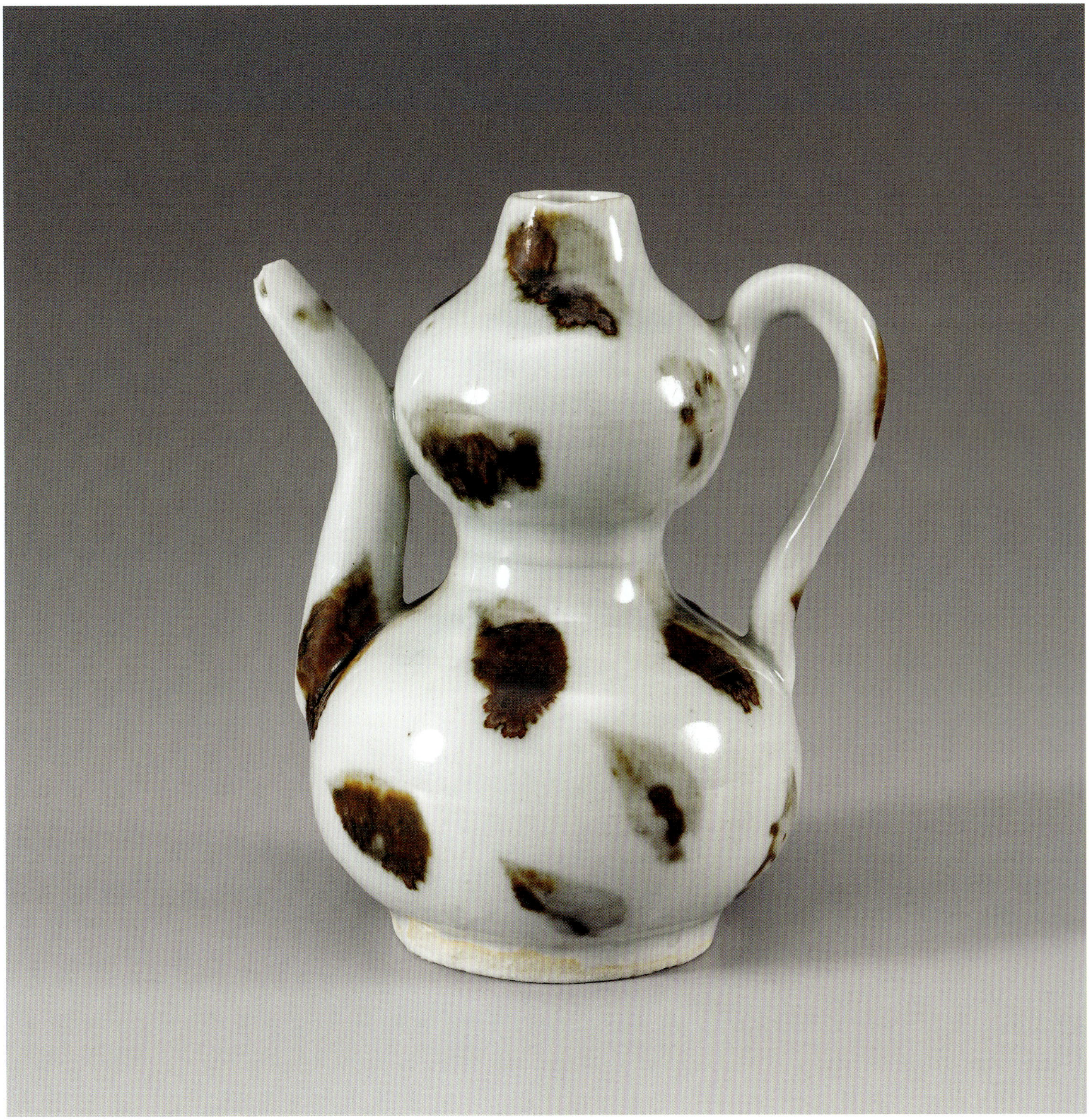

10
Kannetje met ijzerbruine vlekken |
Small ewer with iron-brown spots,
China, Jingdezhen, circa 1323, porselein |
porcelain, h. 10,9 cm, National Museum
of Korea, Seoul

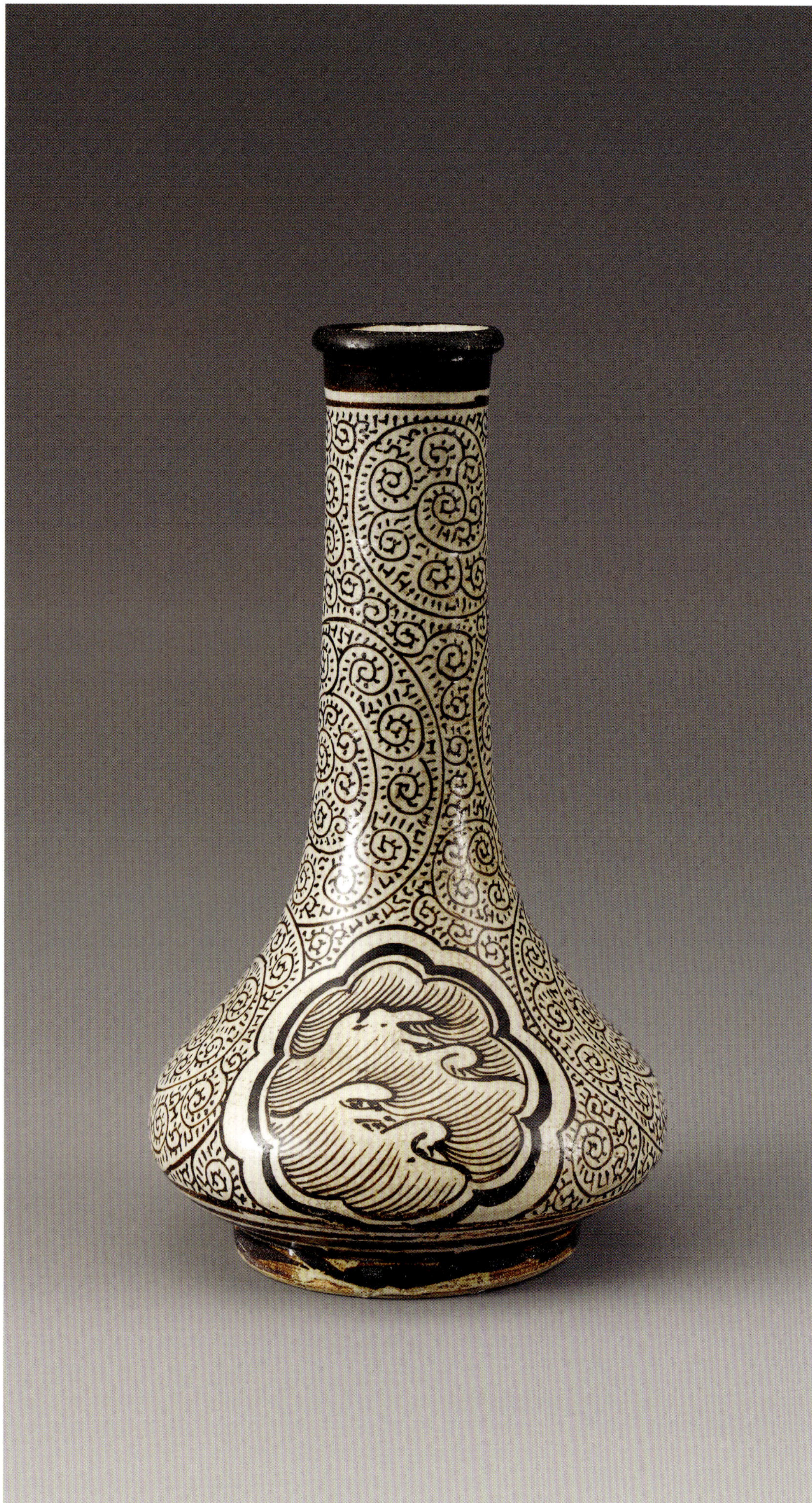

11
Flesvaas met floraal decor |
Bottle vase with floral pattern,
China, circa 1323, steengoed |
stoneware, h. 14,1 cm,
National Museum of Korea, Seoul

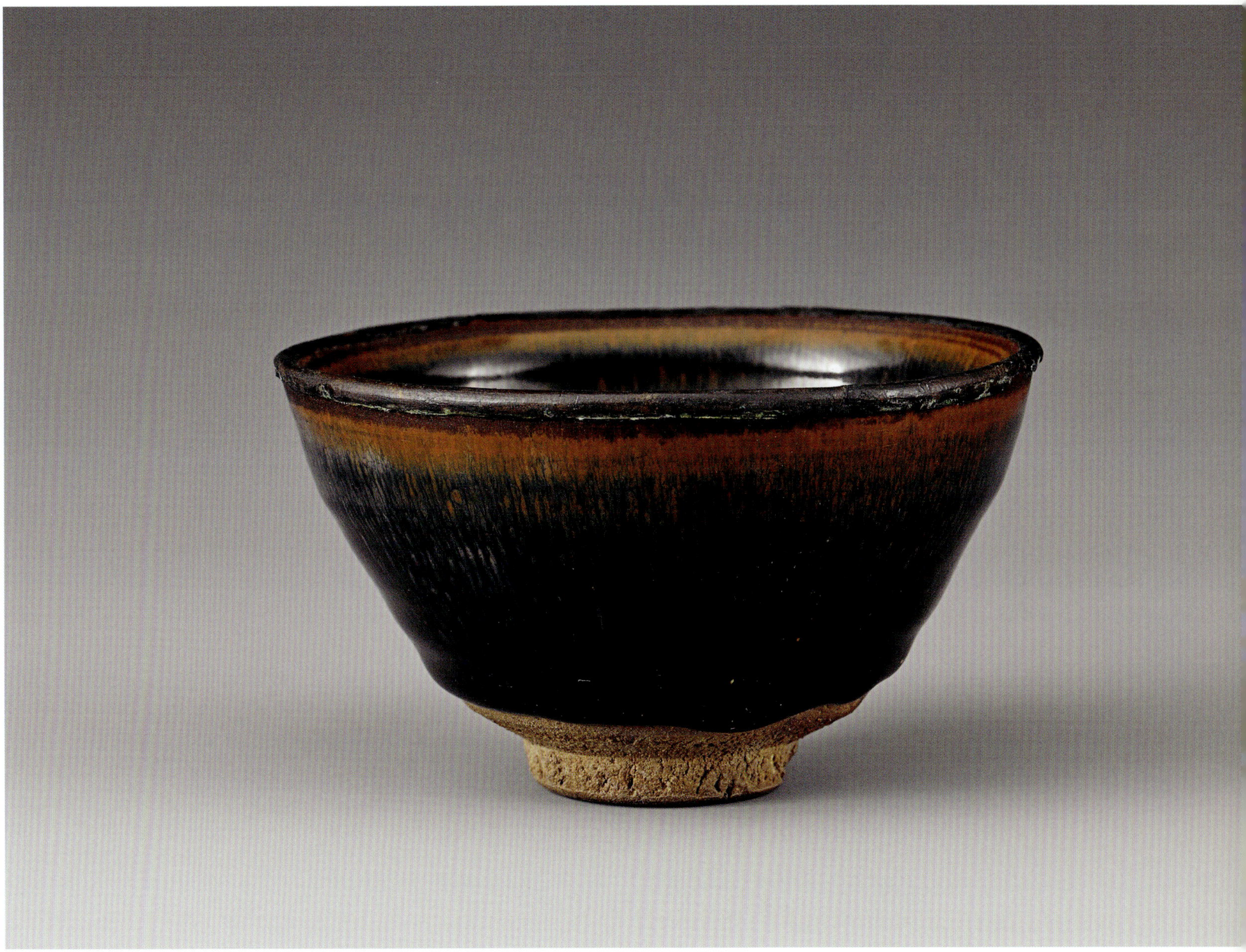

12
Theekom met tenmoku glazuur |
Tenmoku tea bowl, China, Fujian,
Song-dynastie | Song dynasty (960-1279),
steengoed | stoneware, h. 6,8 cm, Ø 11,4 cm,
National Museum of Korea, Seoul

Theedrinken werd enorm populair in Japan tijdens de Kamakura-periode (1185-1333). Intellectuelen, krijgers en zenmonniken waardeerden vooral de kommen uit de Jian-ovens in de provincie Fujian om thee uit te drinken.
Tea drinking became very popular in Japan during the Kamakura period (1185-1333). Intellectuals, warriors and Zen monks particularly appreciated the bowls from the Jian kilns in Fujian province for tea drinking.

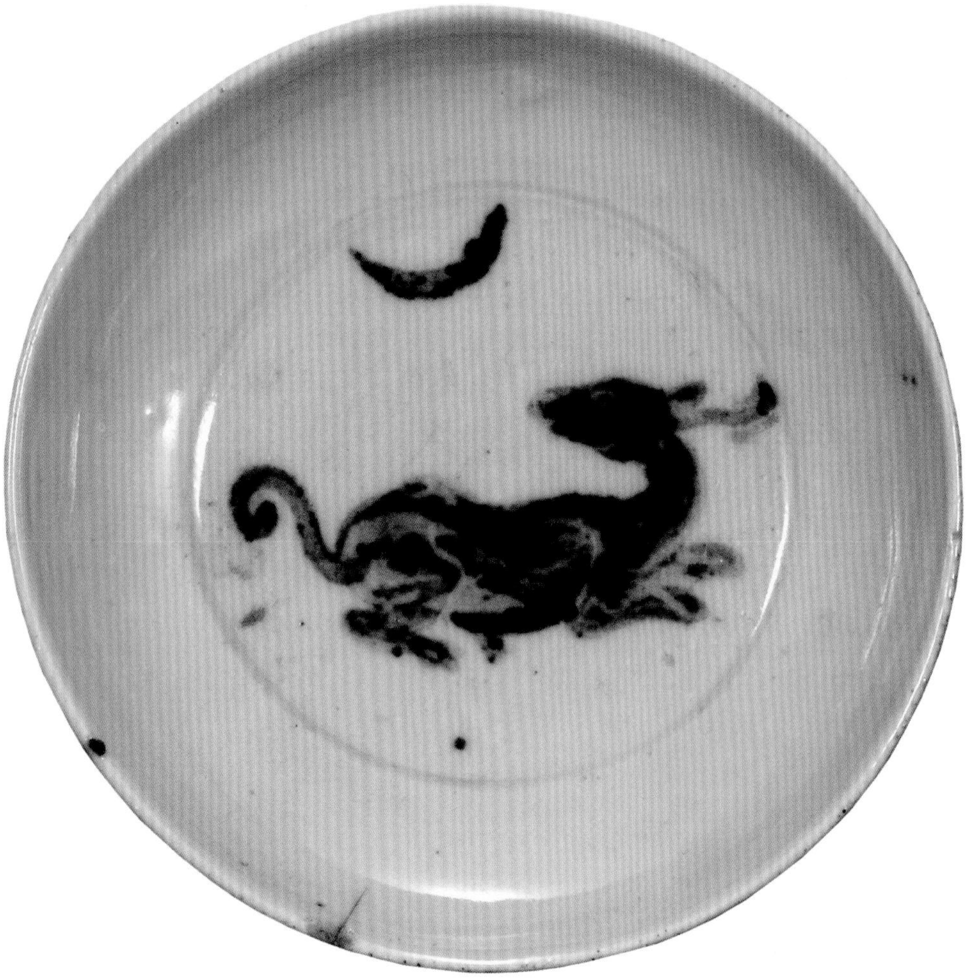

13
Bord met decoratie van waterbuffel | Dish decorated with water buffalo, China, Jingdezhen, circa 1323, porselein | porcelain, Ø 8,8 cm, National Museum of Korea, Seoul

14
Wijnkelk | Wine goblet, China, begin 14de eeuw | early 14th century, brons | bronze, h. 26,9 cm, National Museum of Korea, Seoul

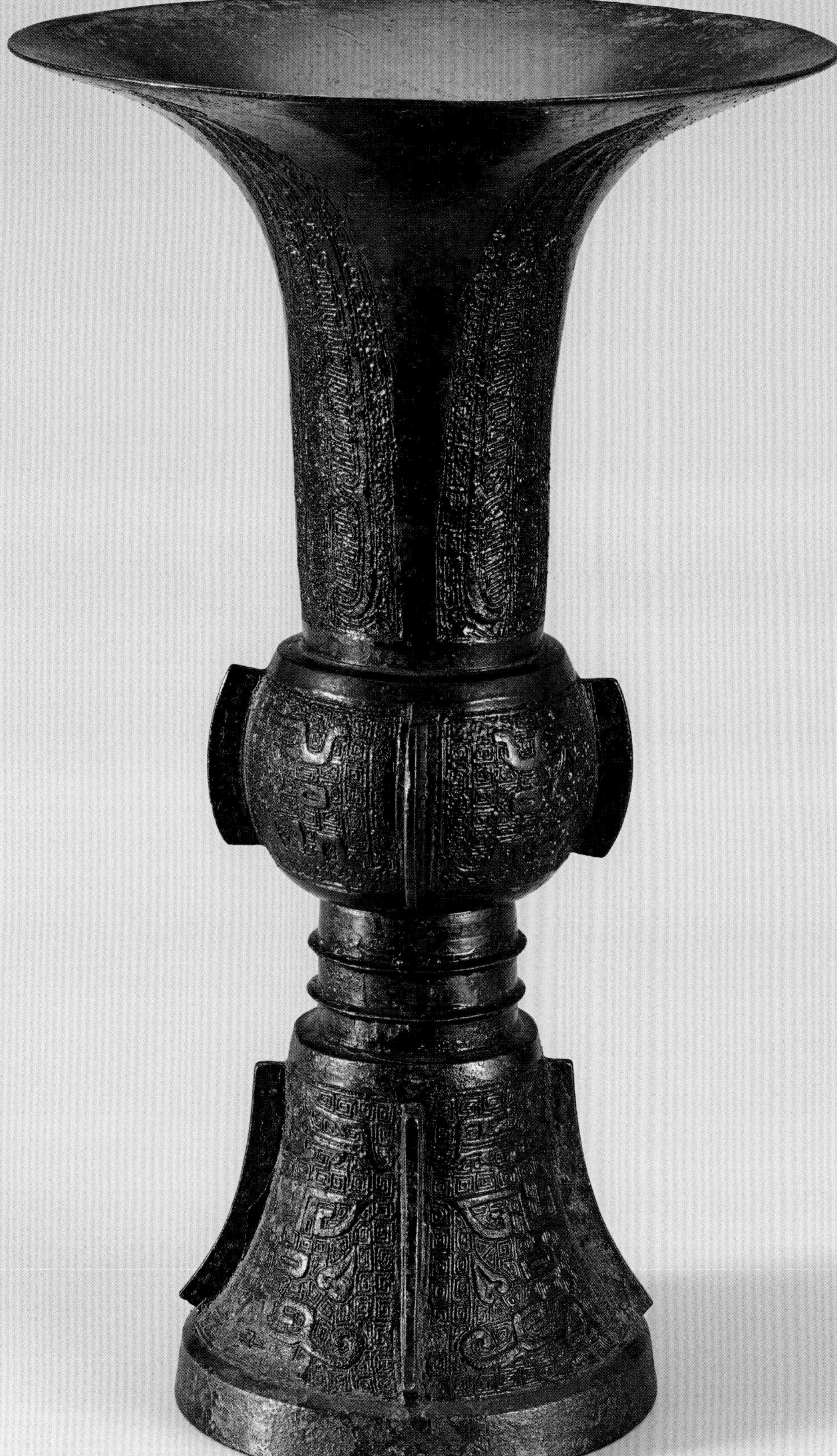

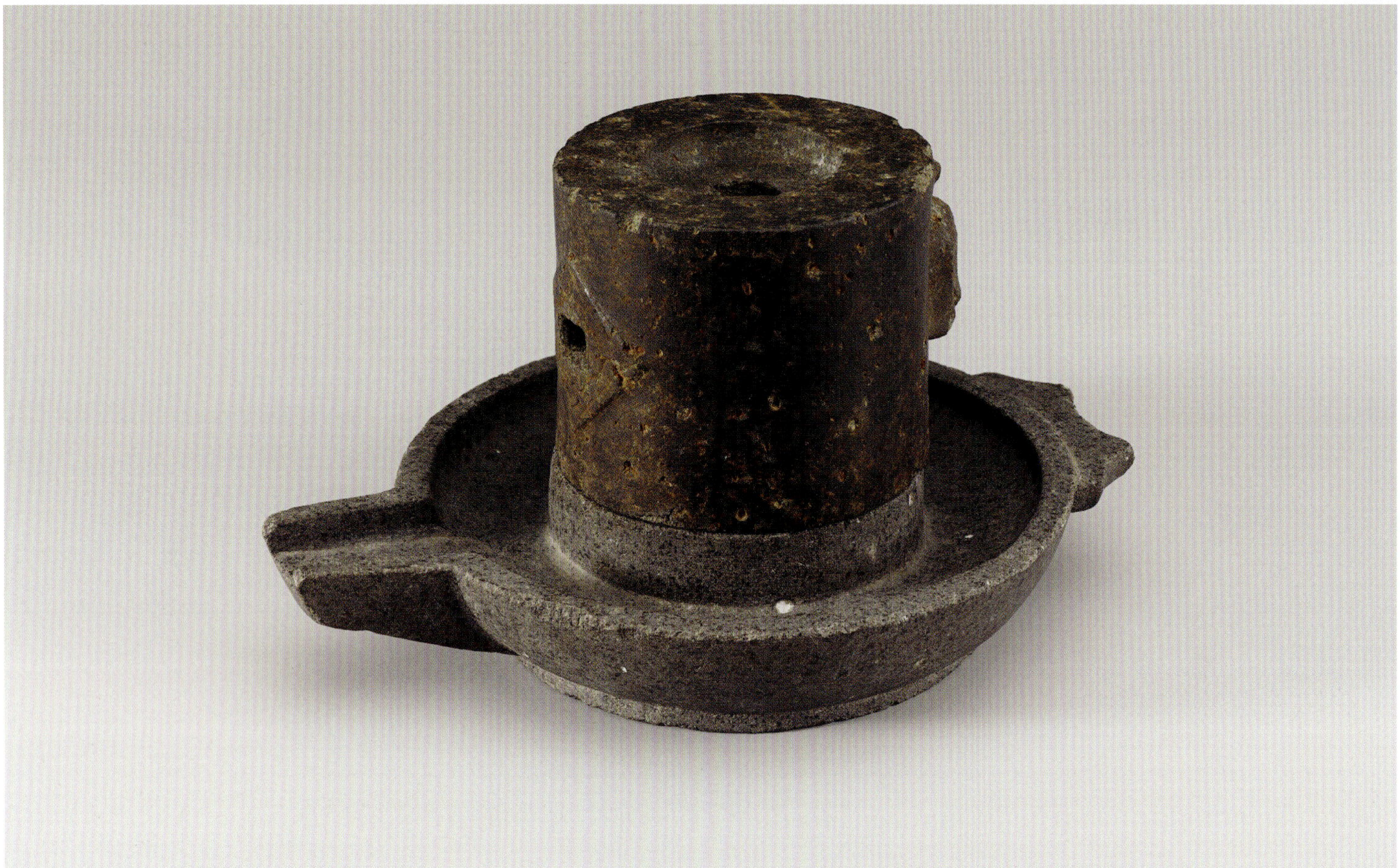

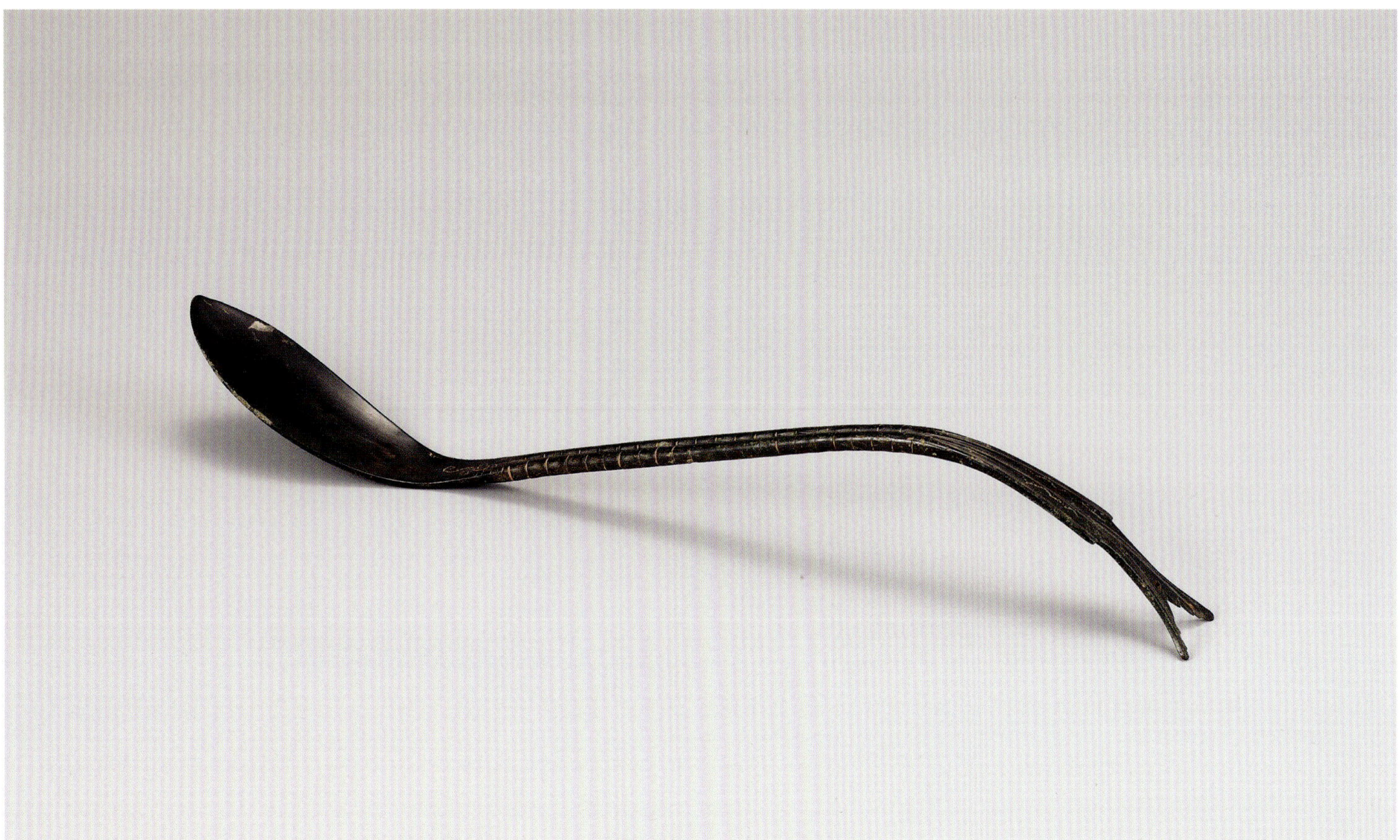

1323

15
Theemolen | Tea grinder, China,
begin 14de eeuw | early 14th century,
h. 12,2 cm, National Museum of Korea, Seoul

16
Lepel | Spoon, Korea, begin 14de eeuw |
early 14th century, brons | bronze,
l. 27,5 cm, National Museum of Korea, Seoul

Deze bronzen lepel is waarschijnlijk gebruikt door een Koreaans bemanningslid aan boord van het schip. Een lepel was een belangrijk persoonlijk bezit en werd ook mee begraven als de eigenaar overleed.
This bronze spoon was probably used by a Korean crew member on board the ship. A spoon was a valuable personal possession and when the owner died it would be buried with him.

San Diego

TYPE SCHIP	TYPE OF SHIP
Spaans Manillagaljoen (gebouwd in de Filipijnen)	Spanish Manila galleon (built in the Philippines)
LENGTE	LENGTH
35 meter	35 metres
BREEDTE	WIDTH
20 meter	20 metres
DIEPTE	DEPTH
4 meter	4 metres
CAPACITEIT	CAPACITY
700-800 ton	700-800 tonnes
GEZONKEN	SANK
14 december 1600, in de buurt van Fortune eiland, Nasugbu, Filipijnen	14 December 1600, close to the island Fortune, Nasugbu, the Philippines
GEBORGEN	SALVAGED
1991-1992	1991-1992

Eline van den Berg

Conservator Aziatische keramiek bij Keramiekmuseum Princessehof
Curator Asian Ceramics at Princessehof National Museum of Ceramics

Op 2 juli 1598 vertrok Olivier van Noort (1558-1627), aanvoerder van de Magelhaense Compagnie, met het schip *Mauritius* uit de haven van Rotterdam [1].[1] Van Noort had de leiding over een vloot van vier schepen - *Mauritius*, *Hendrik Frederik*, *Eendracht* en *Hoop* - die waren uitgevaren om een nieuwe route naar Azië te ontdekken via de Straat van Magellaan.[2] De succesvolle reizen van zijn Engelse voorgangers Francis Drake (circa 1540-1596) en Thomas Cavendish (1560-1592) vormden een grote inspiratie voor Van Noort, die zelf ook een rijke handelsbuit hoopte binnen te halen met zijn reis.[3] De bemanning telde 248 opvarenden van verschillende nationaliteiten, waaronder Nederlanders, Engelsen en Spanjaarden. Het vinden van bemanning voor dit soort ondernemingen was niet gemakkelijk gezien het hoge risico op overlijden tijdens de reis door allerlei ziekten, voedseltekorten, piraterij of het gevaar van vreemde volkeren die de Nederlanders niet altijd gunstig gezind waren. Na een moeizame reis van meer dan een jaar, waarbij onderweg een schip was gezonken, een ander schip was verdwenen en een aanzienlijk deel van de bemanning was overleden, wist de vloot uiteindelijk in november 1599 de Straat van Magellaan door te varen [2]. Ook was er een klein succes behaald met het veroveren van het Spaanse schip *Bon Jesus* in de Stille Oceaan. De buit viel echter tegen en bovendien moest het schip al vrij kort na de verovering worden achtergelaten omdat het in slechte staat verkeerde. De *Mauritius* en de *Eendracht* zetten hun koers verder naar de Filipijnen, waar de Spanjaarden hun uitvalsbasis in Azië hadden opgezet. Het doel was daar nog enkele schepen te veroveren om zo hopelijk toch met een aanzienlijke buit terug te keren naar Nederland.

On 2 July 1598, the ship *Mauritius* sailed from the port of Rotterdam. At the helm was Olivier van Noort (1558–1627), head of the Magelhaense Company [1].[1] Van Noort was in charge of a fleet of four ships – the *Mauritius*, *Hendrik Frederik*, *Eendracht* and *Hoop* – that put to sea to discover a new route to Asia via the Strait of Magellan.[2] The successful voyages of his English predecessors Francis Drake (circa 1540–1596) and Thomas Cavendish (1560–1592) were a source of great inspiration to Van Noort, who also hoped to rake in valuable commercial spoils from his voyage.[3] The crew of 248 seamen was made up of several nationalities such as Dutch, English and Spanish. It was not easy to find crew members for this kind of venture, given the high risk of death during the voyage due to all kinds of illnesses, lack of food, piracy and the danger of foreign peoples who were not always friendly towards the Dutch. A tortuous voyage of more than a year ensued, during which one ship sank, another disappeared and a considerable number of the crew died. Finally the fleet managed to sail through the Strait of Magellan in November 1599 [2]. On the Pacific Ocean the fleet achieved a minor success by capturing the Spanish ship *Bon Jesus*. However, the booty was a disappointment and in addition, the ship had to be abandoned shortly after its capture because it was in such bad condition. The *Mauritius* and the *Eendracht* continued towards the Philippines where the Spanish had established their base in Asia. The aim was to conquer several more ships there, in order to hopefully return to the Netherlands with considerable spoils after all.

Het gevecht

In Manilla hadden de Spanjaarden toen al lucht gekregen van de aankomende vijandige schepen. Gouverneur-generaal Don Francisco Tello (1532-1603) gaf daarop het bevel aan vice-gouverneur Don Antonio de Morga (1559-1636) om enkele schepen gevechtsklaar te maken in de haven van Cavite. Een van deze schepen was de *San Diego*, die eigendom was van Luis de Belver.
De Morga liet kanonnen, buskruit, duizenden kanons- en musketkogels, honderden vaten provisie en nog vele andere goederen aan boord brengen en verzamelde een grote bemanning voor het schip.[4] Al voor het vertrek wees De Belver erop dat het schip topzwaar was en beter geballast moest worden met minder kratten en cabines. Maar De Morga negeerde dit advies en zo ging het volgeladen schip onder zijn leiding begin december op zoek naar de vijandige schepen.[5] Onderdeel van de vloot waren het oorlogsschip *San Bartolome* en nog enkele kleinere schepen voor de bevoorrading en het onderhoud. De Nederlandse schepen lagen op dat moment voor anker in de baai van Manilla in afwachting van de Spanjaarden. Ze waren door Chinese en Japanse handelsschepen al op de hoogte gebracht van de voorbereidingen van de Spanjaarden en besloten daarom een aanval af te wachten. Op 14 december 1600 troffen de schepen elkaar. Van Noort loste de eerste kanonsschoten op de *San Diego*. Deze wilde zich verweren door terug te schieten, maar volgens overgeleverde verslagen was het schip zo zwaar beladen dat de kanonsgaten beneden het waterpeil lagen.[6] Desondanks was de strijd nog niet gestreden. De *San Diego* was met 450 man, ten opzichte van de nog geen 150 man op de *Mauritius*, immers ruim in het voordeel. Om die reden besloten de Spanjaarden de *Mauritius* te enteren. Dit gevecht verliep in hun voordeel, alleen kwam De Morga erachter dat zijn schip aan de voorkant zwaar was geraakt. Hij gaf daarop het bevel aan zijn bemanning de *San Diego* los te maken van de *Mauritius*. Dit bleek een fatale beslissing, want door de enorme overbelasting liep al snel veel water naar binnen en niet veel later zonk het hele schip als een baksteen naar de bodem van de zee [3]. De Morga kon zichzelf redden en wist zelfs nog een Nederlandse vlag mee te nemen. Een groot deel van de Spaanse en Filipijnse bemanning overleefde het echter niet. Het andere Spaanse schip, de *San Bartolome*, was – al voordat de strijd echt was begonnen – weggevaren om het Nederlandse schip *Eendracht* te achtervolgen. Met succes, want al snel werd de *Eendracht* met zijn hele bemanning veroverd. Na een kort proces werden de meeste mannen van het Nederlandse schip in Cebu ter dood veroordeeld. Enkele jonge mannen bleven gespaard en werden naar een klooster overgebracht om opgeleid te worden tot monnik.[7]
Van Noort wist na het zinken van de *San Diego* nog niet van het verlies van de *Eendracht*. Hij besloot het schip niet te gaan zoeken, maar in plaats daarvan zichzelf in veiligheid te brengen. Via Borneo, waar proviand werd ingeslagen en enkele reparaties werden uitgevoerd, voer de *Mauritius* uiteindelijk terug naar Nederland, waar het op 26 augustus 1601 in de haven van Rotterdam aankwam. Het succes van

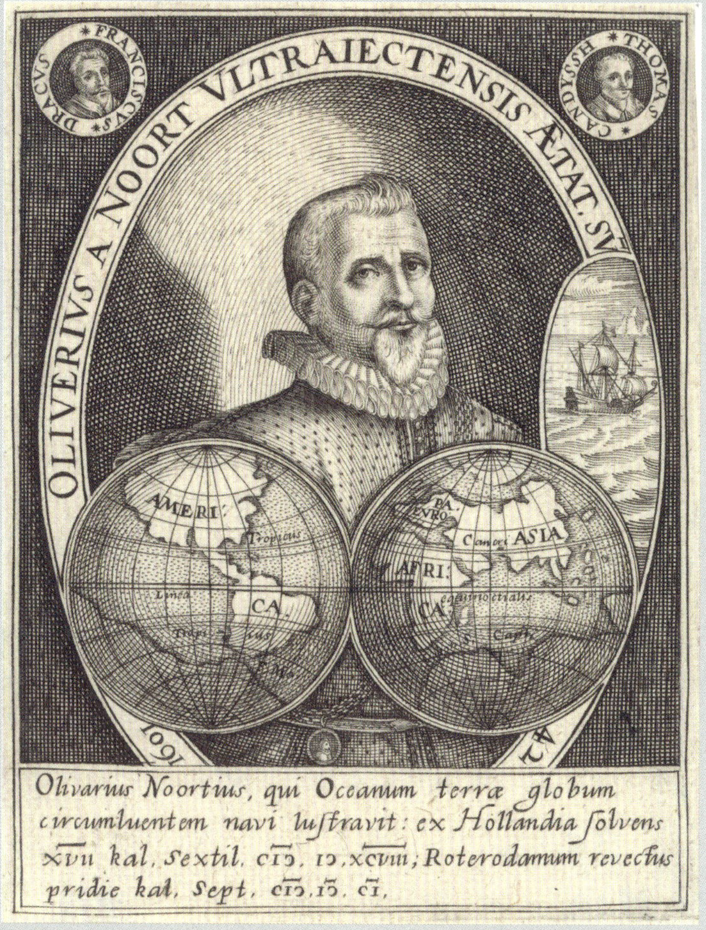

1
Portret van admiraal Olivier van Noort met in de bovenhoeken de portretten van Francis Drake en Thomas Cavendish | Portrait of Admiral Olivier van Noort with the portraits of Francis Drake and Thomas Cavendish in the upper corners, 1601, gravure door | engraving by Crispijn van de Passe, Rijksmuseum Amsterdam

The battle

In Manila, the Spanish had already heard about the approaching hostile ships. Governor-General Don Francisco Tello (1532–1603) ordered Vice-Governor Don Antonio de Morga (1559–1636) to prepare several ships for battle in the port of Cavite. One of these ships was the *San Diego*, owned by Luis de Belver. De Morga ordered cannons, gunpowder, thousands of cannon and musket balls, hundreds of barrels of provisions and many other goods to be brought on board, and he gathered a large crew for the ship.[4] Even before departure, De Belver pointed out that the ship was top-heavy and the ballast needed to be better stowed, with fewer crates and cabins. But De Morga ignored this advice and thus the fully laden ship left at the start of December, under his command, to seek out the hostile ships.[5] The fleet included the warship *San Bartolome* and a few smaller vessels for supplies and maintenance. At that time the Dutch ships were anchored in the bay of Manila, waiting for the Spanish. Chinese and Japanese merchant ships had already informed them of the preparations of the Spanish; they therefore decided to wait for the attack. The ships encountered each other on 14 December 1600. Van Noort discharged the first cannon shots at the *San Diego*. It should have defended itself by shooting back, but according to accounts that have been handed down, the ship was so heavily laden that the cannon

een rijke handelsbuit was uitgebleven, maar Van Noort was wel de eerste Nederlander die om de wereld voer en dit bracht hem alsnog grote bekendheid. In 1602 kwam zijn reisverslag uit waarin alle avonturen uitgebreid worden beschreven, inclusief het tot zinken brengen van de *San Diego*. In de Filipijnen hield De Morga intussen zijn eigen waarheid aan. In zijn later verschenen verslag claimde hij dat de *Mauritius* toen wel was weggekomen, maar in Borneo alsnog door alle geleden schade was vergaan.[8] Bovendien was het zinken van de *San Diego* volgens hem vooral te wijten aan de kapitein van het schip *San Bartolome*, die niet zo vroeg in de strijd had mogen wegvaren. Dit werd ondersteund door een brief van zijn leidinggevende Tello die opgenomen is in het verslag en hierdoor bleef De Morga tot aan zijn dood in 1636 een invloedrijk man in belangrijke posities.

Een globale wereld

De verslagen van Van Noort en De Morga vormden begin jaren negentig van de twintigste eeuw belangrijke bronnen om de locatie van de *San Diego* te achterhalen. In aanvulling daarop zijn er getuigenisverklaringen van enkele overlevenden van de scheepsramp die helpen duidelijk te krijgen wat er nu precies gebeurde toen het schip zonk.

portholes were below water level.[6] But the battle was not over yet. With its crew of 450 men, the *San Diego* still held a great advantage over the *Mauritius*, which had no more than 150 crew members. The Spanish therefore decided to board the *Mauritius*. This battle was going in their favour when De Morga discovered that the bow of his ship had been badly hit. He ordered his crew to break the *San Diego* away from the *Mauritius*. It was a fatal decision: the enormous overload meant that water flowed into the ship rapidly. Soon after, the entire ship sank like a stone to the bottom of the sea [3]. De Morga was able to save himself, and even managed to grab hold of a Dutch flag, but many of the Spanish and Philippine crew did not survive. Before the battle had started properly, the other Spanish ship, the *San Bartolome*, had already sailed away, chasing the Dutch ship *Eendracht*. It quickly managed to capture the *Eendracht* and its entire crew. Following a brief trial, most of the men of the Dutch ship were sentenced to death in Cebu. A few young men were spared. They were transferred to a monastery to be trained as monks.[7]

After the *San Diego* was sunk, Van Noort did not yet know that the *Eendracht* had been lost. He decided not to look for the ship, but to get himself to safety. Provisions were taken on board and a few repairs carried out on Borneo before the *Mauritius* finally set sail back to the Netherlands, where it arrived at the port of Rotterdam on 26 August 1601. The rich commercial rewards had not materialised, but Van Noort was the first Dutchman to sail around the globe and

2
Kaart van de zuidpunt van Zuid-Amerika met de Straat van Magellaan | Map of the southern tip of South America with the Strait of Magellan, 1599-1600, illustratie uit het verslag van de reis om de wereld door Olivier van Noort | illustration from the account of the voyage around the world of Olivier van Noort, 1598-1601, nr. | no. 8, Rijksmuseum Amsterdam

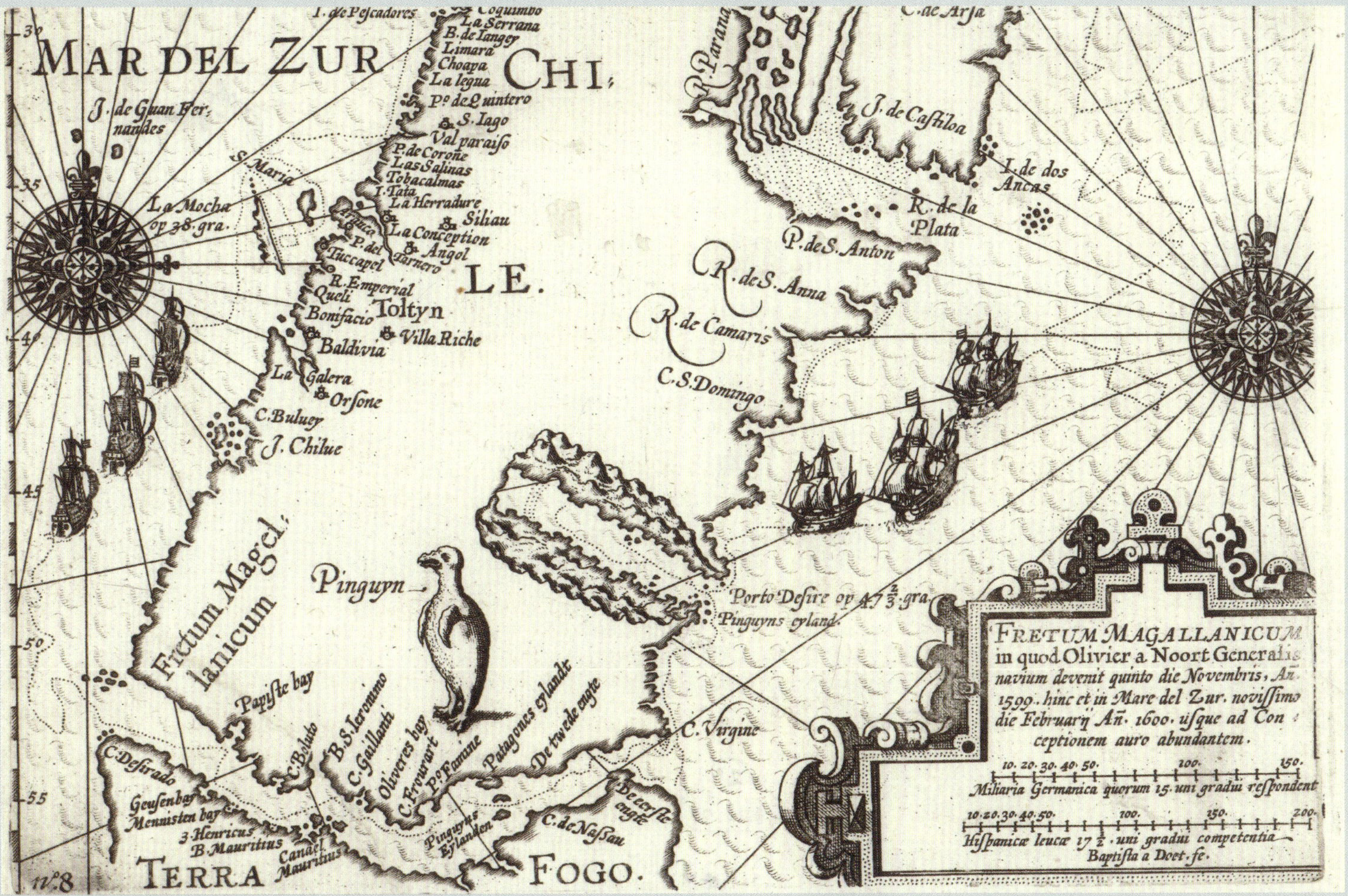

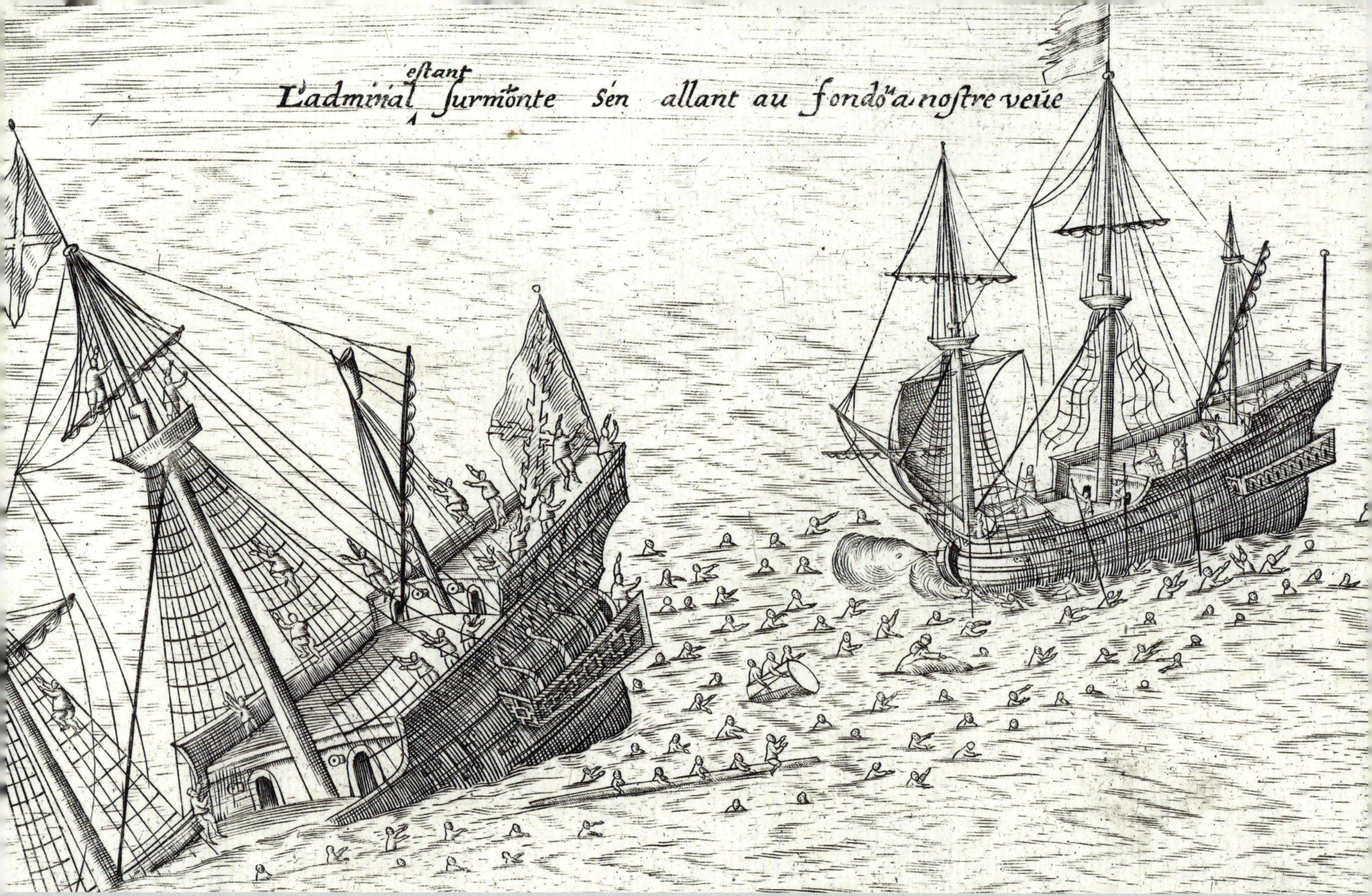

3
Na een gevecht met het Nederlandse schip *Mauritius* zonk het veel te zwaar beladen Spaanse vlaggeschip *San Diego* in de baai van Manilla naar de bodem van de zee | Following a battle with the Dutch ship *Mauritius*, the overloaded Spanish flagship *San Diego* sank to the bottom of the sea in the bay of Manila, december | December 1600, illustratie uit het verslag van de reis om de wereld door Olivier van Noort | illustration from the account of the voyage around the world of Olivier van Noort, 1598-1601, nr. | no. 20, Rijksmuseum Amsterdam

Het commerciële maritieme archeologische bedrijf World Wide First (WWF) deed in samenwerking met het Nationaal Museum van de Filipijnen onderzoek naar de vindplaats.[9] Enkele expedities op zee werden uitgevoerd om het scheepswrak te lokaliseren. Uiteindelijk werd in 1991 voor de kust van het eiland Fortune op 52 meter diepte overblijfselen van een schip gevonden die erop duidden dat het om de *San Diego* ging [4-5]. Gedurende twee seizoenen werd er gewerkt om het scheepswrak in kaart te brengen, de vondsten te registreren en naar boven te halen. In totaal werden meer dan 34.000 objecten gevonden, waarvan de meerderheid bestaat uit gevechtsmateriaal, zoals zwaarden, kanonnen (inclusief 197 kogels), musketten (inclusief 17.189 kogels) en helmen. Daarnaast werden navigatie-instrumenten gevonden, Mexicaans zilver [7], ijzeren ankers, botten en tanden van dieren (waaronder varkens en kippen), zaden, schelpen, organische materialen, Japanse tsuba, gouden ornamenten, knopen en andere persoonlijke bezittingen van de bemanning. Ook werd er een grote hoeveelheid keramiek naar boven gehaald uit China, Thailand, Myanmar, Spanje en de Filipijnen [6, 9-11].

this gave him great fame. His travel journal was published in 1602 with extensive descriptions of all the adventures, including the sinking of the *San Diego*. In the meantime, De Morga stuck to his own version of the facts in the Philippines. In his report, which appeared later, he claimed that the *Mauritius* did get away, but that it sank off Borneo due to all the damage it had suffered.[8] He also alleged that the blame for the sinking of the *San Diego* could be laid chiefly on the captain of the ship *San Bartolome*, which should not have sailed away so early in the battle. His superior Tello supported this in a letter that was included in the report. This helped De Morga remain an influential man who continued to hold prominent positions until his death in 1636.

A global world

In the early 1990s, Van Noort and De Morga's reports were important sources of information for discovering the location of the *San Diego*. In addition, statements made by some of the survivors of the shipwreck helped clarify what exactly happened when the ship sank. The commercial

Het meest opvallende aan de gevonden objecten op de *San Diego* is de grote verscheidenheid van het materiaal afkomstig uit vele verschillende gebieden, namelijk uit Azië, Europa en de Nieuwe Wereld. De *San Diego* was van oorsprong een handelsschip dat werd gebruikt voor de handel van Manilla naar Mexico. Dit type schip stond ook wel bekend als Manillagaljoen. De Spanjaarden ontdekten deze oostelijke route in 1565. Vanuit Azië brachten zij specerijen, textiel en porselein naar de havenstad Acapulco. Uit Mexico werd zilver mee teruggenomen dat werd gebruikt om de felbegeerde Aziatische handelswaar te bemachtigen. Ondanks dat de *San Diego* was omgebouwd tot oorlogsschip, is er nog een vrij grote hoeveelheid handels- en gebruiksobjecten in het wrak gevonden die een goed beeld geven van de trans-Pacifische handel die in deze periode ontstond.

De meeste vondsten van de *San Diego* bevinden zich in het Nationaal Museum van de Filipijnen en in Museo Naval in Madrid. Musée Guimet in Parijs bezit een klein deel van de lading, geschonken door Franck Goddio, eigenaar van de WWF. Een interessant voorwerp daarvan is de enorme Thaise voorraadpot met daarin de letters 'AB' gegrift [10]. Dit soort voorraadpotten, ook wel bekend als martavanen, hebben een lange gebruiksgeschiedenis in Azië. Al vanaf zeker de achtste eeuw werden ze gebruikt in de handel, zowel voor het bewaren van handelsgoederen als voor het opslaan van etensvoorraden voor de bemanning aan boord. Op het Tang-scheepswrak (circa 830) zijn vergelijkbare exemplaren gevonden.[10] De robuuste potten waren handig aan boord van een schip en werden vaak lang gebruikt. Ze werden gemaakt in verschillende productiecentra in Azië die elk hun eigen karakteristieke vormen en decoraties hadden. Tijdens de berging van de *San Diego* zijn meer dan 750 van deze potten gevonden, sommige met een houten of steengoed deksel en soms zelfs nog met voedselresten erin, waaronder varkensbotten, pekel, kokosnoten en zaden.[11] Aan boord van de Spaanse schepen in Azië had ieder bemanningslid vaak een paar van dit soort potten in bezit. De ingekraste letters, waarvan verschillende voorbeelden zijn aangetroffen, betreffen waarschijnlijk de initialen van de eigenaar van de pot.

Het Chinese blauw-witte porselein vormt slechts een klein deel van de totale vondsten. Niettemin geeft het een goed beeld van de vormen en decoraties uit die periode [6].[12] Bij opgravingen in Mexico en andere gebieden in Zuid-Amerika is vergelijkbaar porselein gevonden in grondlagen die te dateren zijn in de late zestiende eeuw. In dit kader is het ook interessant om de Filipijnse aardewerken potten te vermelden [11]. De versiering op deze voorwerpen bestaat namelijk uit gebroken stukjes blauw-wit Chinees porselein. Op de *San Diego* zijn meerdere van dit soort aardewerken potten met ingelegd porselein gevonden. Ze werden door Filipijnse pottenbakkers met de hand gemaakt. Blijkbaar was het materiaal bijzonder genoeg om te dienen als decoratie op het Filipijnse aardewerk. Het werd waarschijnlijk aan boord gebruikt door de bemanning.

maritime archaeological company World Wide First (WWF) collaborated with the National Museum of the Philippines in the search for the site.[9] Several sea expeditions were carried out to locate the shipwreck. The remains of a ship were finally found in 1991, off the coast of the island Fortune at a depth of 52 metres. They proved to be from the *San Diego* [4-5]. It took two seasons to map the shipwreck, register the finds and bring them to the surface. In total more than 34,000 objects were found, most of which consisted of battle equipment such as swords, cannons (including 197 cannon balls), muskets (including 17,189 musket balls) and helmets. Other finds included navigational instruments, Mexican silver [7], iron anchors, animal bones and teeth (including those of pigs and chickens), seeds, shells, organic materials, Japanese tsuba, gold ornaments, buttons and other personal effects of the crew. A large quantity of ceramics was also raised to the surface. Its origins included China, Thailand, Myanmar, Spain and the Philippines [6, 9-11].

What is most striking about the objects found on the *San Diego* is the huge diversity of the material coming from many different areas: Asia, Europe and the New World. The *San Diego* was originally a merchant ship used for the trade between Manila and Mexico. This type of ship was also known as a Manila galleon. The Spanish discovered this eastern route in 1565. From Asia they brought spices, textiles and porcelain to the port of Acapulco. From Mexico they took back silver, which was used to secure the coveted Asian merchandise. Although the *San Diego* had been converted into a warship, a considerable quantity of trading commodities and utilitarian objects were found in the wreck, providing a good picture of the trans-Pacific trade that arose in this period.

Most of the finds from the *San Diego* are now in the National Museum of the Philippines and in the Museo Naval in Madrid. Musée Guimet in Paris has a small number of objects from the cargo, bestowed by Franck Goddio, owner of the WWF. These include the interesting huge Thai storage jar with the letters 'AB' engraved in it [10]. This kind of jar, also known as martaban, has a long history of use in Asia. They were definitely already objects of trade from the eighth century onwards, both for conserving trade goods and for storing food for the crew on board. Similar specimens were found on the Tang shipwreck (circa 830).[10] The sturdy jars were handy on board a ship and were often used for a long time. They were made in different production centres in Asia, each applying its own characteristic shapes and decorations. During the salvage of the *San Diego*, more than 750 of these jars were found, some with a wooden or stoneware lid, and sometimes even still containing food scraps, including pig bones, pickle, coconuts and seeds.[11] Every crew member on board the Spanish ships in Asia would often have a couple of these types of jars of their own. The engraved letters, of which several examples have been found, are probably the initials of the owner of the jar.

The Chinese blue-and-white porcelain only makes up a small part of the total finds. Nevertheless, it gives a good picture of the shapes and decorations from that period [6].[12] Similar

Een opmerkelijke vondst vormt de groep tsuba uit Japan [8]. Een tsuba is een onderdeel van een zwaard en dient ter bescherming van de hand tijdens het vechten. Wijst de aanwezigheid van deze voorwerpen erop dat er ook Japanners aan boord van de *San Diego* waren? Het is bekend dat Manilla destijds een aanzienlijke gemeenschap Japanners had, die hun land om geloofsredenen waren ontvlucht.[13] Ze werden regelmatig door de Spanjaarden ingehuurd voor gevechten.
De *San Diego* was gebouwd in de Filipijnen, de Spaanse thuisbasis in Azië. Vanuit historische bronnen was al bekend dat de Spanjaarden daar hun schepen bouwden, echter vóór de berging van de *San Diego* was hier nooit enig concreet bewijs voor gevonden. Het is daarmee het eerste opgegraven schip dat de constructie van dit type schepen laat zien. Over de grootte van het schip bestond veel onduidelijkheid. In het verslag van Van Noort wordt namelijk gesproken van een schip van ruim 600 ton, terwijl De Morga het heeft over 200 ton. Bij de opgraving bleek hoe imposant het schip werkelijk was, namelijk zo'n 35 meter lang en 20 meter breed en met een capaciteit tussen de 700 en 800 ton.[14] Het blijft nog steeds een mysterie waarom de *San Diego* zo zwaar beladen was met goederen, waaronder de grote hoeveelheid voorraadpotten gevuld met granen en voedsel. Op basis van de vondsten lijkt het er bovendien op dat er ook een flink aantal passagiers aan boord was. Was het dan toch de bedoeling dat het schip na de overwinning van de strijd met de Nederlanders op weg zou gaan naar een andere bestemming? In de overgeleverde verslagen is hier echter geen enkele aanwijzing voor gevonden.

Conclusie

De overblijfselen en het verhaal van de *San Diego* geven een bijzondere kijk op de handel van de Spanjaarden in Azië en op het begin van de Nederlandse betrekkingen in dit gebied. Strijd tussen de verschillende westerse spelers was aan het einde van de zestiende eeuw niet ongebruikelijk. Portugal en Spanje hadden de routes naar Azië en Amerika lange tijd voor zichzelf gehad, maar nu wilden ook Nederland en Engeland hun handel opzetten in deze gebieden. De oorlog met Spanje in Europa was een belangrijke motivatie voor Nederland om zijn pijlers op de handel in Azië te richten. Om dit doel te bereiken was het kapen van Spaanse en Portugese schepen officieel toegestaan. Ook Van Noort had hiervoor toestemming van Maurits van Nassau, gouverneur van de Verenigde Nederlanden en de latere Prins van Oranje. De komst van Nederland, Engeland en later ook andere westerse landen in Azië betekende voor Spanje en Portugal flinke concurrentie. De *San Diego* staat daarmee aan het begin van dit nieuwe hoofdstuk van de handel van het Westen in Azië.

porcelain has been found in soil strata that have been dated to the late sixteenth century at excavations in Mexico and other regions in South America. It is also interesting in this context to mention the Philippine earthenware pots [11]. The decorations on these objects are made from broken pieces of blue-and-white Chinese porcelain. Several of these earthenware pots with inlaid porcelain were found on the *San Diego*. They were made by hand by Philippine potters. Apparently the material was special enough to serve as decoration on the Philippine pottery. The pottery was probably used on board by the crew.
The group of tsuba from Japan [8] are an intriguing find. A tsuba is part of a sword and protects the hand during fighting. Does the presence of these objects point to Japanese also being on board the *San Diego*? At the time Manila did have a considerable community of Japanese who had fled their country for religious reasons.[13] The Spanish hired them regularly for fighting purposes.
The *San Diego* was built in the Philippines, the Spanish base in Asia. We already knew from historical sources that the Spanish built their ships there, but before the *San Diego* was salvaged no concrete evidence of this had ever been found. It is thus the first excavated ship that shows the construction of this type of ship. The size of the ship was unclear. In Van Noort's account we read of a ship of more than 600 tonnes, while De Morga speaks of 200 tonnes. The excavation proved how impressive the ship really was: a good 35 metres in length and 20 metres wide, with a capacity of 700 to 800 tonnes.[14] It remains a mystery why the *San Diego* was so heavily laden with goods, including the large number of storage jars filled with grains and food. The finds furthermore suggest that a considerable number of passengers were also on board. Was the intention perhaps that after winning the battle against the Dutch, the ship would continue on to another destination? The accounts passed down contain nothing at all to suggest this.

Conclusion

The relics and the story of the *San Diego* provide a special insight into the trade of the Spanish in Asia, and into the start of the Dutch relations in this region. Conflict between the different Western players was not unusual at the end of the sixteenth century. Portugal and Spain had kept the routes to Asia and America for themselves for a long time, but now the Netherlands and England also wanted to set up trade in these regions. The war with Spain in Europe was an important motivating factor for the Netherlands to aim at the trade in Asia. Official permission to capture Spanish and Portuguese ships increased the possibility of achieving this aim. Van Noort also had permission to do this from Maurits van Nassau, governor of the United Netherlands and later Prince of Orange. The arrival of the Netherlands and England in Asia, and later other Western countries as well, meant considerable competition for Spain and Portugal. This puts the *San Diego* at the start of this new chapter in Western trade in Asia.

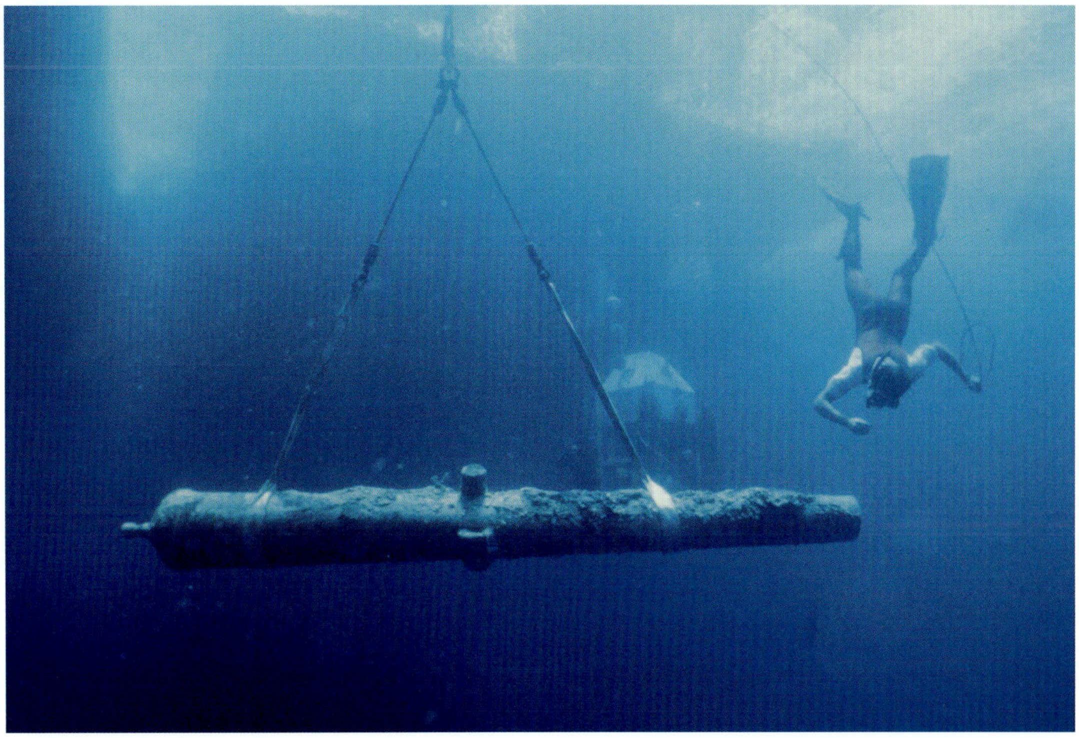

4
Een kanon van de *San Diego* wordt omhoog gehaald | A cannon is retrieved from the *San Diego*

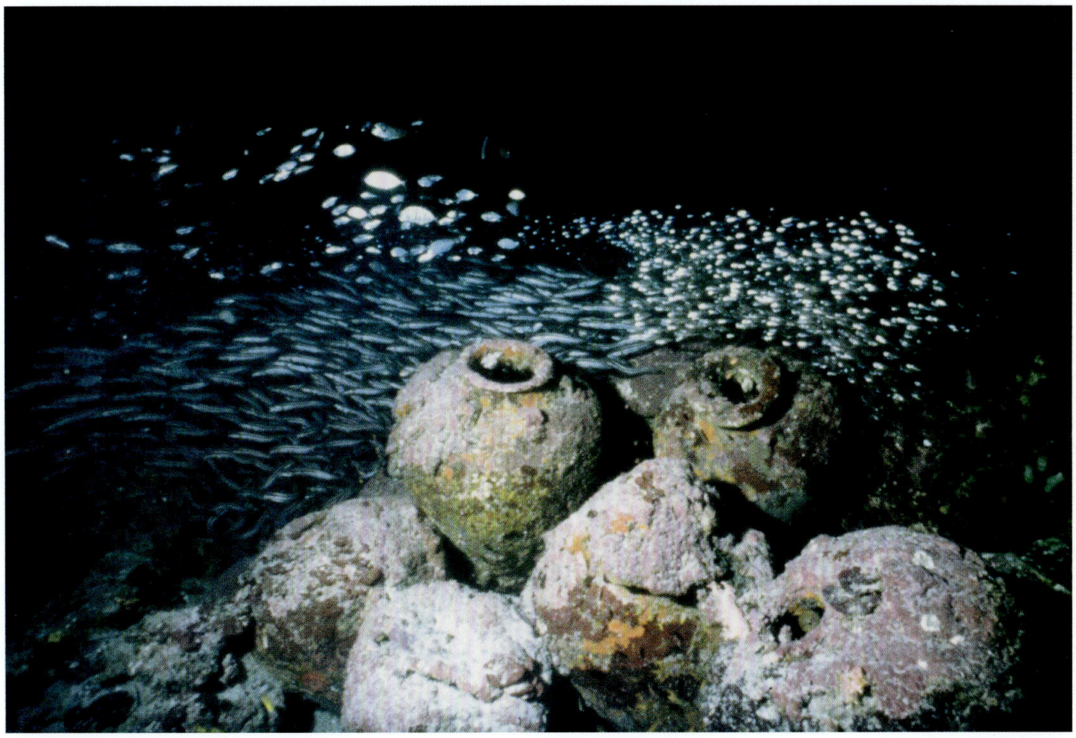

5
Grote voorraadpotten in het wrak van de *San Diego* | Large storage jars in the wreck of the *San Diego*

6 →
Blauw-wit gedecoreerd porselein | Blue-and-white decorated porcelain, China, Jingdezhen, eind 16de eeuw | late 16th century, h. grootste flesvaas | largest bottle vase 30 cm, Musée national des Arts asiatiques-Guimet, Parijs | Paris

Dit verfijnde, blauw-witte porselein uit China staat bekend als 'kraakporselein', genoemd naar de Portugese 'kraken' waarin het oorspronkelijk werd vervoerd. De Spanjaarden kochten dit porselein van Chinezen in de haven van Manilla en verscheepten het naar Mexico.
This fine blue-and-white porcelain from China is known as '*kraak* porcelain', named after the Portuguese 'carracks' in which it was originally transported. The Spanish purchased this porcelain from Chinese merchants in the port of Manila and shipped it to Mexico.

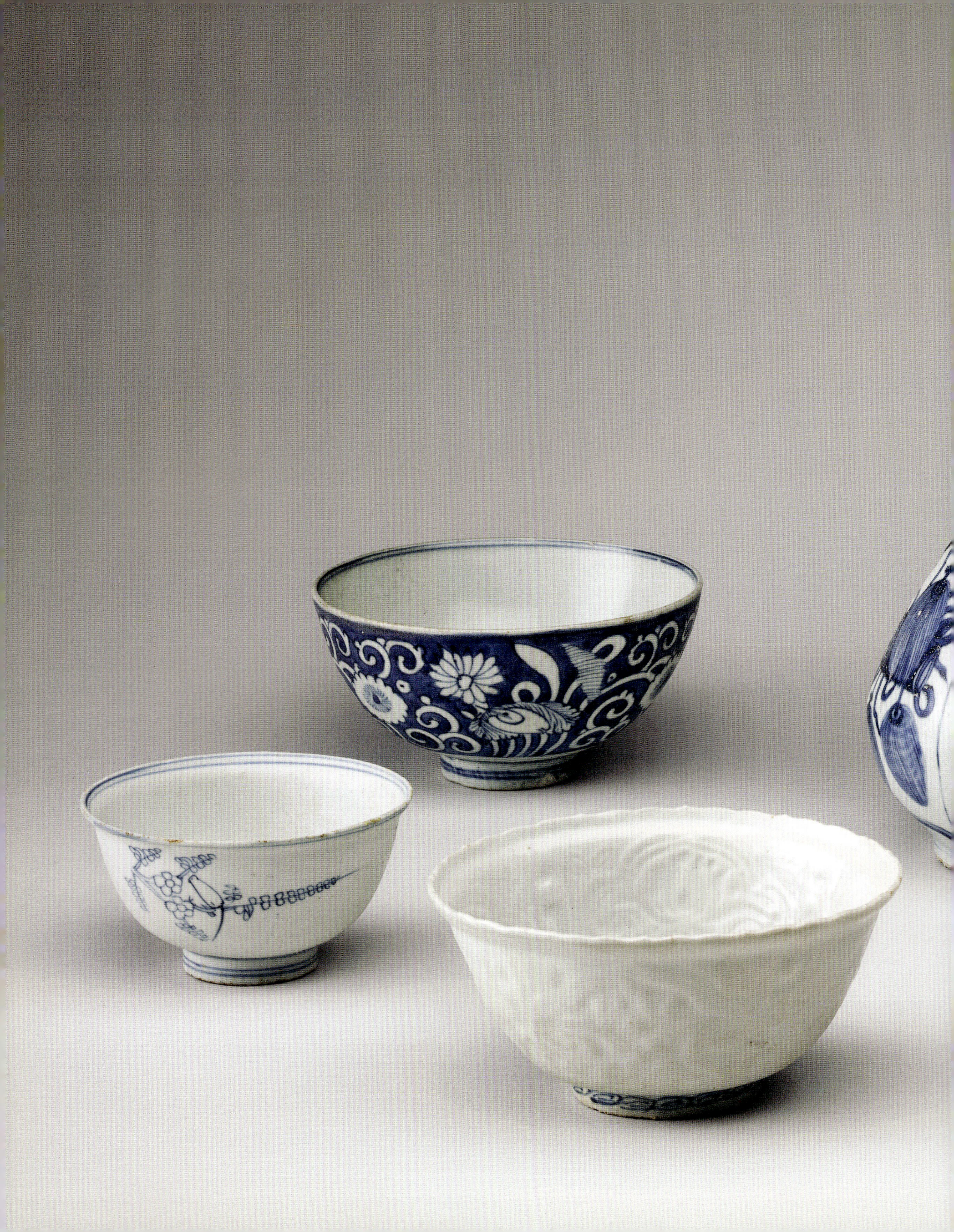

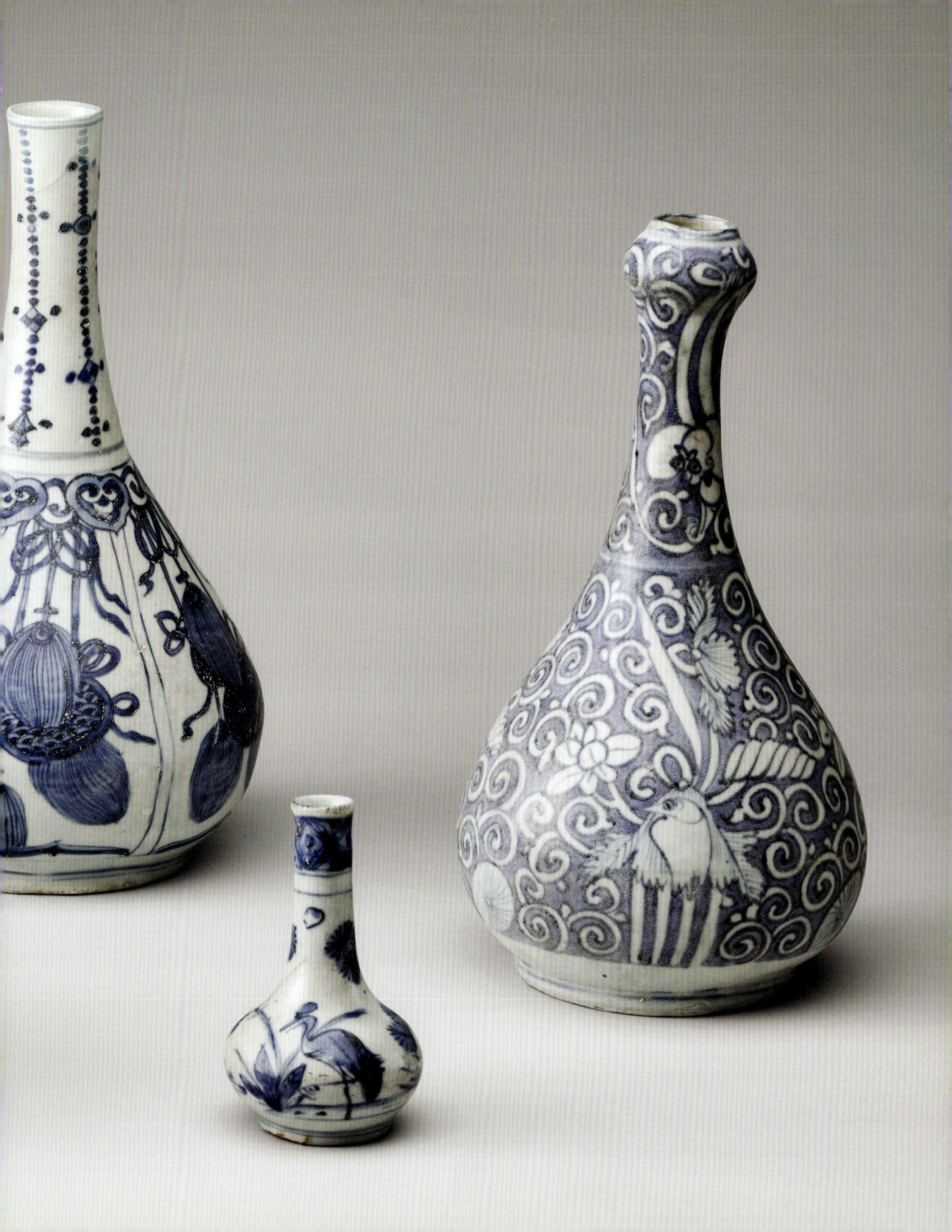

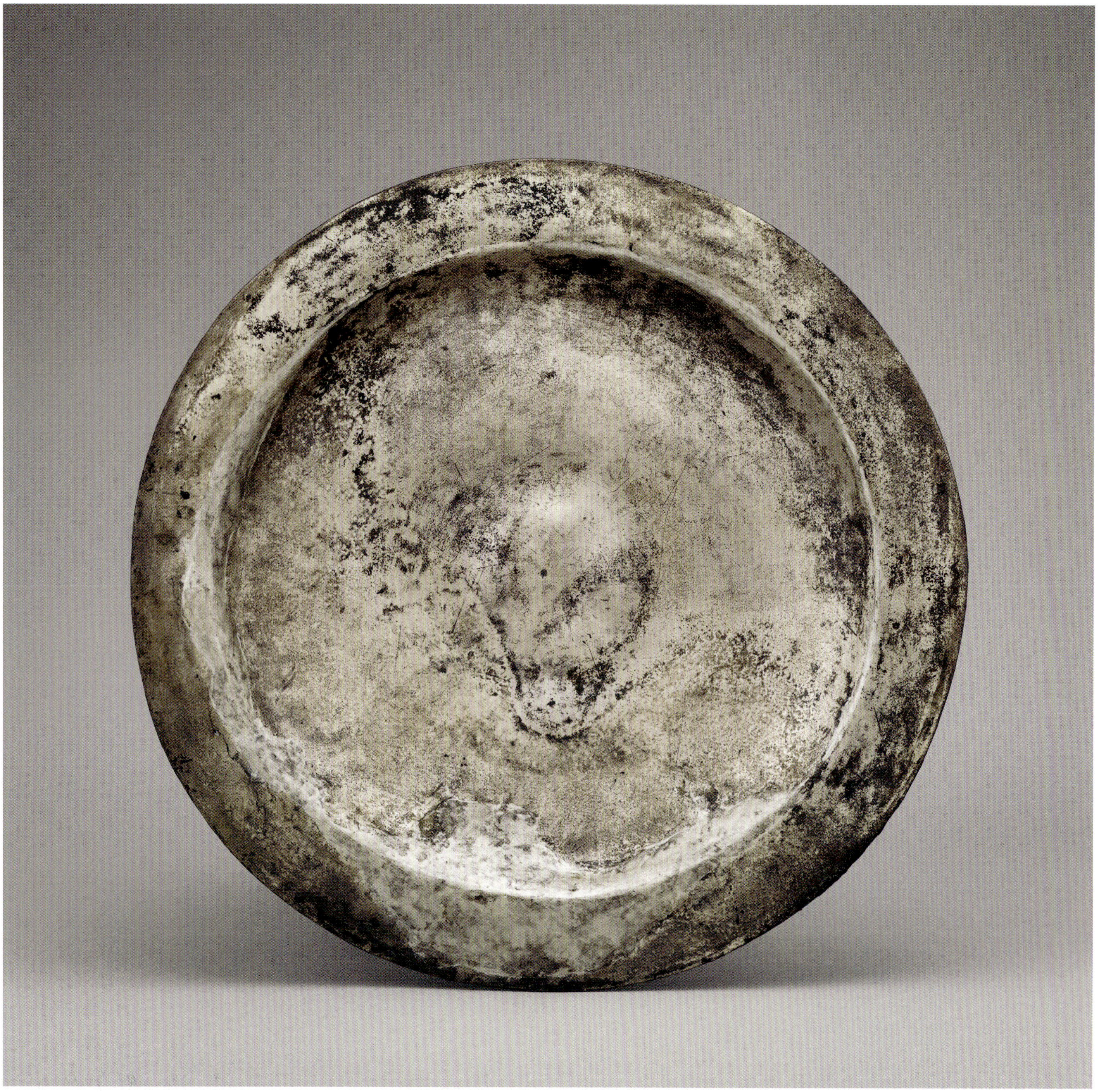

Zilver was in Mexico in overvloed aanwezig en leverde thuis in Spanje enorme winst op. Zilveren voorwerpen werden eveneens als betaalmiddel gebruikt om handelswaar te kopen in andere delen van de wereld.

Silver was available in great abundance in Mexico and yielded huge profits at home in Spain. Silver objects were also used to pay for merchandise in other parts of the world.

7
Bord van Mexicaans zilver | Plate made from Mexican silver, eind 16de eeuw | late 16th century, Ø 22 cm, Musée national des Arts asiatiques-Guimet, Parijs | Paris

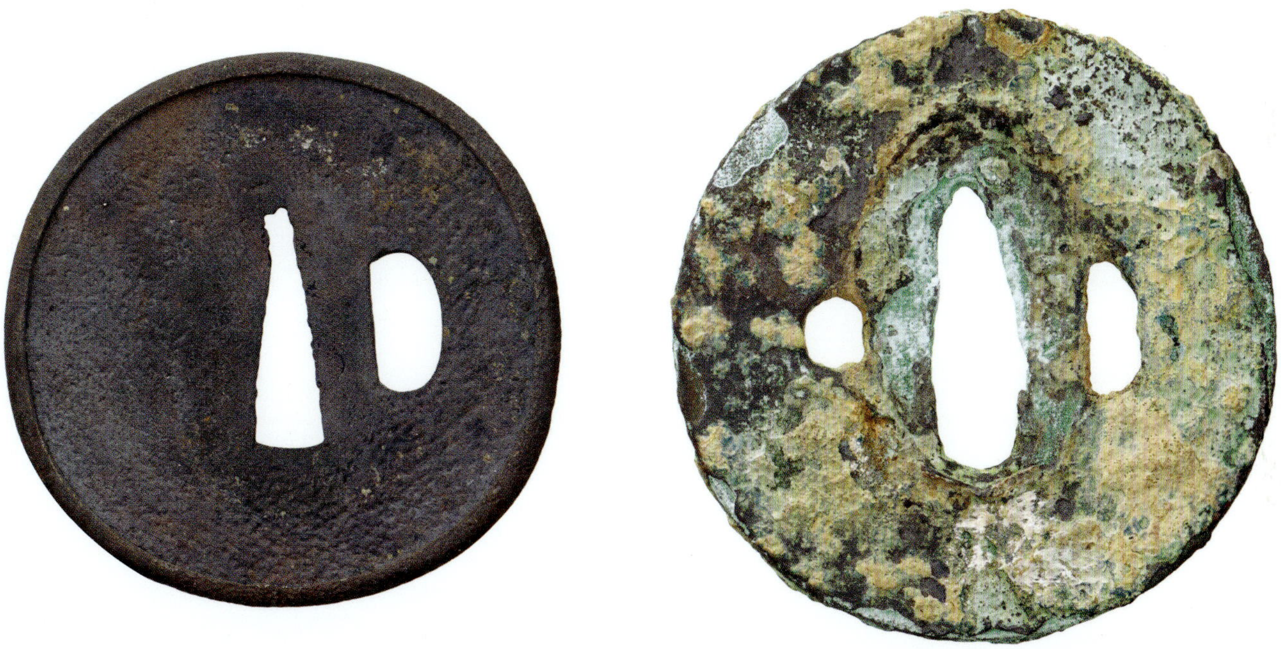

8
Twee tsuba | Two tsuba, Japan, eind 16de eeuw | late 16th century, brons | bronze, Ø 6-7 cm, Musée national des Arts asiatiques-Guimet, Parijs | Paris

Een bijzondere vondst in het wrak van de *San Diego* zijn enkele tsuba, handbeschermers van Japanse zwaarden. Mogelijk waren er dus ook Japanners aan boord van het schip. Vanwege hun christelijke geloof waren ze gevlucht uit hun moederland.
A special find in the wreck of the *San Diego* was a number of tsuba, hilt guards of Japanese swords. Possibly some Japanese were therefore also on board. They would have fled their motherland because they had converted to the Christian faith.

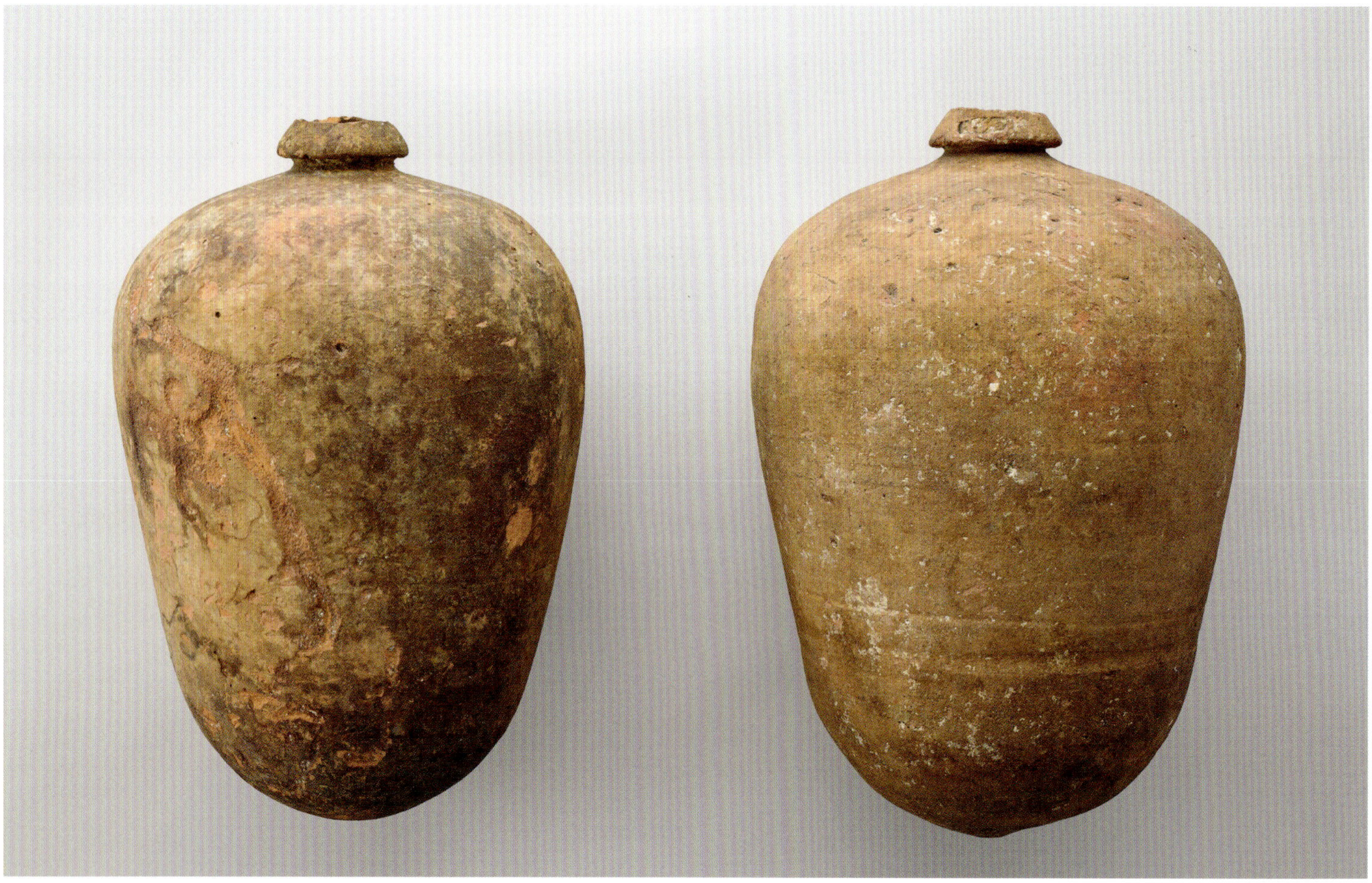

9
Potten voor het bewaren van olijfolie | Jars for storing olive oil, Spanje | Spain, eind 16de eeuw | late 16th century, aardewerk | earthenware, h. 50 cm, Musée national des Arts asiatiques-Guimet, Parijs | Paris

10
Voorraadpot met ingekrast monogram 'AB' | Storage jar with carved monogram 'AB', Thailand, eind 16de eeuw | late 16th century, steengoed | stoneware, h. 60 cm, Musée national des Arts asiatiques-Guimet, Parijs | Paris

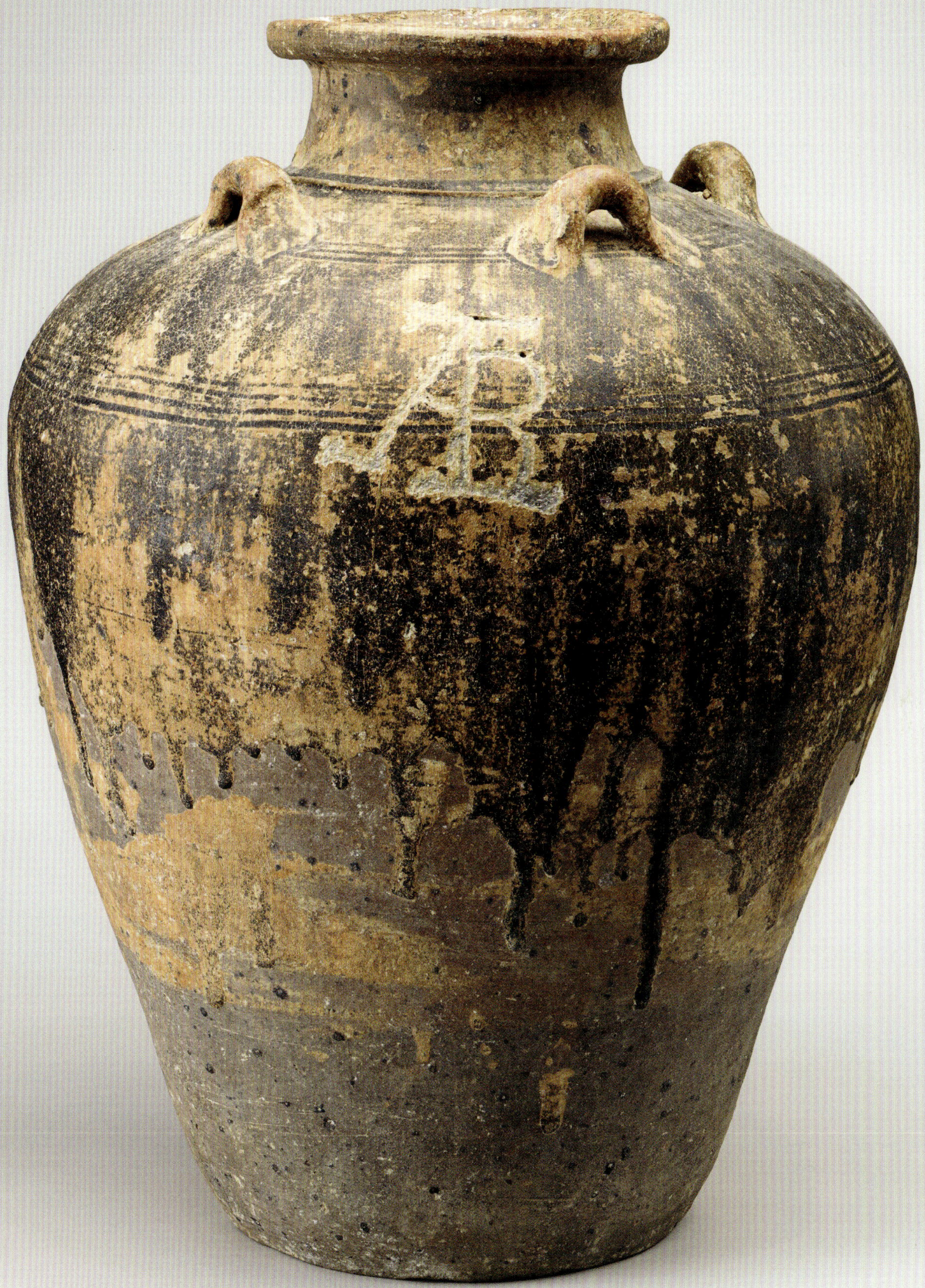
AB

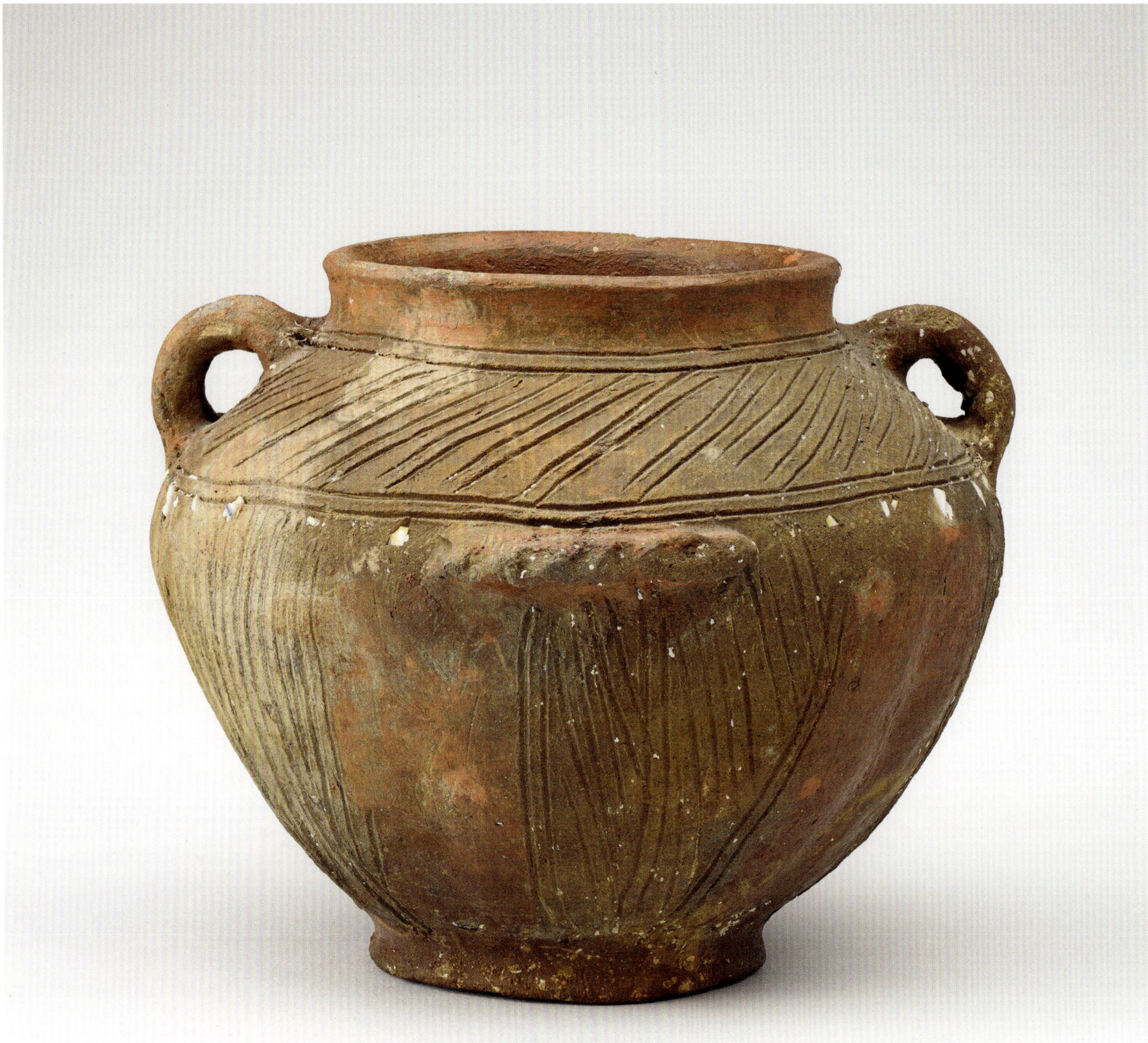

1600

11
Pot met ingelegd Chinees porselein en ingegrifte lijnen | Jar with inlaid Chinese porcelain and incised lines, Filipijnen | Philippines, Batangas, eind 16de eeuw | late 16th century, aardewerk | earthenware, h. 13 cm, Musée national des Arts asiatiques-Guimet, Parijs | Paris

Dit soort keramiek werd door Filipijnse pottenbakkers met de hand gemaakt. Het zijn eenvoudige gebruiksvoorwerpen, waarschijnlijk bedoeld voor de bemanning. Door de versiering met stukjes Chinees porselein zijn ze niettemin heel bijzonder.

This type of pottery was made by hand by Philippine potters. They are simple utilitarian objects, probably intended for the crew. The decoration with pieces of Chinese porcelain makes them nevertheless very special.

Volgens de UNESCO liggen er drie miljoen scheepswrakken op de bodem van de zeeën.[1] Dit is een enorm aantal, maar waarschijnlijk is deze schatting nog aan de lage kant. De conditie van al die wrakken verschilt nogal van elkaar. In de Zwarte Zee en de Oostzee worden vrijwel complete, soms zelfs duizenden jaren oude schepen gevonden. In tropische wateren is meestal niet veel van de houten scheepsconstructies over. Alleen wat niet of nauwelijks door de tijd wordt aangetast, zoals steen, steengoed, porselein en (edel)metalen, of wat in het koraal is ingekapseld, blijft bewaard. Met al die verschillende vondsten kunnen archeologen onze maritieme geschiedenis reconstrueren. Het is dan wel van belang ook oog te hebben voor de context. Immers, deze vormt de verbinding tussen de afzonderlijke voorwerpen en is daarmee cruciaal om tot een echt verhaal over het verleden te komen.

According to UNESCO, there are three million shipwrecks at the bottom of the seas.[1] That is a huge number, but the estimate is probably still on the low side. All those wrecks are in widely varying condition. In the Black Sea and the Baltic Sea, ships that are sometimes thousands of years old can be found still almost complete. But in tropical waters, not much of the wooden ship construction is left behind. The only surviving items are those that are not affected by time, or not much, such as stone, stoneware, porcelain and (precious) metals, or that end up encased in the coral. Archaeologists use all those different finds to reconstruct our maritime history. It is also important to pay attention to the context. After all, this forms the links between the individual objects and is therefore crucial to building up a real story about the past.

Maritieme Archeologie
Maritime Archaeology

Martijn Manders

Maritiem en onderwater archeoloog en programmaleider Maritiem erfgoed bij de Rijksdienst voor het Cultureel Erfgoed
Maritime and underwater archaeologist and head of the Maritime Programm at the Cultural Heritage Agency of the Netherlands

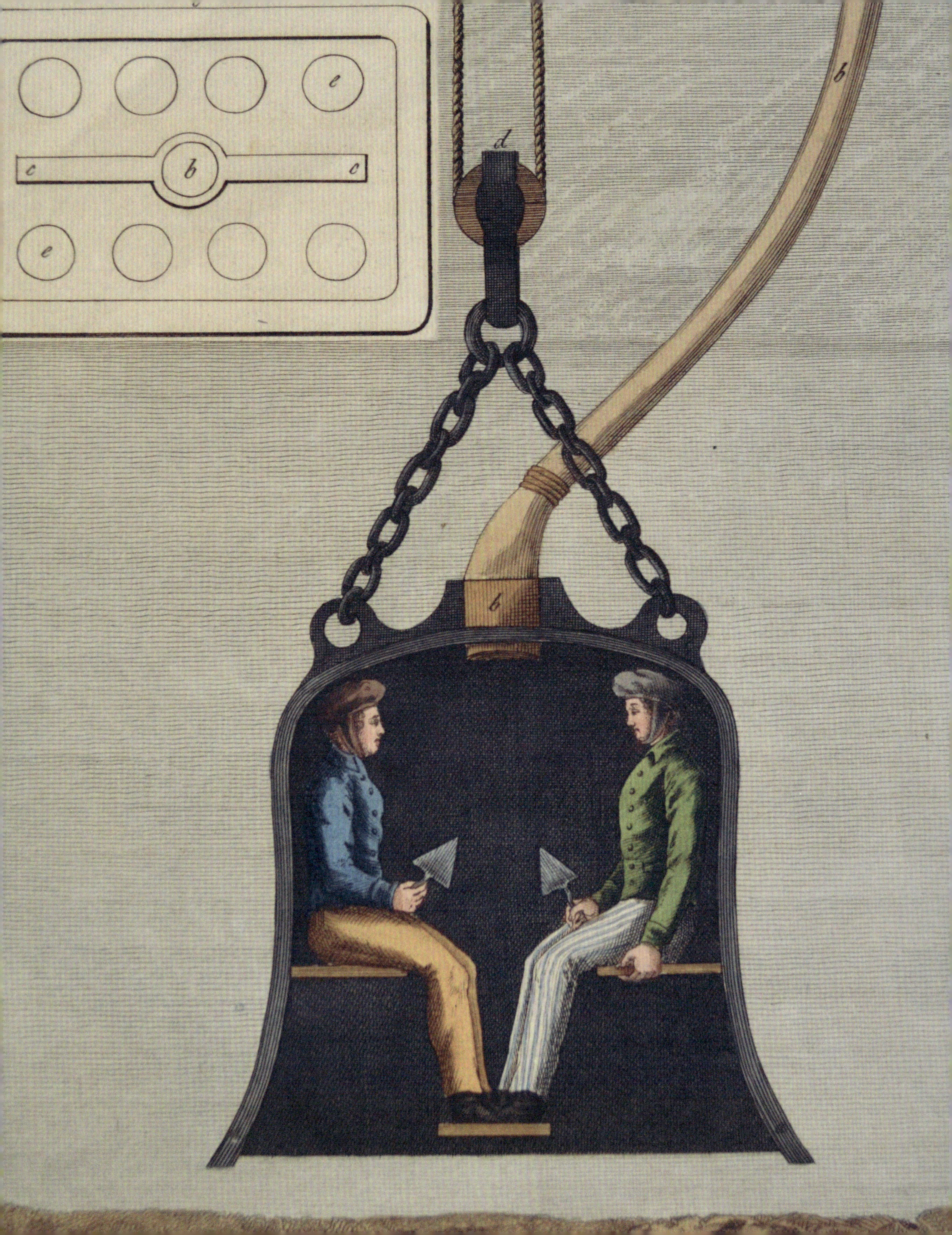
e
c
b
c
e
d
b
b

Onbereikbare wereld
Lange tijd was veel van wat onderwater lag zo goed als onbereikbaar voor de mens. Slechts een enkeling was in staat om onderwater te werken. Zo was de Engelsman John Lethbridge (1675-1759) in het begin van de achttiende eeuw actief in de berging van scheepswrakken. Met zijn zelfgemaakte duikklok haalde hij zilver en kanonnen uit de schepen *Zoetigheit* en *Rotterdam* die in 1722 bij Kaap de Goede Hoop waren vergaan.[2] Dit tot grote vreugde van de eigenaren van schip en lading, de Heren Zeventien, het bestuur van de Verenigde Oost-Indische Compagnie (VOC). Sponsduikers konden lang onderwater blijven en werden daarom ook wel ingezet om gezonken spullen naar boven te halen.[3] Het ging om bergingen op schepen met waardevolle ladingen, waarvan de locatie precies bekend was. Schepen die te diep lagen – Lethbridge kon tot ongeveer 30 meter diepte zijn werk doen – of waarvan niet precies bekend was waar deze waren gezonken, leken voorgoed met man, muis en lading te zijn verdwenen.
Maar toch niet helemaal, want regelmatig worden nog oude scheepswrakken ontdekt. De zeebodem is continu in beweging en daardoor kan een verborgen wrak plotseling boven het zand uitsteken. Ook de technieken om op zoek te gaan naar wrakken zijn de laatste jaren sterk verbeterd. Het bergen van scheepswrakken – oud en jong – gaat dan ook tot op de dag van vandaag door. Niet alle bergingen zijn gericht op het reconstrueren van het verleden en het omhooghalen van verhalen. Soms is de zoektocht naar de schat van financiële waarde het voornaamste doel, net als dat overigens bij Lethbridge het geval was. Op het wrak van het door Lloyds verzekerde Engelse goudschip *Lutine*, dat in 1799 tussen Vlieland en Terschelling verging, zijn in het verleden al verschillende bergingspogingen gedaan. Sommige met desastreus resultaat. Bij de berging met de tinbaggermolen *Karimata* in 1938 bijvoorbeeld vlogen de stukken hout van het schip door de lucht en werden dekbalken als luciferhoutjes gebroken. Alles met het doel ontbrekende goudstaven te vinden. Het resultaat was bedroevend: één goudstaaf en een volledig vernield wrak.[4]

Inaccessible world
For a very long time, much of what was underwater remained as good as inaccessible to humans. Only a few individuals were able to work underwater, like the Englishman John Lethbridge (1675-1759), who salvaged shipwrecks at the start of the eighteenth century. With his homemade diving bell he recovered silver and cannons from the ships *Zoetigheit* and *Rotterdam*, which had sunk off the Cape of Good Hope in 1722.[2] This was much to the delight of the owners of the ship and cargo, the Heren Zeventien, the administrators of the Dutch East India Company (VOC). Sponge divers were able to stay underwater for a long time and were therefore also sometimes employed to bring up sunken items.[3] This happened in the salvage of ships with valuable cargoes of which the precise location was known. Lethbridge could work down to a depth of around 30 metres, but it seemed that ships lying too deep or whose location was not precisely known had disappeared forever, together with their crew and cargo.
But not entirely, since old shipwrecks are still being discovered regularly. The bottom of the sea is in continuous motion, so that a hidden shipwreck can suddenly poke up out of the sand. The technology for searching for wrecks has recently improved significantly as well. Recovering shipwrecks – old and new ones – thus continues to this day. Not all salvage operations focus on reconstructing the past and recovering stories. Sometimes the primary aim is to find treasure of financial value, as was the case with Lethbridge. In 1799 the English gold ship *Lutine* sank between the Dutch islands of Vlieland and Terschelling. Various attempts to salvage it were made in the past, some of them with disastrous results. The salvage operation with the bucket ladder dredge *Karimata* in 1938, for instance, saw timbers from the sunken ship fly through the air and deck beams splinter like matchsticks. All this with the ultimate aim of discovering the missing gold bars. The result was pitiful: one gold bar and a completely destroyed wreck.[4]

1
Omstreeks 1800 werden dit soort duikklokken gebruikt voor het werk onder water |
Around 1800 this kind of diving bell was used for underwater work, privécollectie | private collection Martijn Manders

Noten op p.155 Notes on p.155

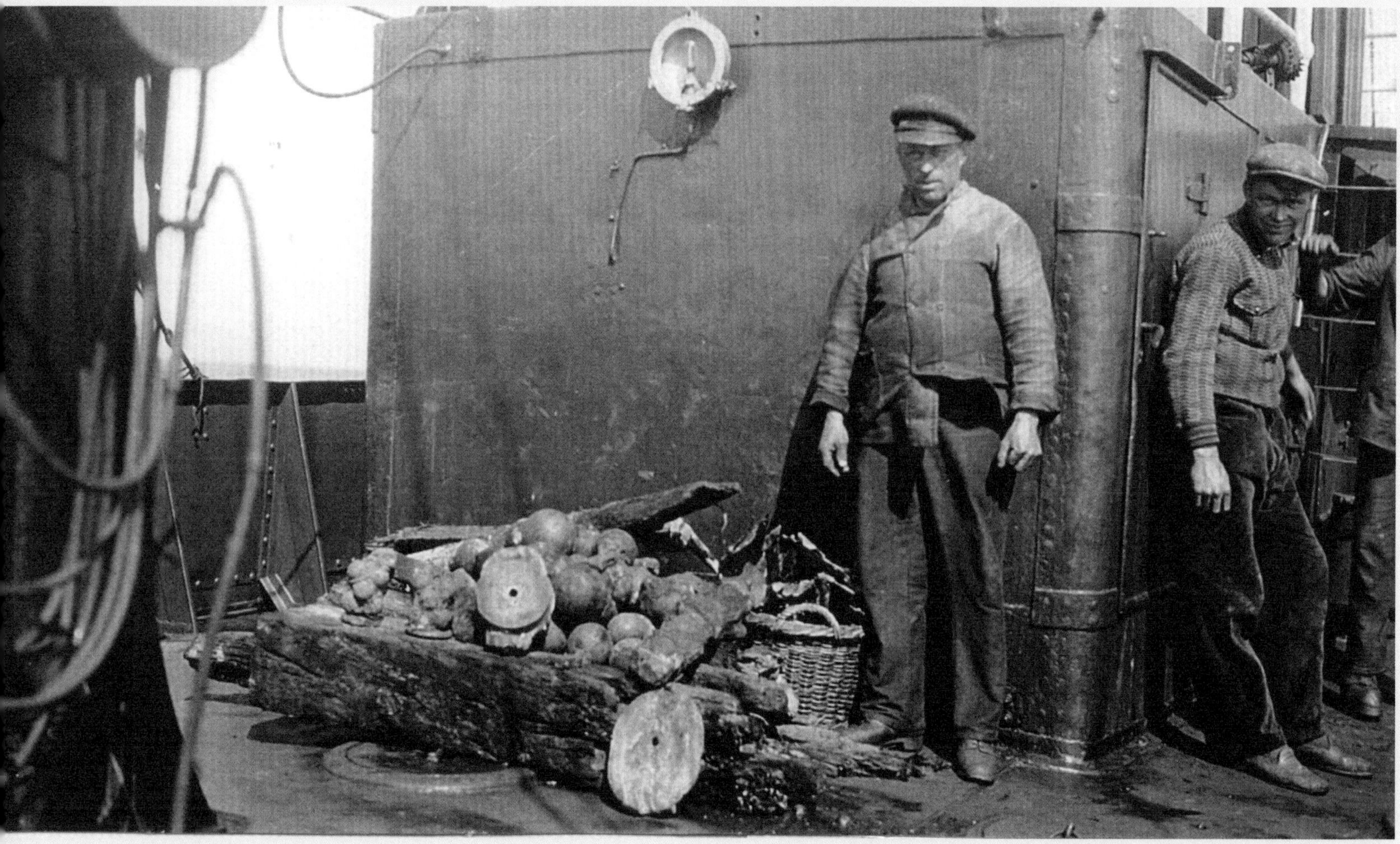

In 1934 werd een van de vele bergingspogingen uitgevoerd op het schip *Lutine*, dat in 1799 met een lading vol goud en zilver bij Terschelling was gezonken. Behalve houten wrakresten, een kanon en vele kanonskogels leverde deze berging door Rederij Doeksen weinig op.
In 1934 one of many salvage attempts was made on the ship *Lutine*. It sank with a full load of gold and silver off the coast of Terschelling in 1799. Besides some wooden debris from the wreck, one cannon and many cannon balls, salvage company Rederij Doeksen did not profit much from this salvage operation.

2-3
Opgedoken wrakresten van de *Lutine* | Wreck debris recovered from the *Lutine*, 1934, foto's | photos: collectie | collection Museum 't Behouden Huys, Terschelling

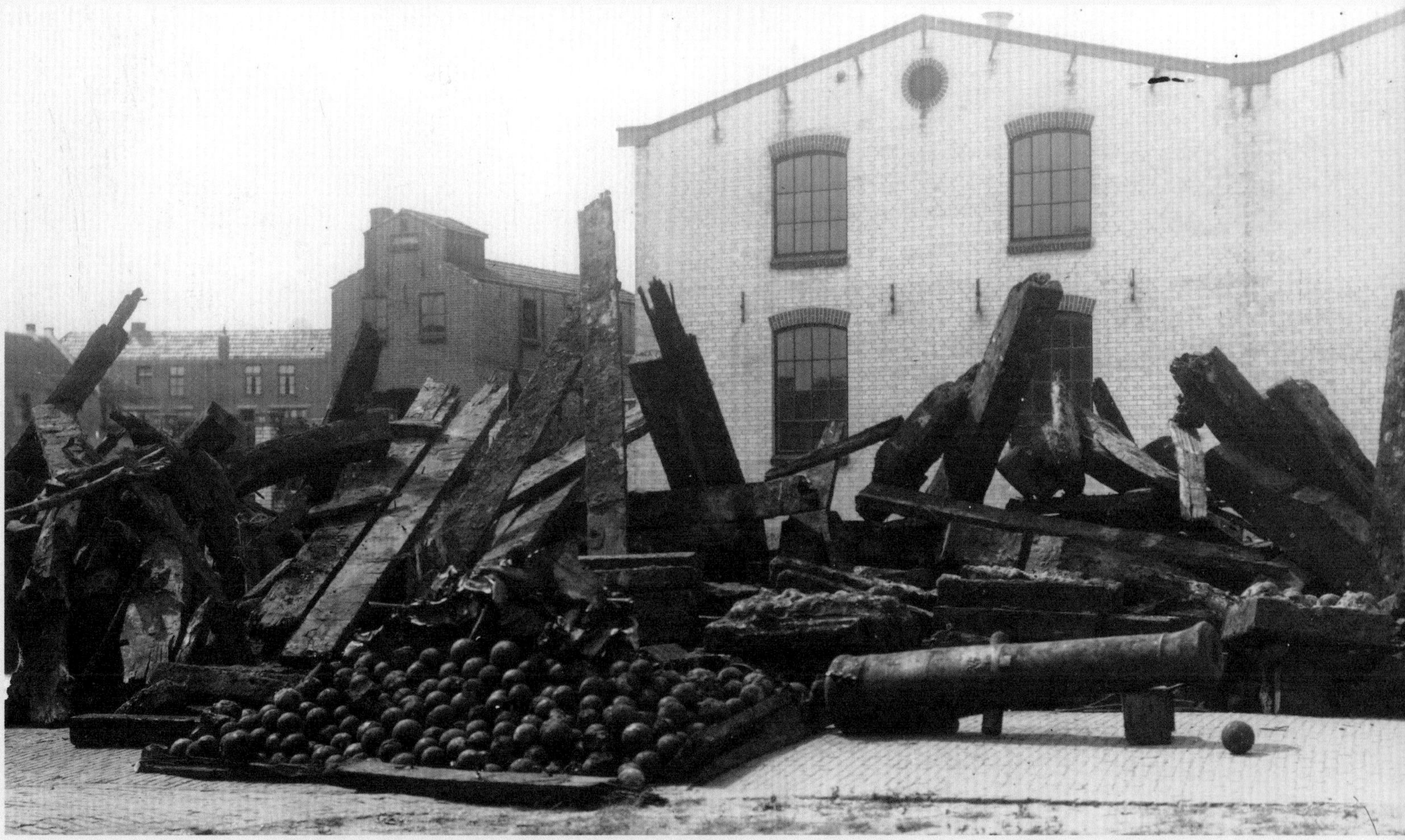

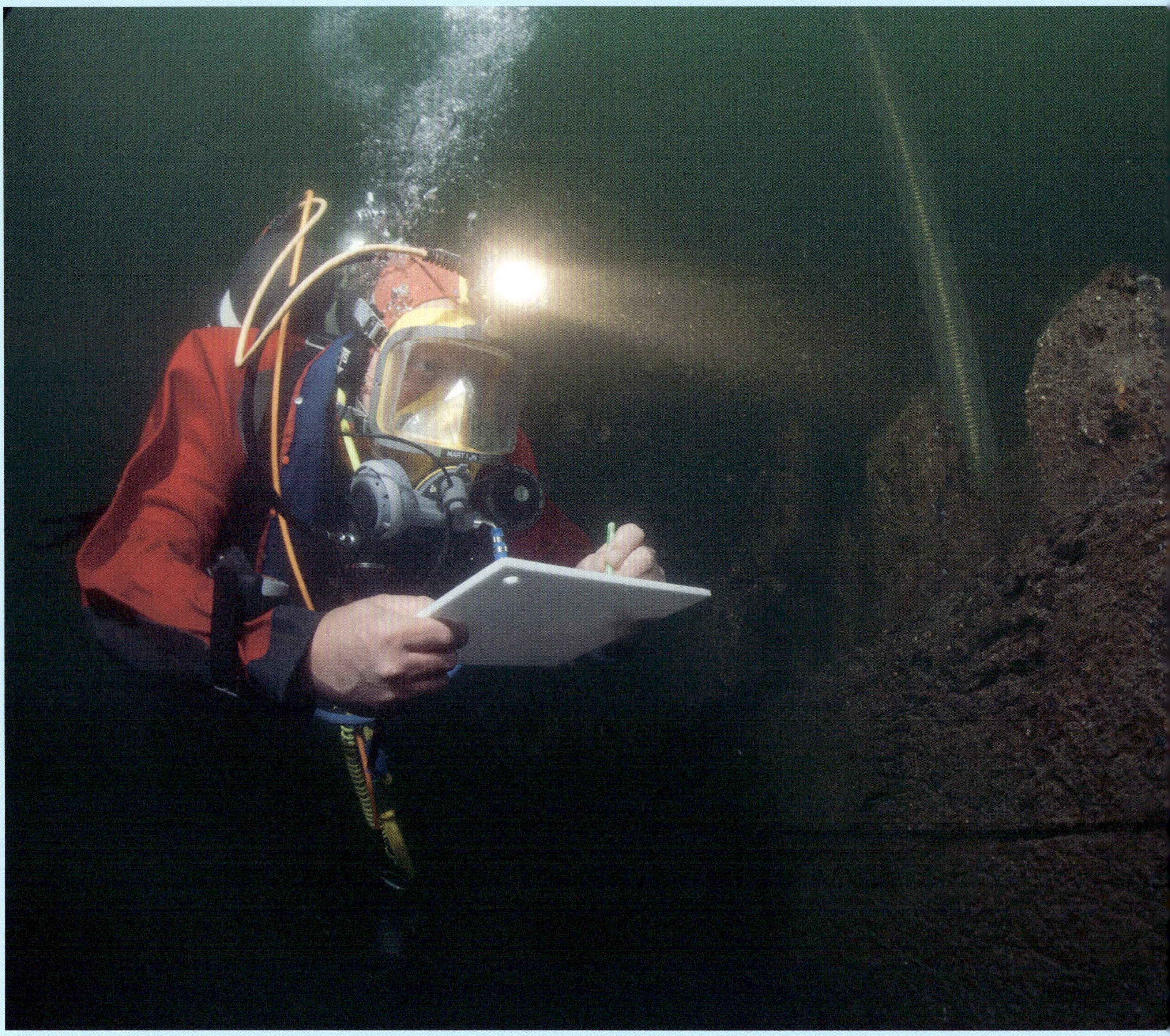

4
Archeologen besteden veel tijd aan het in kaart brengen van de resten die zij onderwater aantreffen. Elk detail kan helpen bij het reconstrueren van het verleden. | Archaeologists spend a lot of time mapping the remains they find underwater. Every detail can help to reconstruct the past.

Informatie over het verleden

Wrakken zijn schatten: de tijd is stil komen te staan en de concentratie aan voorwerpen is vaak uitzonderlijk groot. Dit heeft een grote aantrekkingskracht op duikers. Alleen al de weg naar een wrak toe voelt aan als een soort tijdmachine. Het enige dat je hoort is je eigen adem, de luchtbubbels die zich een weg naar boven banen en wat vreemde, vervormde geluiden. En dan plotseling doemt het wrak voor je op. De resten zijn meestal niet direct herkenbaar als schepen, maar een geoefend oog maakt verbindingen tussen de dingen die er liggen. Langzaam kleurt het de gedachte in je hoofd. Dit is een scheepsramp geweest, het krakende hout, de mast die breekt, het geschreeuw om hulp, persoonlijke spullen, de lading... Vooral schepen met waardevolle lading spreken tot de verbeelding, zoals de retourschepen van de VOC. Uitgaande schepen hadden meestal grote sommen geld aan boord, terwijl terugkomende schepen volgestouwd waren met kostbare lading.

In die verschillende blik van wat de waarde van scheepswrakken is – de historische of commerciële – schuilt het verschil tussen een archeologische opgraving en een commerciële berging. Bij een archeologische opgraving is het wetenschappelijke onderzoek naar het schip en zijn lading het hoofddoel, bij een commerciële berging is er hoe dan ook altijd een winstoogmerk aanwezig.

De schatten op VOC-schepen

Tussen 1602 en 1795 zijn in bijna vijfduizend reizen van en naar Indië maar liefst 401 retourschepen van de VOC vergaan.[5] Ook binnen Azië zelf werd druk gehandeld. Hoeveel Europese en Aziatische schepen daar onder de vlag van de VOC zijn vergaan is niet precies bekend, maar het zullen er minstens zoveel zijn. Ook schepen uit Spanje (de Staat), Engeland (East India Company) en andere westerse naties vergingen in die periode met rijke ladingen aan boord. Eeuwen daarvoor waren het Arabische en Aziatische handelsschepen.

Nederland claimt nog altijd het eigendom van alle VOC-schepen, net als die van de West-Indische Compagnie (WIC), Admiraliteit en andere oorlogsschepen. De VOC had namelijk soevereine rechten en kon zich daarom in Azië als een land gedragen en oorlog voeren. Bij het faillissement van de organisatie in 1795 vervielen de eigendommen, inclusief deze rechten, aan de Nederlandse staat. Tot 2007 werd de eigendomsclaim door het ministerie van Financiën ingezet om bergingscontracten af te sluiten. Een ieder die dat wilde, kon voor een afdracht van 25% van de waarde van het geborgene een contract in handen krijgen. Deze officiële, door de staat goedgekeurde bergingen zijn op verschillende locaties uitgevoerd: op het wrak *'t Vliegent Hert* (vergaan 1735), de *Geldermalsen* (vergaan 1752), de *Hollandia* (vergaan 1743), de *Witte Leeuw* (vergaan 1613) en de *Rooswijk* (vergaan 1740). De *Rooswijk* was het laatste schip waarvoor een vergunning werd verleend.[6] Die berging is in 2004–2005 uitgevoerd. In 2016, 2017 en 2018 vond op dezelfde locatie een archeologische opgraving plaats.

Information about the past

Wrecks are treasures: time stands still and there is often a particularly large concentration of objects. This is highly attractive to divers. Even making your way to a wreck feels like being in a kind of time machine. All you hear is your own breathing, the air bubbles making their way up to the surface, and some strange, distorted sounds. And then the wreck suddenly looms up before you. The remains are usually not immediately recognisable as a ship, but an experienced eye can make connections between the things lying there. Slowly it adds to the idea in your head. This was a shipping disaster: the creaking wood, the breaking mast, the screams for help, personal belongings, the cargo... Ships with valuable cargo appeal to the imagination especially, such as the VOC ships on their return voyages. Outbound ships usually had large sums of money on board, while the returning ships would be fully laden with precious cargo. This differing view of the value of shipwrecks – historical or commercial – reflects the difference between an archaeological excavation and a commercial salvaging operation. With an archaeological excavation, the scientific investigation of the ship and its cargo is the main objective, while a commercial salvage will always be motivated by profit.

The treasures on VOC ships

Between 1602 and 1795, the VOC ships made almost five thousand voyages to and from the Dutch East Indies. No less than 401 return ships foundered.[5] There was also extensive trade within Asia itself. The exact number of European and Asian ships under the VOC flag that sank there is not known, but it must be at least just as many. Ships from Spain (the State), England (East India Company) and other Western nations were also lost in that period, along with their valuable cargoes on board. Centuries earlier, the merchant ships that sank were of Arabian and Asian origin.

The Netherlands still claims ownership of all VOC ships, as it does of all those of the Dutch West India Company (WIC), the Admiralty and other warships. The VOC had sovereign rights and was therefore able to act as a country and wage war in Asia. When the VOC went bankrupt in 1795, the ownership, including these rights, fell to the Dutch state. Until 2007, the Ministry of Finance used the ownership claim to enter into salvage contracts. For payment of 25% of the value of the salvaged object, any party that wanted a contract could get one. These official salvage operations, approved by the State, were carried out at various locations: the sites of the wreck *'t Vliegent Hert* (sunk in 1735), the *Geldermalsen* (sunk in 1752), the *Hollandia* (sunk in 1743), the *Witte Leeuw* (sunk in 1613) and the *Rooswijk* (sunk in 1740). The *Rooswijk* was the last ship for which a licence was issued.[6] That salvage operation was performed in 2004–2005. An archaeological excavation was carried out at the same location in 2016, 2017 and 2018.

Berging van scheepswrakken
Dat destijds een vergunning voor de *Rooswijk* werd afgegeven is opmerkelijk, omdat de discussie over het wel of niet mogen verkopen van spullen uit historische scheepswrakken al jaren eerder in Nederland hoog was opgelaaid en zelfs tot aanpassing van de Monumentenwet had geleid. De aanleiding was de vondst en berging van het VOC-schip *Geldermalsen* in de Indonesische archipel en de veiling van de lading van zo'n 154.000 stuks porselein bij Christie's in 1986. Die veiling leverde in totaal ruim 40 miljoen gulden op.[7] De kijkdagen voorafgaand aan de veiling werden door duizenden mensen bezocht en op dat moment overheerste een gevoel dat eindelijk die verloren schatten uit ons roemrijke verleden weer tastbaar werden. Sterker nog, velen konden zich een stuk van deze geschiedenis veroorloven! Maar er waren ook tegengeluiden en veel vragen. Was al dat porselein – eigendom van de staat – niet van ons allemaal? Waarom werd het verkocht aan een paar hoogste bieders? Waarom was er eigenlijk een bergingscontract afgesloten? Waar was de inhoudelijke archeologische informatie over het schip en zijn lading? Wat was er behalve het porselein nog meer in het wrak aangetroffen? De enige context voor de opgedoken objecten was wat er uit historische documenten naar voren was gekomen. Er was geen informatie over de situatie onderwater en de positie van het wrak is nog altijd niet precies bekend. Archeologen beseften dat de boot werd gemist, niet alleen in het verre buitenland, maar ook in Nederland, waar evenmin een goede regeling voor het onderwater cultureel erfgoed bestond. Journalisten smulden van de verhalen over de berging van de schatten die op en in de zeebodem lagen en vanuit de archeologische wereld werd hier vrijwel niets tegenovergesteld. De Nederlandse overheid had geen geld beschikbaar voor onderwaterarcheologie en beheer van scheepswrakken en datzelfde gold voor verreweg de meeste landen. Zo konden jarenlang dus Nederlandse, maar ook Portugese en Spaanse wrakken als de *San Diego* (vergaan 1600) in de Filipijnen en *Espadarte* (vergaan 1558) in Mozambique, commercieel worden geborgen.
De veiling van de *Geldermalsen* zette de onderwater-archeologie in Nederland eindelijk op de politieke en wetenschappelijke agenda's. De Koninklijke Nederlandse Akademie van Wetenschappen (KNAW) stelde een commissie in om de staat van het archeologische onderzoek en beheer onderwater te onderzoeken. De conclusie van dit onderzoek was dat de Nederlandse overheid faalde in haar maritiem erfgoedbeleid en dat daar snel verandering in moest komen. Het toeval wilde dat juist op dat moment de Monumentenwet van 1961 werd aangepast en voor het eerst kon nu ook de bescherming van het onderwater cultureel erfgoed erin worden opgenomen. Deze wijziging van de wet in 1988, die op 1 januari 1989 van kracht zou gaan, bracht ook de discussie over ethische waarden en normen in de archeologie op gang. Kon je commerciële bergingen scharen onder maritieme of onderwaterarcheologie? Moest Nederland zich in het buitenland – waar veel VOC-schepen liggen – ook houden aan de binnenlandse afspraken over

Salvaging shipwrecks
It is remarkable that a licence was issued for the *Rooswijk* at the time, because the debate about whether it was permissible to sell objects from historical shipwrecks had flared up years earlier in the Netherlands and even resulted in an amendment of the Monuments Act. This amendment was motivated by the discovery and salvage of the VOC ship *Geldermalsen* in the Indonesian archipelago and the auction of its cargo of around 154,000 pieces of porcelain by Christie's in 1986. The auction raised more than 40 million guilders.[7] Thousands of people visited the viewing days prior to the auction, and at the time there was a prevailing feeling that lost treasures from our illustrious past had finally become tangible. Indeed, many people could actually afford a piece of this history for themselves! But there were also opposing views and many questions. Didn't all that porcelain – property of the State – really belong to all of us? Why was it sold to just a few highest bidders? Why had a salvage contract actually been concluded? Where was the substantive archaeological information about the ship and its cargo? Apart from the porcelain, what other objects were found in the wreck? The only context for the found objects was what could be gleaned from historical documents. There was no information about the underwater situation and the precise location of the wreck is still not known. Archaeologists realised that they had missed the boat, not only overseas, but also in the Netherlands, where there were similarly no appropriate regulations in place for the underwater cultural heritage. Journalists feasted on stories about the salvage of treasures that lay on the seabed, while the archaeological world had virtually nothing to offer in exchange. The Dutch government had no funds available for underwater archaeology and the management of shipwrecks, and the same applied to the vast majority of other countries. For years it therefore remained possible for Dutch, but also Portuguese and Spanish wrecks like the *San Diego* (sunk in 1600) in the Philippines and the *Espadarte* (sunk in 1558) in Mozambique, to be recovered commercially. Ultimately it was the auction of the *Geldermalsen* that pushed underwater archaeology on to the political and scientific agendas in the Netherlands. The Royal Netherlands Academy of Arts and Sciences (KNAW) formed a committee to investigate the condition of underwater archaeological research and management. The conclusion of this investigation was that the maritime heritage policy of the Dutch government was found wanting and that this needed to change fast. By coincidence, at that same moment the Monuments Act of 1961 was being amended, and for the first time it could now also include the protection of the underwater heritage. This amendment to the Act in 1988 which would come into force on 1 January 1989,

5
Een duiker is met een onderwater-stofzuiger – een airlift – bezig een wrak vrij te leggen. | A diver uses an underwater vacuum cleaner – an airlift – to uncover a wreck.

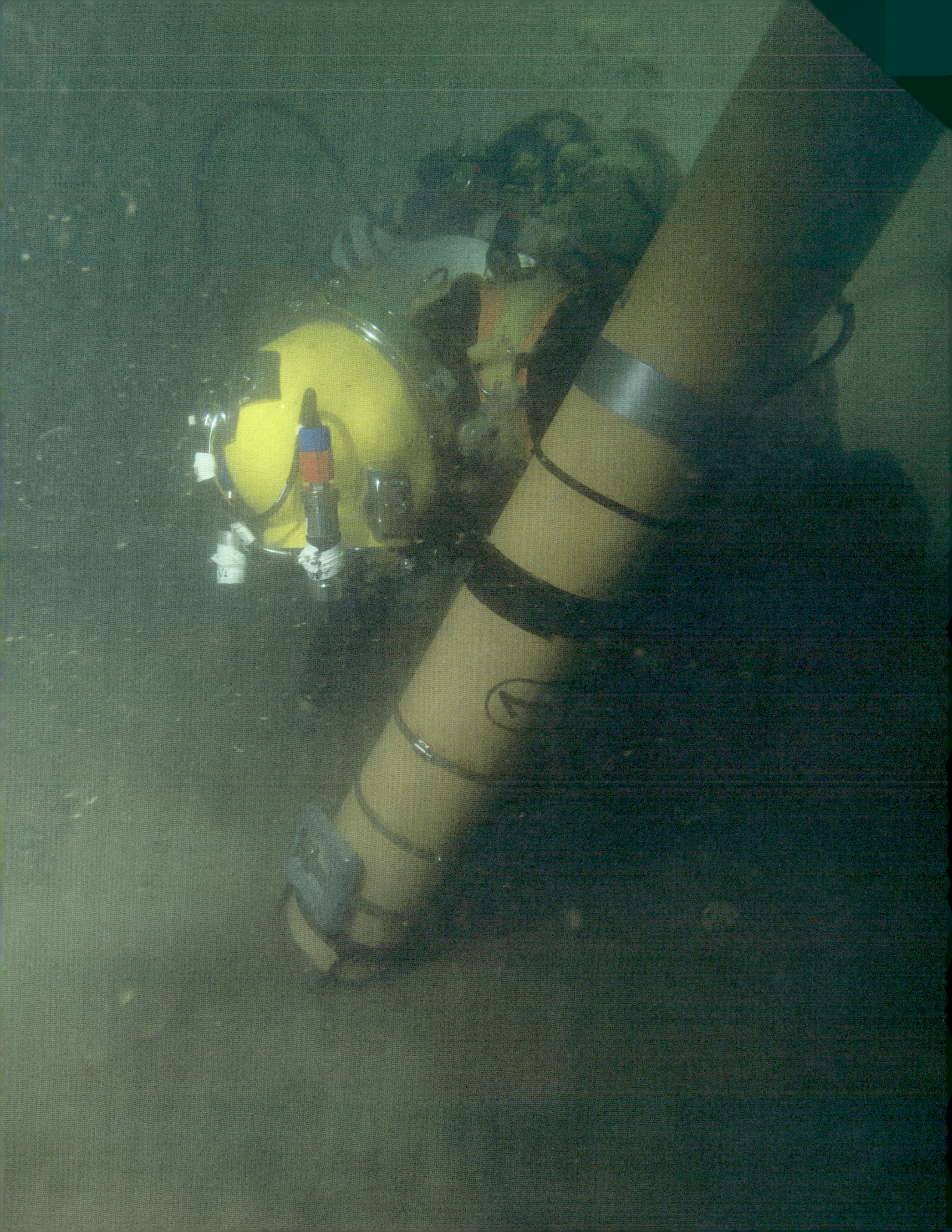

het beheer van onderwater cultureel erfgoed? Wat was nu eigenlijk 'goed' en wat was 'slecht'?

Beheren van scheepswrakken

Twee grote symposia gingen met deze vragen aan de slag.[8] De discussies hadden tot resultaat dat vanuit overheidswege een Afdeling Archeologie Onderwater werd opgericht om binnen Nederland het beheer van het onderwater cultureel erfgoed op zich te nemen. De culturele rijkdommen onderwater konden nu worden gebruikt om de rijke maritieme geschiedenis van Nederland te beschrijven. In de loop van de jaren breidde deze dienst zich uit en werd het beheer van het onderwater cultureel erfgoed verder georganiseerd. Met meer kennis over het verleden en de archeologische resten is er vanuit de samenleving ook meer bijval gekomen om dit erfgoed op een goede manier te onderzoeken, te beheren en over te dragen aan toekomstige generaties.

Dat dan toch in 2005 weer een commerciële berger een contract van de Nederlandse staat kreeg voor het opgraven van de *Rooswijk* maakte pijnlijk duidelijk dat de zorg voor het erfgoed een activiteit hoort te zijn waar continu aan gewerkt moet worden. Daarbij dienen onderzoek en bescherming hand in hand te gaan. De protesten kwamen nu niet alleen uit Nederland maar uit de hele wereld. In 2001 was namelijk de UNESCO Conventie voor de Bescherming van het Onderwater Cultureel Erfgoed opgesteld in Parijs.[9] Jarenlang was onderhandeld over de tekst en de regels van het verdrag, dat er vooral op gericht was om commerciële bergingen op historische scheepswrakken buiten de deur te houden. Ondanks het feit dat nog niet veel landen het verdrag zelf hadden ondertekend en geratificeerd, was men wel unaniem in de acceptatie van de bijlage van de conventie. Deze Annex wordt gezien als de *'code of good practice'* in de onderwaterarcheologie. Regels over *in situ* bescherming als eerste optie (beschermen op de plek waar het wrak is gevonden voordat je gaat denken aan opgraven) en het verbod op verkoop van goederen uit scheepswrakken, zijn hierin opgenomen. De berging van de *Rooswijk* en alle andere commerciële bergingen gingen tegen die principes in.

In 2007 is het beheer van de Nederlandse scheepswrakken in het buitenland overgegaan van het ministerie van Financiën naar de Rijksdienst voor het Cultureel Erfgoed van het ministerie van Onderwijs, Cultuur en Wetenschappen (OCW). Met die overgang is ook het actieve beheer van dit erfgoed op gang gekomen en zijn budgetten en personeel ervoor vrijgemaakt.

Door het opstellen van de UNESCO Conventie uit 2001 wordt nu in de gehele wereld algemeen geaccepteerd dat vondsten uit historische scheepswrakken niet verkocht moeten worden om daarmee de opgraving te financieren. Met andere woorden: de drijfveer om schepen op te graven moet zijn om informatie te verzamelen over ons verleden en niet om er geld mee te verdienen. Alleen wanneer we de wrakken als bron gebruiken om meer over ons verleden te leren, krijgen we grip en begrip over ons heden en kunnen we voorspellingen naar de toekomst doen. Toch is de

also stimulated the debate on ethical norms and values in archaeology. Could you classify commercial salvage operations under maritime or underwater archaeology? Should the Netherlands adhere to the domestic agreements on the management of underwater cultural heritage for overseas regions as well, where many VOC ships lay? What was actually 'good' and what was 'bad'?

Shipwreck management

Two major symposiums set to work on these issues.[8] The result of these discussions was that the government established an Underwater Archaeology Department to tackle the management of the underwater cultural heritage in the Netherlands. The cultural riches underwater could now be used to describe the rich maritime history of the Netherlands. Over time, this service expanded and the management of the underwater cultural heritage was organised further. The increased knowledge about the past and the archaeological relics stimulated more support from society to investigate this heritage properly, to manage it and pass it on to future generations.

That it was a commercial salvage company that obtained a contract from the Dutch State in 2005 to excavate the *Rooswijk* made it excruciatingly clear that the care for the heritage should be an activity that goes on continuously. Research and preservation should go hand in hand. Now the protests came not only from the Netherlands, but from all around the world. The UNESCO Convention on the Protection of the Underwater Cultural Heritage had been drawn up in Paris in 2001.[9] Years of negotiations had gone into the text and the rules of the convention, which aimed primarily at keeping commercial salvaging out of historical shipwrecks. Despite the fact that few countries had signed and ratified the convention, the annex to the convention was accepted unanimously. This Annex is regarded as the *'code of good practice'* in underwater archaeology. It includes rules about *in situ* protection as the first option (preservation at the location where the wreck was found before you start thinking about excavation) and the prohibition of the sale of goods from shipwrecks. The salvage of the *Rooswijk* and all other commercial salvages went against those principles.

In 2007, the administration of Dutch shipwrecks overseas was transferred from the Ministry of Finance to the Cultural Heritage Agency of the Ministry of Education, Culture and Science (OCW). This transfer also saw the start of active management of this heritage, for which budgets and staff were allocated.

Thanks to the drafting of the UNESCO Convention of 2001 it is now generally accepted in the whole world that finds from historical shipwrecks may not be sold in order to finance the excavation. In other words: the motivation for excavating ships must be to gather information about our past and not to earn money through it. Only when we use the wrecks to learn more about our past will we gain a grip on and understand the present better, and be able to make predictions about the future. But the attraction of treasure in ships remains very strong for some parties, and today

aantrekkingskracht van schatten in schepen voor sommigen nog altijd groot en vinden er tot op heden commerciële bergingen plaats, illegaal, en in landen waar regeringen toch overstag zijn gegaan voor het vooruitzicht geld te kunnen verdienen aan wrakken, legaal.
Het is belangrijk om naar de verschillende belangen die mensen aan wrakken hechten te kijken. Een wrak kan zoals gezegd een plek zijn om te leren over ons verleden, soms is het een gedenkplek voor diegenen die zijn omgekomen, of vormt het een waardevol element voor het ecosysteem omdat het de biodiversiteit helpt te bevorderen. Daarom is het zo belangrijk om de wrakken in eerste instantie *in situ* te beschermen, als een soort pas op de plaats. En indien er wordt besloten tot opgraven, dan is het van groot belang om dit op archeologische wijze te doen met de methoden en technieken die hiervoor ter beschikking staan. Zoals airlifts (stofzuigers om zand weg te zuigen), grids (om de bodem in vakken in te delen en zo beter te kunnen documenteren wat waar ligt) en meetapparatuur (om de posities van objecten te bepalen). Ook de methoden om de context van de vondsten te bestuderen zijn daarbij van betekenis.
Dit begrip context is misschien wel het allervoornaamste in de archeologie. De individuele voorwerpen zijn belangrijk, maar pas op het moment dat we weten waar deze vandaan komen, wat we nog meer gevonden hebben en hoe die vondsten aan elkaar relateren, kunnen we een reconstructie maken van het verleden. Deze contextinformatie moet wel worden genoteerd, want opgraven is tegelijkertijd ook het vernietigen van de context, alleen de objecten blijven over. We moeten kritisch zijn op wat we zien. Alleen zo kan een opgraving bijdragen aan de geschiedschrijving en niet slechts een illustratie zijn van iets dat wij al uit de boeken kennen.

Internationale standaarden
In Azië hebben in het verleden veel commerciële bergingen plaatsgevonden waarbij de waarde voor verkoop de voornaamste drijfveer was. De rol die onderwater erfgoed kan spelen bij de reconstructie van het verleden en discussies over identiteit werden nauwelijks erkend. Dit kwam mede doordat veel van de wrakken van vroegere (Europese) overheersers waren en die riepen niet direct een warme band op met de huidige bewoners en bestuurders. Daarnaast zagen de vissers en kustbewoners de spullen die uit de wrakken kwamen veelal als welkome aanvulling op hun geringe inkomen. Bescherming van het goeddeels 'onbereikbaar' erfgoed onderwater was dan ook zeer gebrekkig. De bewustwording van de bevolking vormt een belangrijke sleutel om deze praktijken tegen te gaan en is dan ook een speerpunt in de UNESCO Conventie. Steeds meer landen in Zuidoost-Azië gaan nu actief volgens die richtlijnen werken. Dit gaat met horten en stoten, archeologie kost tijd en geld. In hoogconjunctuur is dat aanwezig, wanneer het slecht gaat is cultuurbeheer vaak het eerste waarop wordt bezuinigd. Dat cultureel erfgoed in een globaliserende wereld belangrijk is voor de identiteit van samenlevingen en landen en dat het ook voor verbinding kan zorgen, wordt gelukkig steeds meer ingezien.

commercial salvaging operations still take place illegally, while in countries where governments have changed their minds because of the prospect of earning money from wrecks they take place legally.
It is important to consider the different kinds of importance that people attach to wrecks. As mentioned above, a wreck can be a place where we can learn about our past. Sometimes it is a memorial to those who have perished, or it provides a valuable element for the ecosystem because it helps encourage biodiversity. That is why it is so important in the first instance to protect the wrecks *in situ*, marking time as it were. And if the decision is made to excavate, it is extremely important that this excavation is done archaeologically, using the available methods and technology. These include airlifts (vacuums for removing sand), grids (for dividing the seabed into compartments to improve documenting what is lying where) and measuring instruments (for determining the positions of objects). The methods for studying the context of the finds are also important.
This concept of context is perhaps the most important aspect in archaeology. The individual objects are important, but only when we know where they came from, what else we found and how those finds are related to each other, can we reconstruct the past. This contextual information needs to be documented, since excavating means destroying the context at the same time; only the objects remain. We have to consider what we see with a critical eye. Only then can an excavation contribute to the historiography, and mean more than provide an illustration of something we already knew from books.

International standards
Many commercial salvage operations took place in Asia in the past, with the main motive being the sale value. The role that underwater heritage can play in reconstructing the past and discussions about identity went largely unrecognised. This was partly due to the fact that many of the wrecks were from earlier (European) oppressors and they did not immediately evoke close ties with the current inhabitants and administrators. Furthermore, the fishermen and coastal inhabitants who retrieved items from the wrecks welcomed these as a supplement to their meagre income. Protection of the largely 'inaccessible' heritage underwater was indeed very inadequate. Raising the awareness of the population forms an important key to combating these practices and is a primary concern in the UNESCO Convention. More and more countries in Southeast Asia are now starting to work actively in accordance with those guidelines. This is happening in fits and starts: archaeology costs time and money. In boom times money is present, but when the economy is failing cultural governance is often the first thing to be cut back. Luckily there is an increasing general understanding that cultural heritage is important in a globalising world for the identity of societies and countries, and that it can also foster connection.

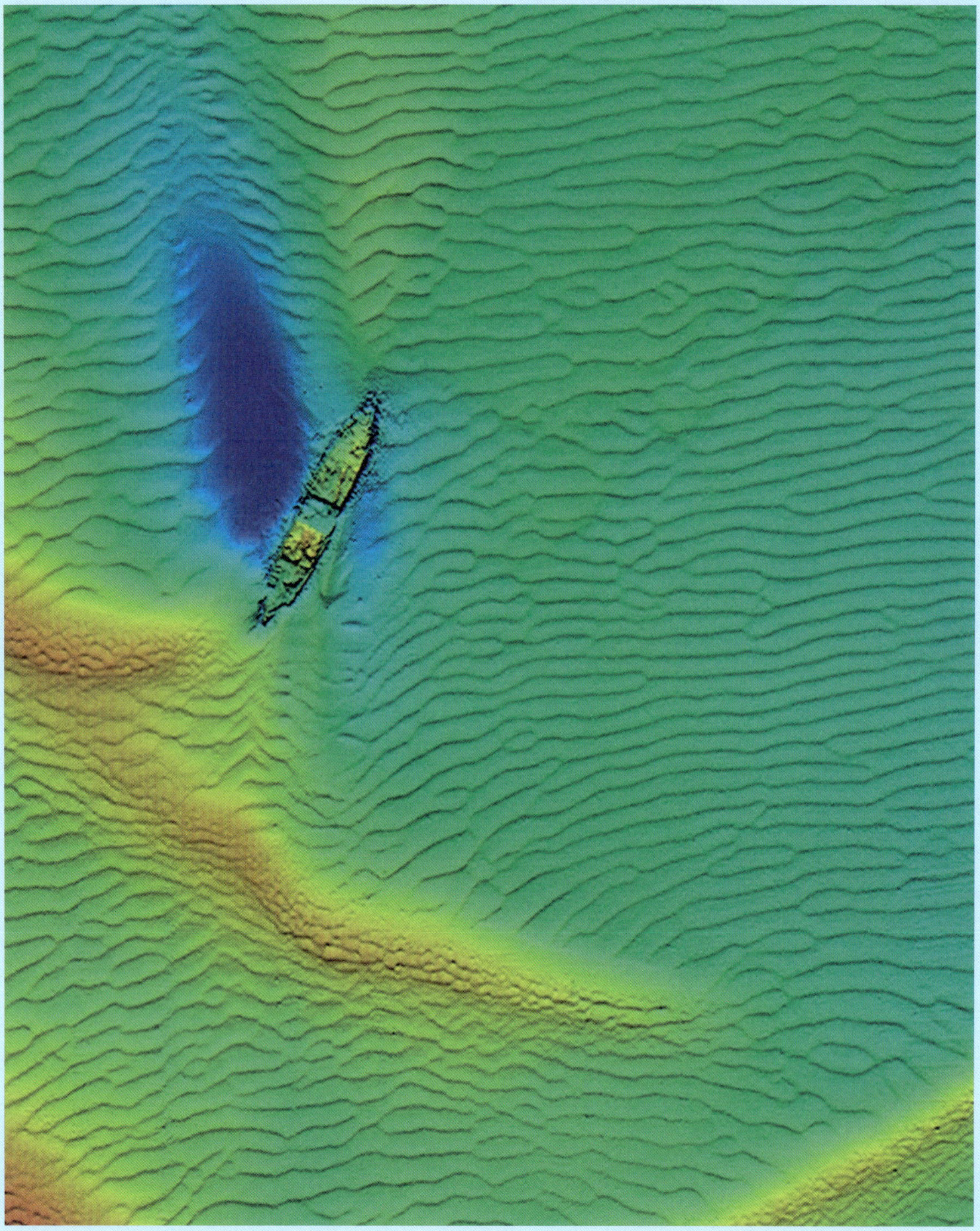

6
Afbeelding van een scheepswrak, gemaakt met multibeam sonar. De zeebodem kan tegenwoordig relatief eenvoudig met sonarapparatuur worden afgezocht | Image of a shipwreck made with multibeam sonar. These days it is relatively easy to search the seabed using sonar equipment.

De Nieuwe Maritieme Zijderoute is een door China gestart initiatief om een nieuwe handelsstructuur aan te leggen over zee. Deze is geïnspireerd op de historische Zijderoute die ook deels over water liep. Het aanvankelijke doel was om Zuidoost-Azië via de ontwikkeling van infrastructuur te verbinden met de landen in Oceanië en rondom de Indische Oceaan. Nu zijn echter ook al landen in Europa aangesloten op de route. Deze verbinding heeft er opvallend genoeg ook voor gezorgd dat landen meer investeren in de maritieme archeologie. Dit is met name het geval in Zuidoost-Azië, waar juist door de intensivering van het gebruik van de zeeën, discussies zijn ontstaan over de vraag wie de eigenaar van bepaalde wateren en daarin liggende eilandjes is. Om dit te kunnen bepalen wordt onder meer teruggegrepen op het verleden, waarbij scheepswrakken soms gebruikt worden om de (langdurige) aanwezigheid van landen in een gebied aan te tonen, en daarmee de eigendomsclaim te versterken.

De hierboven geschetste ontwikkelingen hebben er nog niet toe geleid dat meer Aziatische landen de UNESCO Conventie uit 2001 hebben geratificeerd.[10] Misschien komt dit juist door het politiseren van de maritieme archeologie en dat daarin samenwerking – een van de speerpunten in de conventie – niet past? Dat lijkt een gemiste kans, want de mogelijkheden in Azië zijn enorm vanwege de rijkdom van het onderwater cultureel erfgoed in cultuurhistorische zin. Ook kunnen de landen veel van elkaar leren, omdat de omstandigheden vaak vergelijkbaar zijn. In Zuid-Korea wordt bijvoorbeeld al jarenlang op hoog niveau gewerkt en zijn serieuze opgravingen gedaan, zoals die van het Sinan-wrak (vergaan 1323).[11] Nederland is betrokken bij de kwaliteitsopbouw in Azië door middel van het geven van trainingen die door de UNESCO worden georganiseerd.[12] In deze trainingen wordt zeer intensief door de verschillende landen samengewerkt. Hopelijk kan in de komende jaren dit netwerk van archeologen volledig tot bloei komen zodat opgravingen in deze samenwerkingsverbanden kunnen worden onderzocht. Hiermee zullen archeologische opgravingen de norm worden en krijgen de echte verhalen van de wrakken en hun context de aandacht die ze verdienen.

The New Silk Road is an initiative started by China to set up a new trading structure by sea. It is inspired by the historical Silk Road which also went partly over water. The original aim was to develop infrastructure that would connect Southeast Asia with the countries in Oceania and around the Indian Ocean. But now countries in Europe have also connected to the route. It is striking that this connection has also induced countries to invest more in maritime archaeology. This is particularly the case in Southeast Asia, where it is precisely the intensification of the use of the seas that has provoked debate about the ownership of certain bodies of water and the islands in those waters. One of the ways to determine this is by drawing on the past, with shipwrecks sometimes used to demonstrate the (long-term) presence of countries in an area, and thereby strengthen the ownership claim.

The developments described above have not yet resulted in more Asian countries ratifying the UNESCO Convention of 2001.[10] Perhaps this is due precisely to the politicisation of maritime archaeology and the fact that cooperation – one of the main objectives in the Convention – does not fit in with that. This would seem to be a missed opportunity, since the possibilities in Asia are huge thanks to the wealth of the underwater cultural heritage in a cultural-historical sense. The countries can also learn much from each other because the circumstances are often similar. In South Korea, for instance, work has been progressing at a very high level and serious excavations have been made, such as that of the Sinan shipwreck (sunk in 1323).[11] The Netherlands is involved in the quality improvement in Asia, providing training courses that the UNESCO organises.[12] The various countries cooperate very intensively in these training courses. This network of archaeologists will hopefully flourish in the coming years, so that excavations can be investigated in these cooperative working arrangements. Archaeological excavations will then become the norm, and the real stories of the wrecks and their context will be given the attention they deserve.

7→
Een duiker in een duiklift op de terugweg naar boven laat een stuk porselein uit het wrak van het VOC-schip *Rooswijk* zien. | A diver in a diver lift returning to the surface shows a piece of porcelain from the wreck of the VOC ship *Rooswijk*.

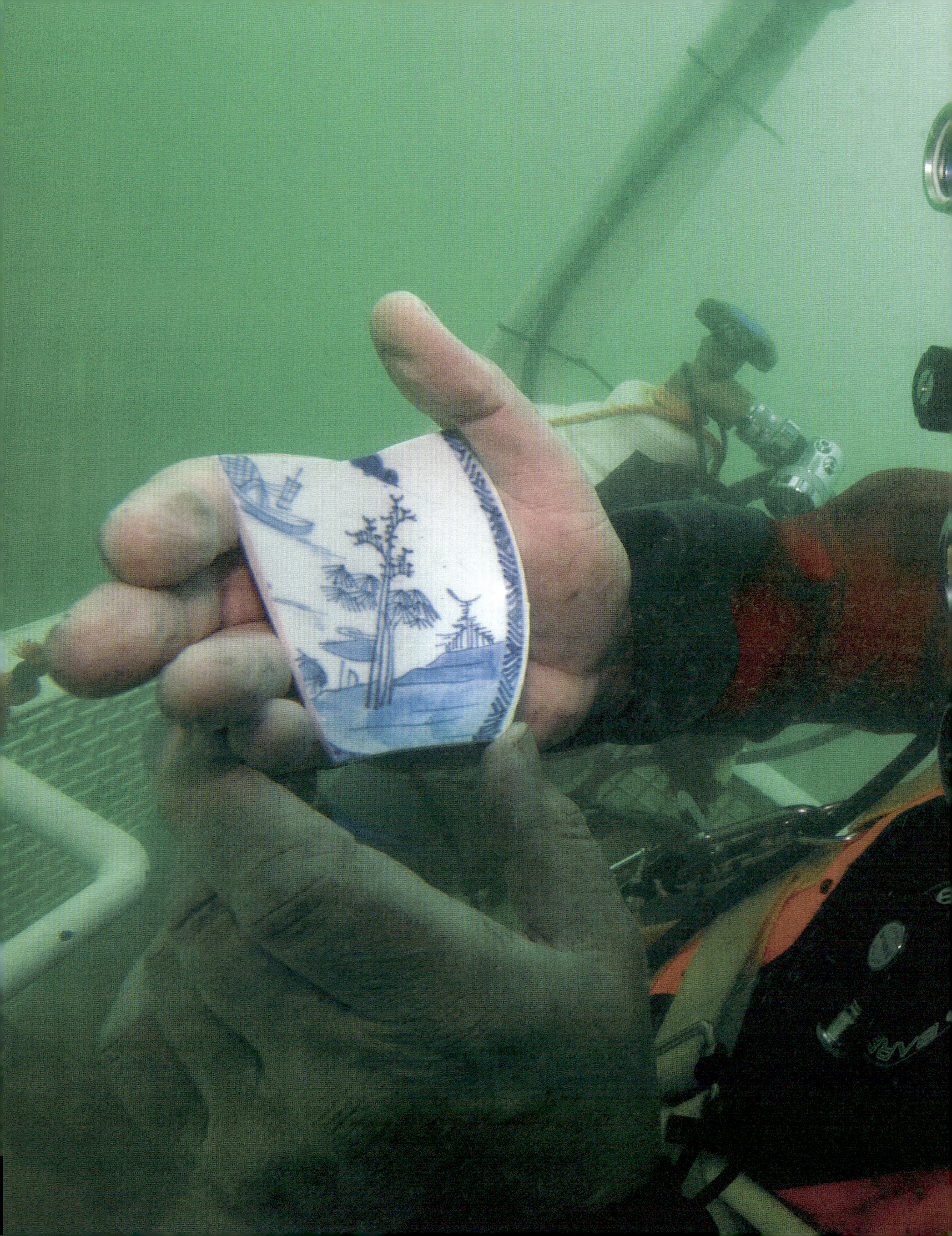

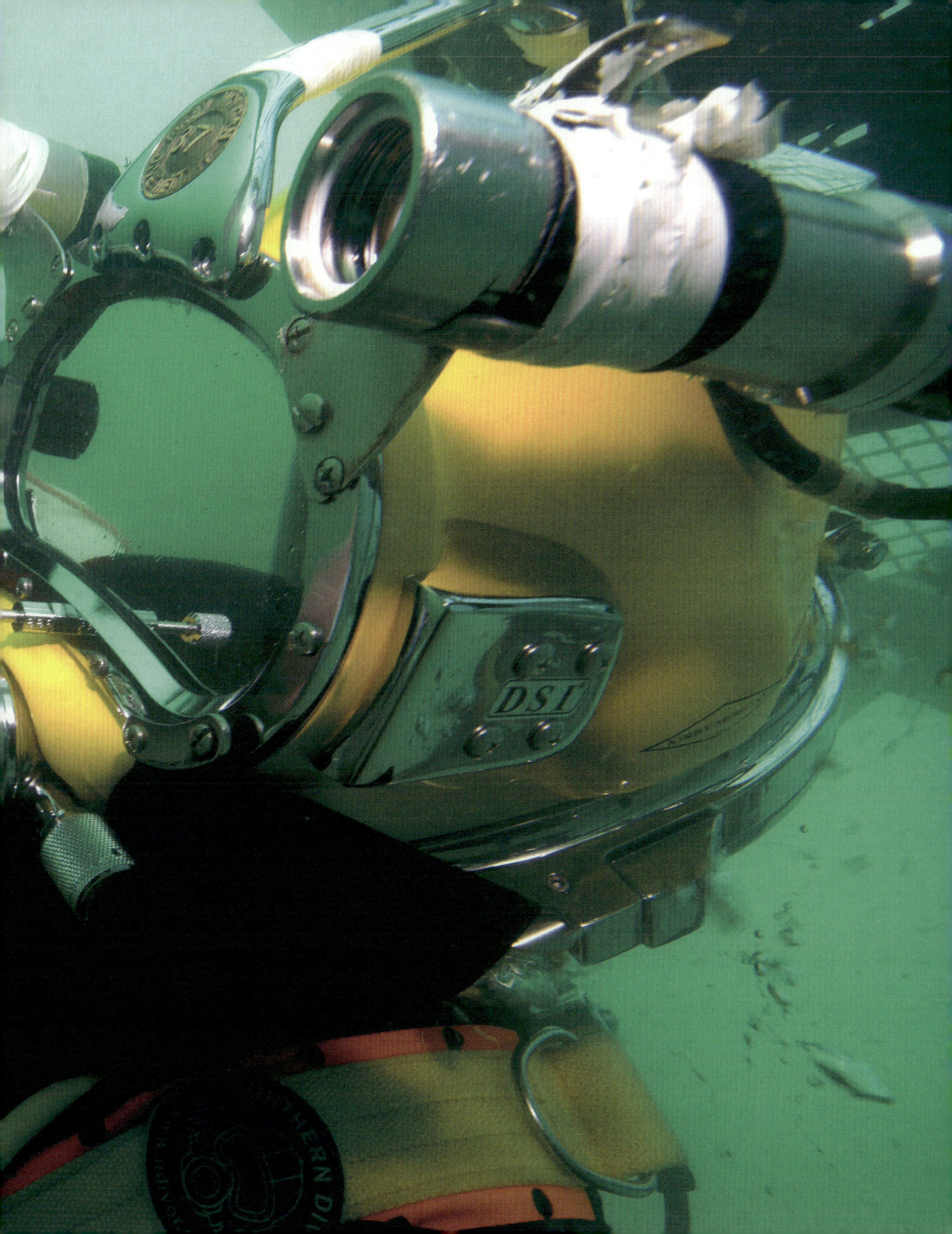
DSI

Witte Leeuw

TYPE SCHIP
VOC-jacht

LENGTE
46-49 meter

BREEDTE
11 meter

CAPACITEIT
540 ton

GEZONKEN
13 juni 1613,
in de James baai
van Sint-Helena
(voormalige Kerckbaai)

GEBORGEN
1976

TYPE OF SHIP
VOC yacht

LENGTH
46-49 metres

WIDTH
11 metres

CAPACITY
540 tonnes

SANK
13 June 1613,
in James Bay,
Saint Helena
(former Kerckbaai)

SALVAGED
1976

Jeroen ter Brugge

Conservator Maritieme Collecties
bij het Rijksmuseum Amsterdam
Curator Maritime Collections at
the Rijksmuseum Amsterdam

Er gaat geen jaar voorbij of het Rijksmuseum wordt door musea vanuit de hele wereld gevraagd het Chinese porselein uit het wrak van de *Witte Leeuw* (1613 gezonken) in bruikleen af te staan. Daarnaast bezoeken talloze onderzoekers de depots van het museum om de objecten te bestuderen. Het tekent het belang van en de belangstelling voor het vondstmateriaal vanuit kunsthistorisch en geschiedkundig perspectief. De relatief vroege datering van de wrakvondsten, die de Oost-Aziatische handel door de Verenigde Oost-Indische Compagnie (VOC) weerspiegelen, maakt het vondstcomplex tot een belangrijk en tot op heden nauwelijks geëvenaard ensemble.[1] Naast porselein bood het wrak van de *Witte Leeuw* ook andere vondsten. Resten van het schip zelf en van de uitrusting, maar ook andere handelswaar en objecten die aan de opvarenden toebehoorden. Met elkaar vormen deze de weerslag van de microkosmos die het schip ooit vormde. Een samenleving ver van huis en haard, de bemanning dicht opeengepakt met de onzekerheid over een veilige terugkomst en met de verantwoordelijkheid over de kostbare modaliteit (het schip) en de nog kostbaardere lading. Het is deze constellatie die scheepswrakken waarschijnlijk voor een groot publiek zo aantrekkelijk maakt: de geïsoleerde mens en materie die aan rampspoed ten onder zijn gegaan en tegelijk een veel grotere verloren gegane wereld vertegenwoordigen.

Not a year goes by without the Rijksmuseum receiving requests from museums around the world to borrow the Chinese porcelain from the wreck of the *Witte Leeuw* (sunk in 1613). Countless numbers of researchers also visit the museum archives to study the objects. This shows the importance of and interest in the finds from an art-historical and historical perspective. The relatively early date of the finds from the wreck, which reflect the East Asian trade of the Dutch East India Company (VOC), make the archaeological site an important and so far rarely equalled whole.[1] Besides porcelain, the wreck of the *Witte Leeuw* also delivered up other finds. Remains of the ship itself and of the equipment, but also other merchandise and objects belonging to the people on board. Combined, these finds reflect the microcosm that the ship once was. A community far from home, the crew packed together with doubts about a safe homecoming and with the responsibility of the valuable transport method (the ship) and the even more valuable cargo. It is this constellation that probably forms the core of the attraction that wrecks have for a large public: the isolated man and matter that meet with disaster and at the same time represent a much larger lost world.

Het Rijksmuseum heeft in de jaren 1973-1986 een belangrijke collectie vondsten uit VOC-wrakken verworven. De motivatie deze verzameling aan te leggen, paste nauw in de toen-malige tijdgeest. Onderzoekers en musea richtten zich in die jaren nadrukkelijk op het bestuderen en tonen van de geschiedenis van 'de gewone man en vrouw'. Van oudsher waren museale collecties voornamelijk afspiegelingen van elite en machthebbers en de behoefte hen een gezicht te geven werd door archeologische vondsten mogelijk gemaakt. Juist in deze periode waren de land- en maritieme archeologie sterk in ontwikkeling en kwam ook de post-middeleeuwse periode daarbij steeds meer in het vizier. In het Rijksmuseum waren het Wim Vroom (hoofd van de afdeling geschiedenis) en Bas Kist (assistent-conservator) die de rijke VOC-collectie wilden aanvullen met objecten die iets over de dagelijkse praktijk aan boord konden vertellen. Het scheepswrak was hiertoe bij uitstek geschikt. De opgedoken resten vormen immers een 'democratische' reflectie van schip, lading en bemanning. Vele duizenden objecten uit de *Witte Leeuw* en uit acht andere VOC-schepen, waaronder *'t Vliegent Hert* (1735) en de *Hollandia* (1743), werden door hun toedoen aan de collectie toegevoegd.

Lotgevallen van het schip

De *Witte Leeuw* zeilde met de zogenoemde 'Kerstvloot' van januari 1610 vanaf de Rede van Texel uit, samen met drie andere schepen van de Amsterdamse VOC-kamer. Later op de reis zouden drie andere retourschepen van de Kamer Zeeland op de reis naar Oost-Azië aansluiten. De heenreis stond onder commando van Pieter Both (1568-1615), die bij aankomst namens de VOC als eerste gouverneur-generaal van Nederlands Oost-Indië de belangen van de maatschappij zou behartigen. Het driemastschip, dat in de bronnen een jacht van 540 ton wordt genoemd, voer sinds 1601 voor de VOC en had eerder al twee Oost-Aziatische retourreizen gemaakt.[2] Met zijn 150 voet lengte en tussen de 24 en 30 kanonnen was het een van de grotere schepen, geschikt om veel handelswaar mee te nemen. Klaas Rutgerszn Smit was op de heenreis kapitein en zal een bemanning van ongeveer honderd koppen en vermoedelijk enkele tientallen soldaten en passagiers aan boord hebben gehad. Hoewel de schepen tijdens de reis door storm een aantal keren uiteengeslagen werden, troffen zij elkaar onderweg later weer, mede omdat een vaste route volgens instructies van hogerhand werd gevolgd.[3] De reis voerde de *Witte Leeuw* in de Indonesische archipel en kende twee doelen: het vestigen van het VOC-monopolie op commercieel gunstige locaties en het inladen van een retourvracht. Toen de *Witte Leeuw* in deze wateren voer, was nog geenszins sprake van een Nederlandse hegemonie. Op diverse eilanden hadden Portugezen en Engelsen handelsakkoorden met de autochtone macht-hebbers gesloten en dreven zij hun handel. In het streven het alleenrecht op de handel in specifieke specerijen te verkrijgen, trachtte de VOC hen te verdrijven door de inzet van geweld en tot op zekere hoogte ook diplomatie. Dit leidde geregeld tot schermutselingen en inbeslagname van schepen en factorijen. Met name ook de oorspronkelijke

Between 1973 and 1986, the Rijksmuseum built up a significant collection of finds from VOC wrecks. The motivation for establishing this collection was in close keeping with the spirit of the times. Researchers and museums in those years concentrated on studying and exhibiting the history of 'everyday men and women'. Museum collections were traditionally reflections of the elite and leaders, and the need to give them a face was made possible by archaeological finds. Both land and maritime archaeology were developing strongly at this time, and the post-Mediaeval period was also receiving increased attention. At the Rijksmuseum it was Wim Vroom (head of the history department) and Bas Kist (assistant curator) who wanted to supplement the rich VOC collection with objects that could tell something about the daily life on board. Shipwrecks were eminently suitable for this purpose. After all, the unearthed remnants provided a 'democratic' reflection of ship, cargo and crew. Through the actions of Vroom and Kist, many thousands of objects from the *Witte Leeuw* and from eight other VOC ships, including the *'t Vliegent Hert* (1735) and the *Hollandia* (1743), were added to the collection.

The ship's adventures

The *Witte Leeuw* put out to sea with the 'Christmas Fleet' of January 1610 off Texel, together with three other ships from the Amsterdam VOC chamber. Three other return ships from the Zeeland Chamber would later join the voyage, on the way to East Asia. The outbound voyage was under the command of Pieter Both (1568–1615). Upon arrival he would represent the interests of the company as first governor general of the Dutch East Indies on behalf of the VOC. The three-masted ship, called a yacht of 540 tonnes in the sources, had been sailing since 1601 for the VOC and had already made two East Asian return voyages.[2] With its length of 150 feet and 24 to 30 cannons, it was one of the larger ships, suitable for carrying a lot of merchandise. On the outbound voyage the captain was Klaas Rutgerszn Smit. He would have had a crew of around one hundred men and probably a few dozen soldiers and passengers on board as well. Although the ships were separated several times during the voyage due to storms, they found each other again later, partly because they followed a fixed route according to instructions from the authorities.[3] The voyage took the *Witte Leeuw* to the Indonesian archipelago and had two objectives: establish the VOC monopoly at commercially favourable locations and load a return cargo. At the time that the *Witte Leeuw* sailed in these waters, there was no question of a Dutch hegemony at all yet. The Portuguese and English had entered into trade agreements with the native rulers on various islands and plied their trade there. In striving for exclusive rights to the trade in specific spices, the VOC attempted to drive them away through the use of violence, and to a certain degree, also through diplomacy. This resulted regularly in skirmishes and the seizure of ships and trading stations. The original inhabitants also suffered especially from the VOC mission to expand the sphere of

Noten op p.155 Notes on p.155

bewoners leden onder de VOC-missie de invloedssfeer te vergroten, waarbij bloedvergieten niet uitzonderlijk was en handelsverdragen gewapenderhand werden afgedwongen. Onder leiding van Both voer hiertoe een kleine vloot naar onder andere Banda Neira, Poeloe Ai, Poloe Ron en Ternate. In maart 1612 stuurde Both de *Witte Leeuw* naar de Molukken en vervolgens naar Banten[4] om daar handelswaar in te slaan, alvorens richting Republiek terug te zeilen.
Van de in Banten ingeladen handelswaar is een handgeschreven overzicht bewaard gebleven waardoor we vrij exact weten waaruit de lading bestond. Dat waren voornamelijk specerijen: kruidnagels, nootmuskaat, maar vooral peper. Tot de lading behoorde ook een grote hoeveelheid ruwe diamanten in diverse afmetingen, in totaal 480,5 karaat. Op de lijst ontbreekt al het porselein, waar de *Witte Leeuw* zo bekend mee is geworden. Schriftelijke bewijzen zijn er niet, maar het lijkt erop dat het porselein, mogelijk via Chinese tussenhandelaren, op een van de eilanden waar de *Witte Leeuw* eerder was, is ingeladen. Of het hier ging om privéhandel van de officieren en passagiers aan boord of om reguliere VOC-handelswaar, blijft onduidelijk.
Samen met drie andere VOC-schepen en twee Engelse Oost-Indiëvaarders verliet de vloot, onder commando van Jan Dirckzn Lam, Banten. Na het ronden van de Kaap werd in mei 1613 het eiland Sint-Helena aangedaan [1]. Hier kon vers water en proviand worden ingeslagen, een mogelijkheid waar schepen van diverse nationaliteiten geregeld gebruik van maakten. Na een aantal dagen leek zich een buitenkans voor te doen. Aan de andere zijde van het eiland bleek een tweetal zwaarbeladen en ogenschijnlijk vrij weerloze Portugese handelsvaartuigen (kraken) te liggen. Het VOC-

influence. Bloodshed was not unusual and trade treaties were coerced by force of arms. For this purpose, a small fleet commanded by Both sailed to places including Banda Neira, Pulai Ai, Pulai Run and Ternate. In March 1612 Both sent the *Witte Leeuw* to the Moluccas and then to Banten[4] to stock up on merchandise before sailing back to the Republic.
A handwritten list of the merchandise taken on in Banten has been preserved and tells us the precise contents of the cargo. It consisted chiefly of spices: cloves and nutmeg, but mainly pepper. The cargo also contained a large number of uncut diamonds of various sizes: a total of 480.5 carats. The list does not mention any of the porcelain that later gave the *Witte Leeuw* its fame. There may be no written evidence, but it appears that the porcelain was loaded on one of the islands the *Witte Leeuw* had visited earlier, possibly via Chinese middlemen. It remains unclear whether the porcelain was for the private trade of the officers and passengers on board or was regular VOC merchandise.
Together with three other VOC ships and two English East Indiamen, the fleet left Banten, under the command of Jan Dirckzn Lam. The fleet rounded the Cape and then put in at the island of Saint Helena in May 1613 [1]. They were able stock up on fresh water and provisions here; an opportunity used regularly by ships of various nationalities. Then, after a few days, what seemed like a stroke of luck appeared. Two heavily laden and apparently relatively defenceless Portuguese merchant vessels (carracks) were moored on the other side of the island. The VOC Charter, drawn up during the Eighty Years' War, provided for causing as much damage to enemy goods as possible. These ships returning from India seemed to be easy prey to capture, but a fatal accident put an end to this political, strategic

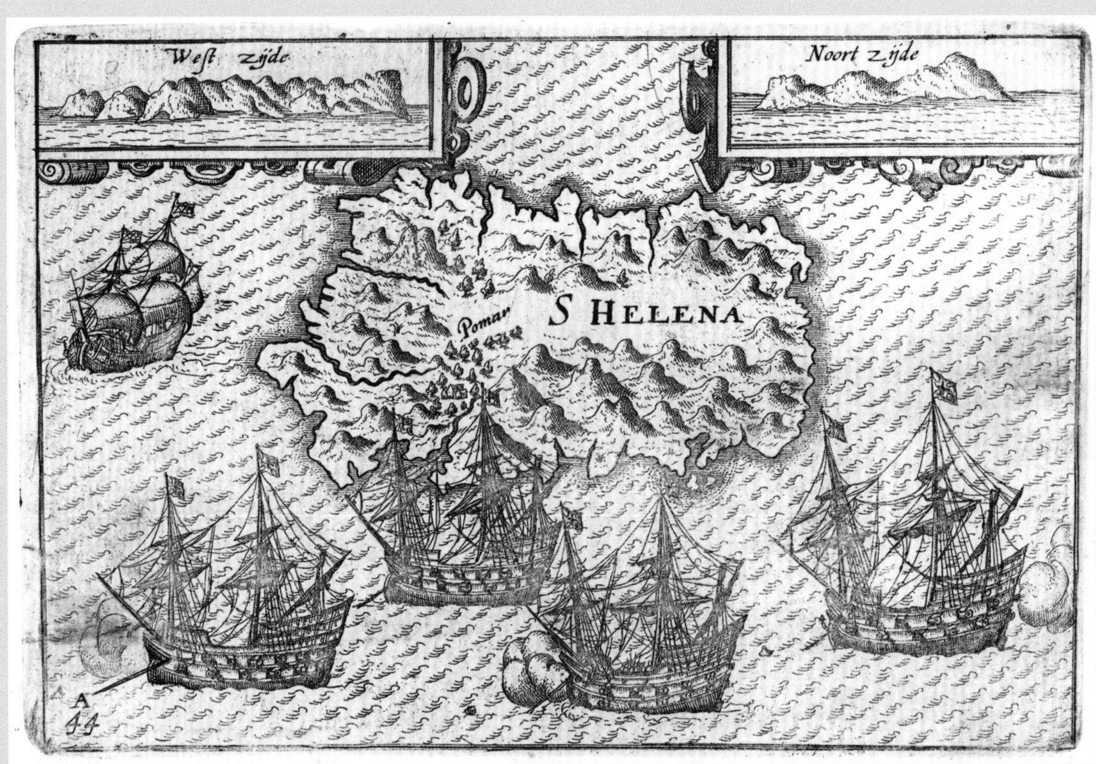

1
Kaart van het eiland Sint-Helena met vier voor anker liggende Portugese kraken | Map of the island of Saint Helena with four Portuguese carracks lying at anchor, circa 1598, Illustratie uit het reisverslag van de 'Eerste Schipvaert' van Cornelis de Houtman naar Oost-Indië in 1595-1597 | illustration from the travel journal of the 'Eerste Schipvaert' of Cornelis de Houtman to the East Indies in 1595-1597, Rijksmuseum Amsterdam

statuut, opgesteld tijdens de Tachtigjarige Oorlog, voorzag in het zoveel mogelijk schade toebrengen aan vijandelijke goederen. Het kapen van deze uit India terugkerende prooi leek eenvoudig, maar een noodlottig ongeluk maakte een einde aan deze zowel politieke, strategische als commerciële opzet. De Nederlandse bronnen zijn over het smadelijke voorval uiterst summier en doen alleen melding van het verloren gaan van de *Witte Leeuw*. De schipper van een van de Engelse schepen beschrijft in zijn journaal de schipbreuk en wat daar direct aan voorafging echter vrij uitgebreid.[5] Onder aanvoering van kapitein Roelof Simonszn de Bloem werden de beide schepen onder vuur genomen toen het mis ging: '*But stil vering to get aboard the Admirall Carack, his men still plying his lower Ordnance upon the Vice-Admirall, one of his peeces broke over his Powder Roome, as some thought, and the shippe blew up all to pieces, the after part of her, and so sunke presently*' ('Maar nog altijd vastbesloten om aan boord van de grote kraak te komen, richtten zijn manschappen nog steeds met het lagere geschut op het kleinere vaartuig, toen boven de kruitkamer een van de kanonnen, zoals sommigen zich dat zo voorstelden, ontplofte en het schip als gevolg hiervan in stukken werd geblazen, met name aan de achterzijde, waardoor het onmiddellijk zonk.').
Een ontploft kanon veroorzaakte brand in de kruitkamer met het ontploffen daarvan als gevolg. Het schip zonk onmiddellijk. Een deel van de bemanning kon het navertellen en ontkwam naar de nabijgelegen schepen of zag kans de kust van de Jamestownbay te bereiken.

De vondst, het onderzoek en de objecten
In 1976, toen het wrak van de *Witte Leeuw* bij Sint-Helena werd gelokaliseerd, stond de Nederlandse onderwaterarcheologie nog in de kinderschoenen. Niet alleen de beoefening van het vak, ook de wetgeving was nauwelijks op de ontstane mogelijkheden en internationale ontwikkelingen toegerust.[6] Onder invloed van private onderzoekers werd het publiek bekend gemaakt met ontdekkingen op de zeebodem in met name het Middellandse Zeegebied. Vooral de Fransman Jacques Cousteau (1910-1997) maakte faam met zijn onderwaterreportages op de televisie, waarbij niet alleen het natuurleven maar ook de scheepsarcheologie ruim aandacht kreeg. De Belg Robert Sténuit (1933) behoort ook tot deze lichting *selfmade* onderzoekers. Hij specialiseerde zich van meet af aan in het lokaliseren en onderzoeken van zestiende- tot vroeg-negentiende-eeuwse Europese scheepswrakken. Met zijn privaat-gefinancierde Groupe de Recherche Archéologique Sous-Marine Post-Médiévale (GRASP) traceerde Sténuit onder andere de *Witte Leeuw*. Institutionele archeologen en specialisten waren bij het onderzoek en de parallel uitgevoerde berging van objecten niet betrokken. Dat de vondsten via veilingen op de markt kwamen, wekte nog nauwelijks maatschappelijke verontwaardiging, vermoedelijk ook omdat veel daarvan hun weg naar museale collecties vonden. Hoewel Sténuit zijn GRASP presenteerde als een archeologisch onderzoeks-instituut, met een wetenschappelijk programma, professionele duikers en een tweetal academisch opgeleide

and commercial scheme. The Dutch sources give only an extremely brief account of the humiliating incident, and only mention the loss of the *Witte Leeuw*. In his journal, the skipper of one of the English ships describes in some detail how the ship foundered and what directly preceded this.[5] Under the command of captain Roelof Simonszn de Bloem, both ships were under fire when things went wrong: 'But stil vering to get aboard the Admirall Carack, his men still plying his lower Ordnance upon the Vice-Admirall, one of his peeces broke over his Powder Roome, as some thought, and the shippe blew up all to pieces, the after part of her, and so sunke presently.'
A cannon that had exploded caused a fire in the magazine, which then exploded as a result. The ship sank immediately. Some of the crew survived to tell the story. They escaped to the nearby ships or managed to reach the coast of Jamestown Bay.

The find, the research and the objects
In 1976, when the wreck of the *Witte Leeuw* off Saint Helena was located, Dutch underwater archaeology was in its infancy. Not only was the practice of the profession scarcely equipped for the new possibilities and international developments, so was the legislation.[6] Under the influence of private researchers, the public became acquainted with discoveries on the seabed, especially in the Mediterranean Sea region. Frenchman Jacques Cousteau (1910–1997) in particular made a name with his underwater television reports which paid ample attention not only to nature but also to marine archaeology. Belgian Robert Sténuit (1933) also belongs to this generation of self-made researchers. Right from the start he specialised in locating and investigating sixteenth to early nineteenth century European shipwrecks. With his privately funded Groupe de Recherche Archéologique Sous-Marine Post-Médiévale (GRASP) Sténuit mapped the *Witte Leeuw* among other ships. Institutional archaeologists and specialists were not involved in the survey and the salvage of objects that took place at the same time. The finds came on the market through auctions, but this did not cause much social indignation, probably in part because many of those objects found their way to museum collections. Although Sténuit presented his GRASP as an archaeological institute with its own scientific programme, professional divers and two academically trained archaeologists, his publications lack substantial reports, detailed drawings and finds catalogues. The expeditions were financed partly by the sale of the finds on the free market, which similarly did not benefit scientific knowledge. The same applied to the *Witte Leeuw*, although the acquisition of a substantial portion of the finds by the Rijksmuseum meant that these became available for study. The Rijksmuseum initiated two publications in which Sténuit made a brief report of his investigation, together with Kist.[7] He paid a great deal of attention to written sources that had been passed down, which helped him locate the wreck. The schematic layout plan, with the wooden construction and large metal objects

archeologen, ontbreken in zijn publicaties gedegen verslagen, gedetailleerde tekeningen en vondstcatalogi. De expedities werden medegefinancierd met de verkoop van het vondstmateriaal op de vrije markt, waarmee de wetenschap evenmin was gediend. Hetzelfde geldt voor de *Witte Leeuw*, zij het dat met de verwerving van een substantieel deel van de vondsten door het Rijksmuseum, deze ook voor bestudering beschikbaar zijn gekomen. In twee, door het Rijksmuseum geïnitieerde publicaties heeft Sténuit samen met Kist nog wel summier verslag gedaan van zijn onderzoek.[7] Veel aandacht besteedt hij daarbij aan de overgeleverde schriftelijke bronnen, die hem hielpen het wrak te lokaliseren. De schematische overzichtstekening met de in etappes blootgelegde houtconstructie en grote metalen voorwerpen (bronzen en ijzeren kanonnen, blokschijven en loden pijpen) laten zien dat een fors gedeelte van het schip, met de stuurboordzijde iets omhoogstekend tot het geschutsdek in de modderige baaibodem, bewaard lijkt te zijn [2-3]. Uit de globale beschrijving blijkt dat de duikers constateerden dat de kielbalk gebroken was als gevolg van de impact van de ontploffing van de kruitkamer. De explosie kan ook verklaren waarom op ruime afstand van het wrak met de sonar losse kanonnen gevonden zijn. Ook naast het wrak werd los scheepshout gezien dat hiermee geassocieerd wordt, hoewel dit ook restanten van het kort na de schipbreuk desintegrerende schip kunnen zijn. Omdat het wrak onder enkele meters modder begraven lag en ieder vrij gelegd deel snel weer met sediment volstroomde, concentreerde Sténuit zich, zo verklaart hij, op de berging van het losse vondstmateriaal. Het verder documenteren van de constructie werd achterwege gelaten en de focus lag nu op het bergen van voorwerpen.
De meeste belangstelling van GRASP en latere onderzoekers ging uit naar de ruim 400 kilo wegende hoeveelheid porselein. Duizenden scherven, maar ook complete tot vrij volledige voorwerpen werden verzameld. Sténuit becijferde dat hiermee vermoedelijk nog geen kwart van het oorspronkelijk aanwezige porselein geborgen is. Het blauw-witte kraakporselein neemt een prominente plaats in, naast een groep dunwandig porselein (wijnkommetjes) en een hoeveelheid van het grovere Zhanghzou [4-6].[8]
Naast het porselein bood het wrak veel objecten van andere materialen. Als ballast werden loodbaren en IJsselsteentjes aangetroffen en van de tuigage getuigen diverse houten schijfblokken. Opmerkelijk is een veertiental bij elkaar gevonden grote bronzen schijven, waarschijnlijk onderdeel van de knechten bij de voormast. Voor het dagelijkse gebruik van de opvarenden dienden voorwerpen als kookpotten, borden, messen en lepels en divers vaatwerk van Duits steengoed [7-8]. Grote Aziatische voorraadpotten – martavanen – vallen tussen het vondstmateriaal duidelijk op door hun formaat en verschijningsvorm [9]. Het is aannemelijk dat deze gevuld met handelswaar of voedsel mee naar huis gingen. Een uiterst zeldzame vondst is een zilveren bootsmansfluit [10]. Niet alleen een functioneel instrument, maar ook een waardigheidsteken van de onderofficier die hem om de hals droeg.[9]

(bronze and iron cannons, sheaves and lead pipes) exposed in stages, shows that a considerable part of the ship seems to have been preserved in the muddy floor of the bay, with the starboard side pointing slightly up, as far as the gun deck [2-3]. The overall description shows that the divers observed that the keel beam was broken as a result of the impact of the explosion of the magazine. The explosion could also explain why individual cannons were found by sonar at significant distances from the wreck. Loose ship's timbers associated with this were also found next to the wreck, although these could also be left from the ship disintegrating shortly after it foundered. The wreck was buried under several metres of mud, and every freed section quickly filled again with sediment. Sténuit explained that this was why he concentrated on salvaging the loose find material. Further documentation of the construction was abandoned, and the focus now lay on recovering objects.
The more than 400 kilograms of porcelain attracted the greatest interest of GRASP and later researchers. Thousands of shards, but also complete and almost whole objects were collected. Sténuit estimated that less than a quarter of the porcelain originally present was salvaged. The blue-and-white *kraak* porcelain features prominently, alongside a group of thin-walled porcelain (wine cups) and a quantity of the coarser Zhanghzou [4-6].[8]
Besides porcelain, the wreck offered up many objects made from other materials. Lead ingots and 'IJsselsteen' bricks used as ballast and various wooden blocks belonging to the rigging were recovered. Remarkable among the finds are fourteen large bronze discs, probably part of the sheaves at the foremast. Objects like cauldrons, plates, knives and spoons and various objects of German stoneware [7-8] were for daily use by the people on board. Large Asian storage jars, known as martabans, stand out clearly among the finds due to their size and appearance [9]. They were most likely filled with merchandise or food for the trip home. An extremely rare find is a silver boatman's whistle [10]. This was not only a functional instrument, but also a symbol of dignity for the petty officer who would have worn it around his neck.[9] Remains of the spice cargo were also found in and around the wreck. Peppercorns and fragments of nutmeg in particular were found, also in the food remains caked on iron objects. The personal belongings of the officers and passengers include exotic items such as giant clams, cassowary eggs [11] and coconuts. They would have been destined for the cabinets of curiosities that were highly popular in the Republic at the time.
The published material study concentrates mainly on the finds themselves. This art-historical approach is of great importance for the knowledge of typology and dating. As a closed archaeological site ('Pompeii effect') with a distinct start and end date, the *Witte Leeuw* porcelain is particularly important. That is why it remains a valuable material for international researchers and will undoubtedly result in new insights in the future.[10] At the same time, the *Witte Leeuw* archaeological site also deserves analyses that relate the ship, cargo and history to each other. The archaeological

Resten van de specerijenlading werden eveneens in en rond het wrak gevonden. Vooral peperkorrels en fragmenten van nootmuskaat werden aangetroffen, ook in de aankoeksels op ijzeren voorwerpen. Tot de persoonlijke eigendommen van de officieren en passagiers behoren opgedoken exotische voorwerpen, waaronder doopvontschelpen, casuariseieren [11] en kokosnoten. Deze zullen bestemd zijn geweest voor de rariteitenkabinetten die destijds erg populair waren in de Republiek.
In de gepubliceerde materiaalstudie gaat de meeste aandacht uit naar de vondsten zelf. Deze kunsthistorische benadering is van grote betekenis voor de kennis van typologie en datering. Als gesloten vondstcomplex ('Pompeï-effect') met een scherpe begin- en einddatum is het belang van het *Witte Leeuw*-porselein bijzonder groot. Het vormt daarom nog steeds waardevol materiaal voor internationale onderzoekers en ongetwijfeld zal dit in de toekomst tot nieuwe inzichten leiden.[10] Tegelijk verdient het *Witte Leeuw*-vondstcomplex ook analyses die schip, lading en geschiedenis met elkaar verbinden. Het vondstcomplex van de *Witte Leeuw*, zowel schip als lading, geeft een uniek perspectief op de expansie vanuit de Republiek vanaf de late zestiende eeuw en welke impact deze had op Nederland en voor de gebieden waar deze plaatsvond, zoals Indonesië.

Besluit

Bijna 45 jaar na ontdekking kent het wrak van de *Witte Leeuw* en met name het daarin aangetroffen porselein onder keramiekonderzoekers, historici en archeologen internationaal grote bekendheid. Het is uitgegroeid tot een van de bekendste scheepswrakken, te danken aan de bijzondere lading en de lotgevallen van het schip binnen een cruciale fase van de wordingsgeschiedenis van de VOC. Dat het die status kon bereiken, heeft tevens te maken met de betekenisgeving die heeft plaatsgevonden. De verwerving van een groot deel van de lading door het Rijksmuseum en vooral ook het onderzoek naar het porselein resulteerden in wetenschappelijke publicaties waarmee schip en lading uitstijgen boven de talloze andere geborgen wrakken waarvan de lading onder liefhebbers verspreid is geraakt. Hoewel de scheepsresten van de *Witte Leeuw* niet geconserveerd zijn, vervult het schip voor het eiland Sint-Helena een belangrijke rol. In het plaatselijke museum wordt aandacht aan de vondst besteed. Vondsten uit VOC-wrakken hebben sinds hun verwerving in meer of mindere mate deel uitgemaakt van de vaste opstelling van het Rijksmuseum. Onlangs kreeg de collectie na jaren weer een eigen plaats in de 'special collections-opstelling', waarbij de nadruk ligt op de drie-eenheid schip-lading-bemanning. Dat het porselein van de *Witte Leeuw* daar een prominente plaats bij inneemt, spreekt voor zich.

site of the *Witte Leeuw*, both ship and cargo, gives a unique perspective on the expansion initiated by the Republic from the late sixteenth century and its impact on the Netherlands and the regions where it occurred, such as Indonesia.

Conclusion

Almost 45 years after its discovery, the wreck of the *Witte Leeuw*, and especially the porcelain found with it, has an international reputation among ceramics researchers, historians and archaeologists. It has grown into one of the best known shipwrecks, thanks to the special cargo and the vicissitudes of the ship during a crucial phase in the history of the development of the VOC. It also achieved this status thanks to the way it was given significance. The acquisition by the Rijksmuseum of a large part of the cargo, and especially the research into the porcelain, resulted in scientific publications that lifted the ship and its cargo far above the numerous other recovered wrecks whose cargo has been spread among enthusiasts. Although the remains of the *Witte Leeuw* have not been preserved, the ship fulfils an important role for the island of Saint Helena. The local museum has a section on the finds. Since their acquisition, finds from VOC wrecks have been part of the permanent exhibition of the Rijksmuseum to a greater or lesser extent. After many years, the collection recently regained its own place in the 'special collections exhibition', with an emphasis on the trinity of ship-cargo-crew. It goes without saying that the porcelain from the *Witte Leeuw* occupies a prominent place in that exhibition.

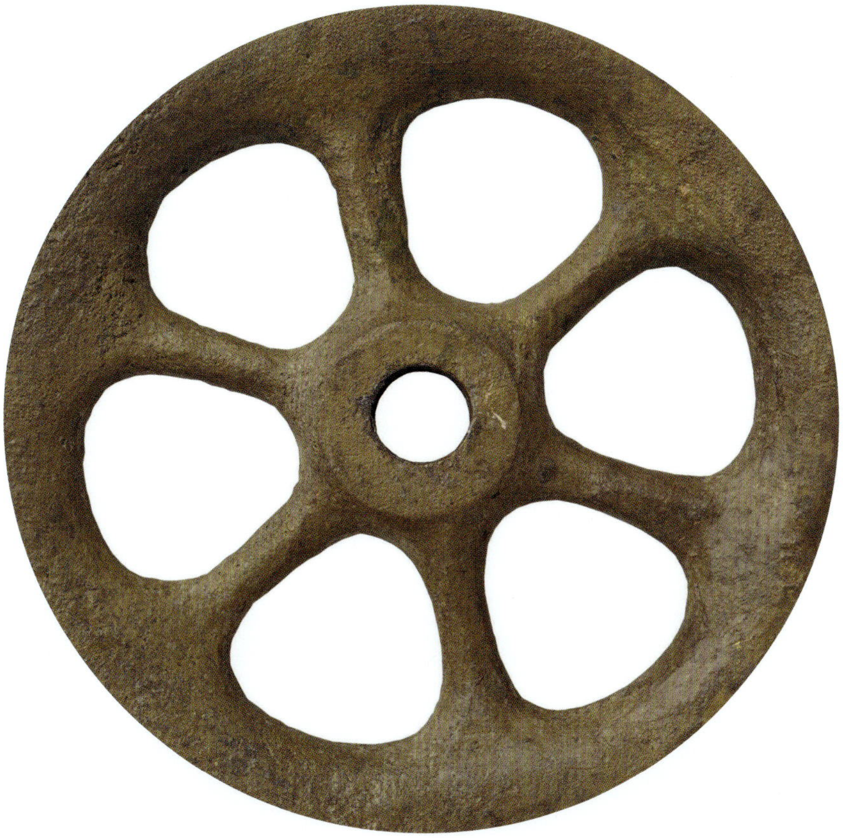

2
Bronzen rad van de grote dekknecht en het kardeelblok op de *Witte Leeuw* | Bronze wheel of the knight of the *Witte Leeuw*, Ø 42 cm, Rijksmuseum Amsterdam

Met dit zware rad kon de grote ra, waaraan het grootzeil bevestigd was, opgehesen of neergelaten worden.
This heavy wheel could be used to raise or lower the large yard to which the mainsail was attached.

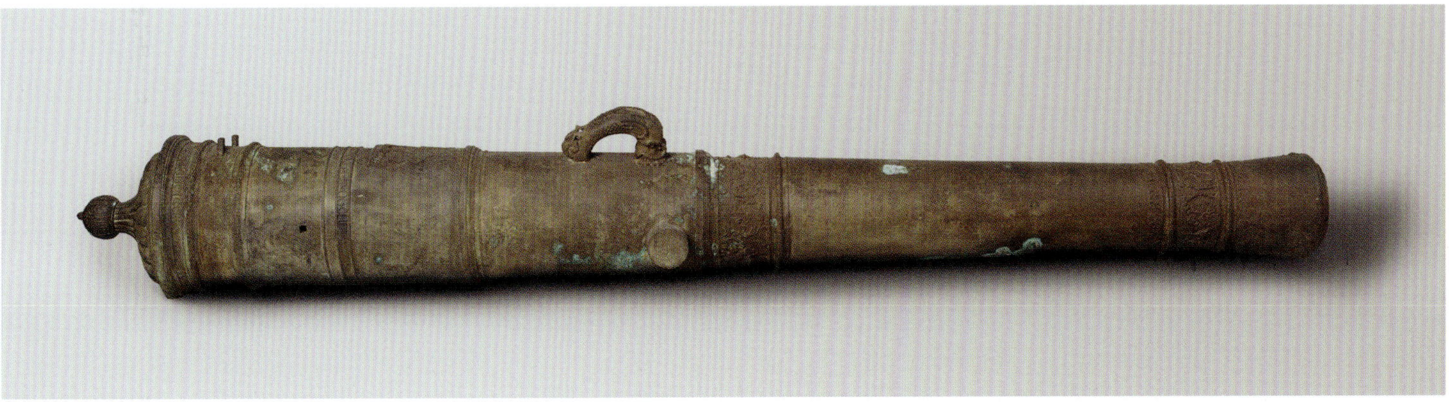

3
Bronzen kanon uit het wrak van de *Witte Leeuw* | Bronze cannon from the wreck of the *Witte Leeuw*, l. 384,5 cm, Rijksmuseum Amsterdam

Met dit indrukwekkende scheepskanon konden kogels van 24 pond worden afgevuurd.
This impressive ship's cannon could fire 24-pound cannon balls.

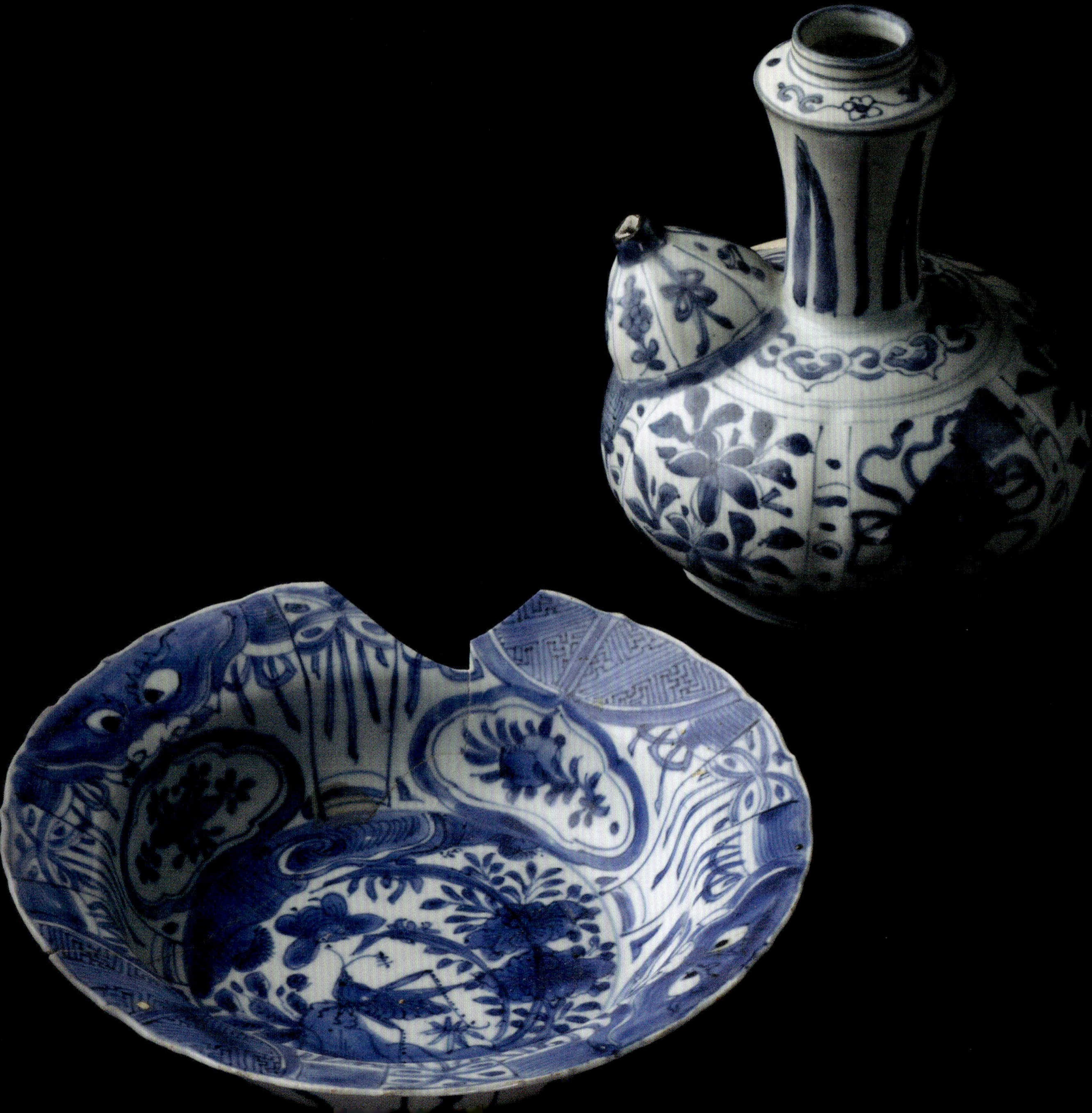

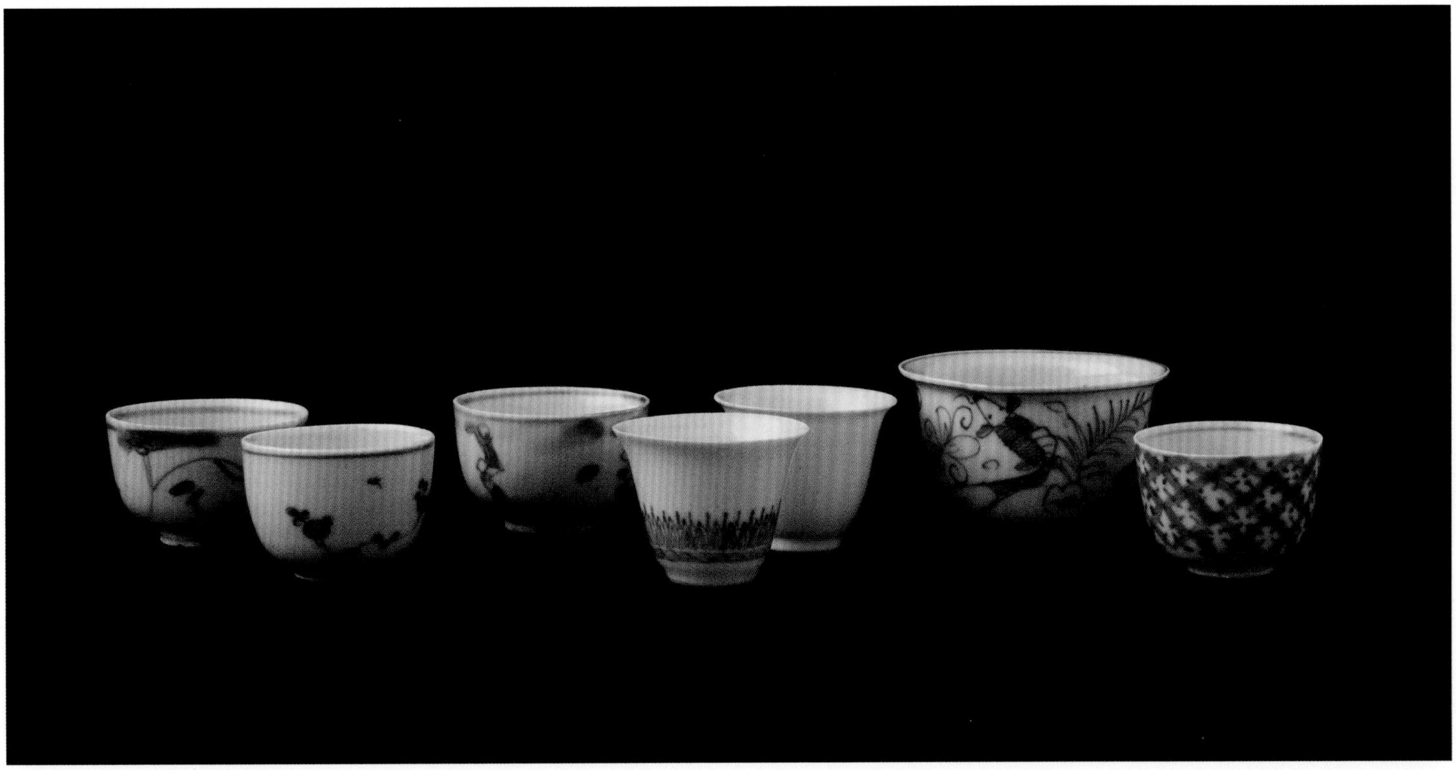

4
Kom met decor van krekel op rots en kendi met decor van gelukssymbolen en bloemen | Bowl decorated with a cricket on a rock and kendi decorated with auspicious symbols and flowers, China, Jingdezhen, begin 17de eeuw | early 17th century, porselein | porcelain, kendi h. 18 cm, kom | bowl Ø 21,5 cm, Keramiekmuseum Princessehof (bruikleen | loan Ottema-Kingma Stichting)

5
Wijnkommen met diverse decoraties | Wine cups with various decorations, China, Jingdezhen, begin 17de eeuw | early 17th century, porselein | porcelain, h. 3,2 cm - 4,9 cm, Keramiekmuseum Princessehof (bruikleen | loan Ottema-Kingma Stichting)

Deze kleine kommen die in China werden gebruikt voor het drinken van rijstwijn, zijn van zeer verfijnd en bijna doorzichtig porselein.
These small cups which were used in China for drinking rice wine are made of very fine, almost translucent porcelain.

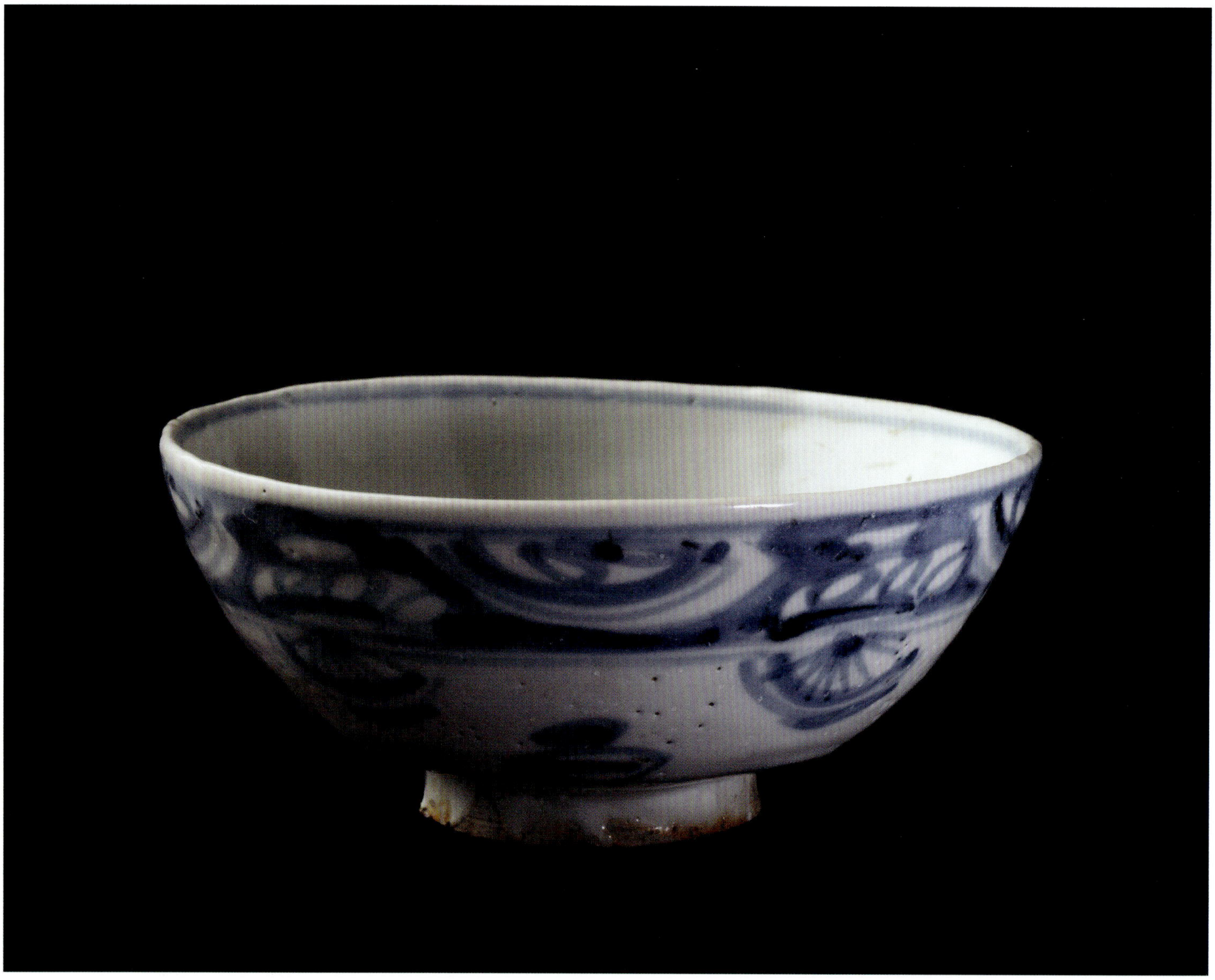

Naast het verfijnde porselein uit de ovens van Jingdezhen behoorde ook het grovere porselein uit Zhangzhou tot de lading van de *Witte Leeuw*.
Apart from the fine porcelain from the Jingdezhen kilns, the cargo of the *Witte Leeuw* also included the coarser porcelain from Zhangzhou.

6
Kom met abstract decor | Bowl with abstract decoration, China, Zhangzhou, begin 17de eeuw | early 17th century, porselein | porcelain, h. 6,3 cm, Ø 13,5 cm, Keramiekmuseum Princessehof (bruikleen | loan Ottema-Kingma Stichting)

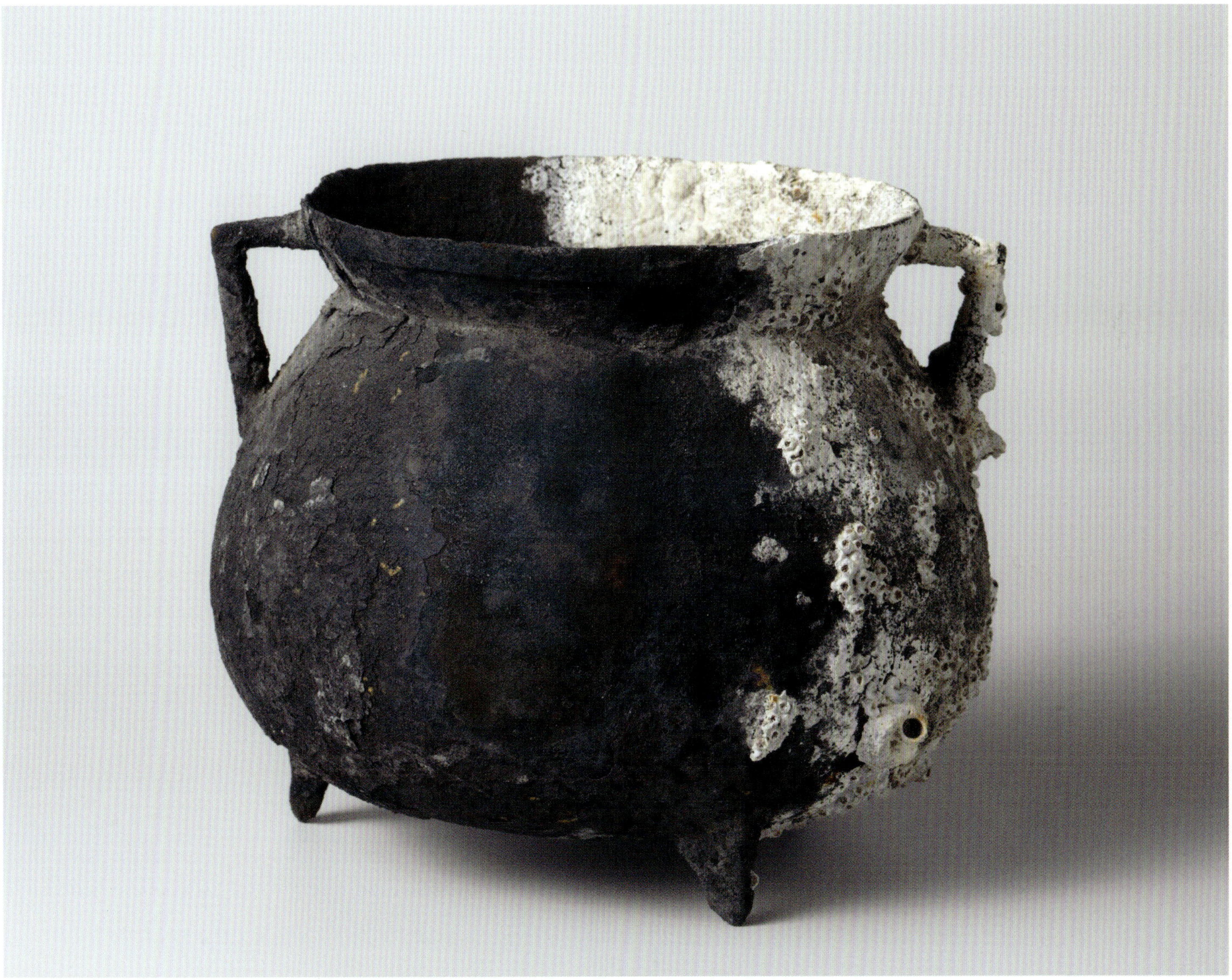

7
Kookpot (met koraalresten) | Cauldron (with remains of coral), Noordwest-Europa | Northwestern Europe, begin 17de eeuw | early 17th century, ijzer | iron, h. 24 cm, Rijksmuseum Amsterdam

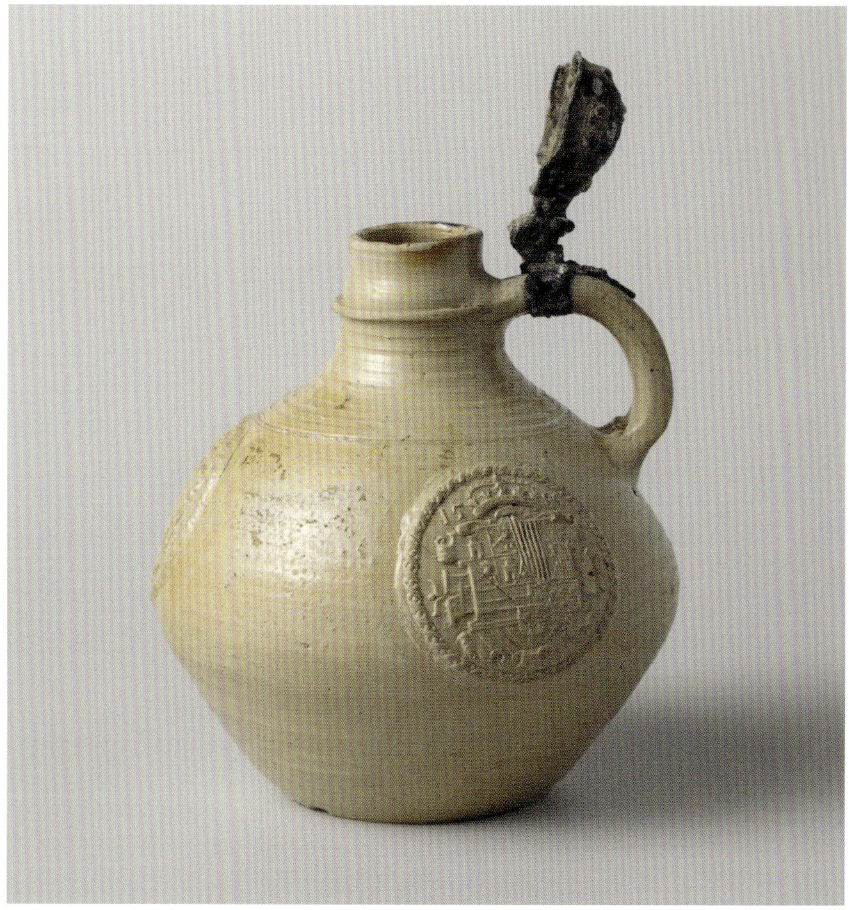

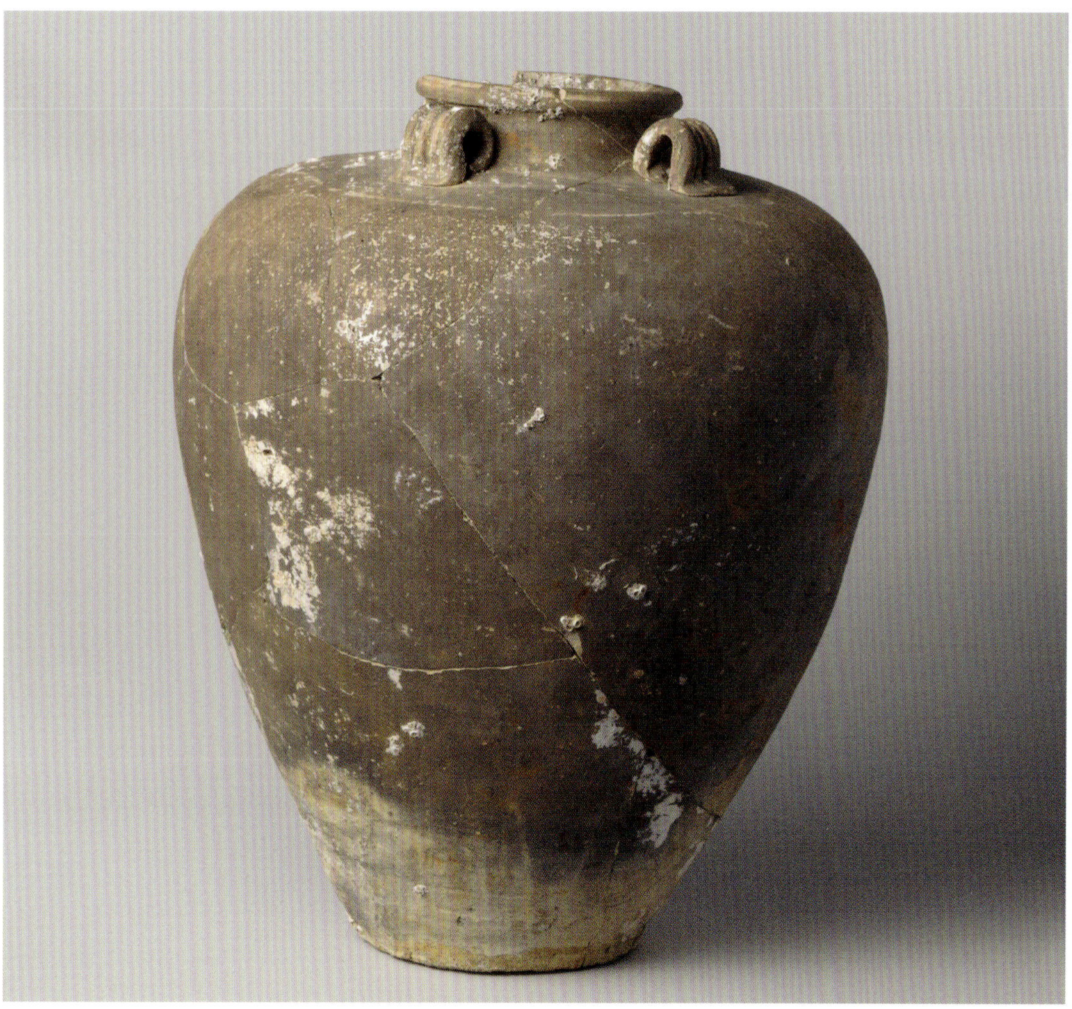

8
Kruik met tinnen klepdeksel, op de buik voorzien van drie reliëfmedaillons met wapenschild en het jaartal 1585 | Pitcher with hinged tin lid, with three medallions in relief on the body with a coat of arms and the year 1585, Duitsland | Germany, h. 18,5 cm, Rijksmuseum Amsterdam

9
Voorraadpot (martavaan) | Storage jar (martaban), Azië | Asia, 16de eeuw | 16th century, steengoed | stoneware, h. 57 cm, Rijksmuseum Amsterdam

10
Bootsmansfluit met draagketting | Boatman's whistle with chain, Nederland | The Netherlands, 1600-1613, zilver | silver, l. 29,5 cm, Rijksmuseum Amsterdam

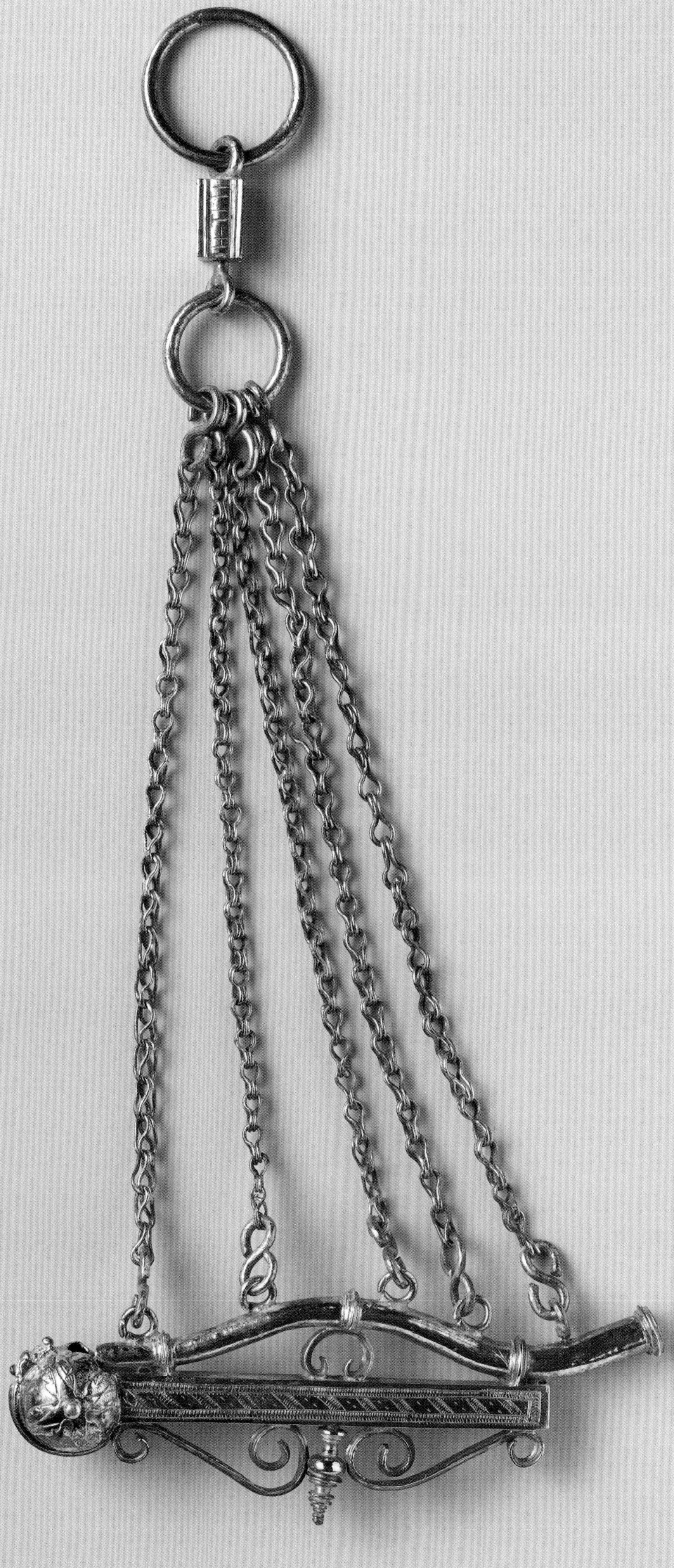

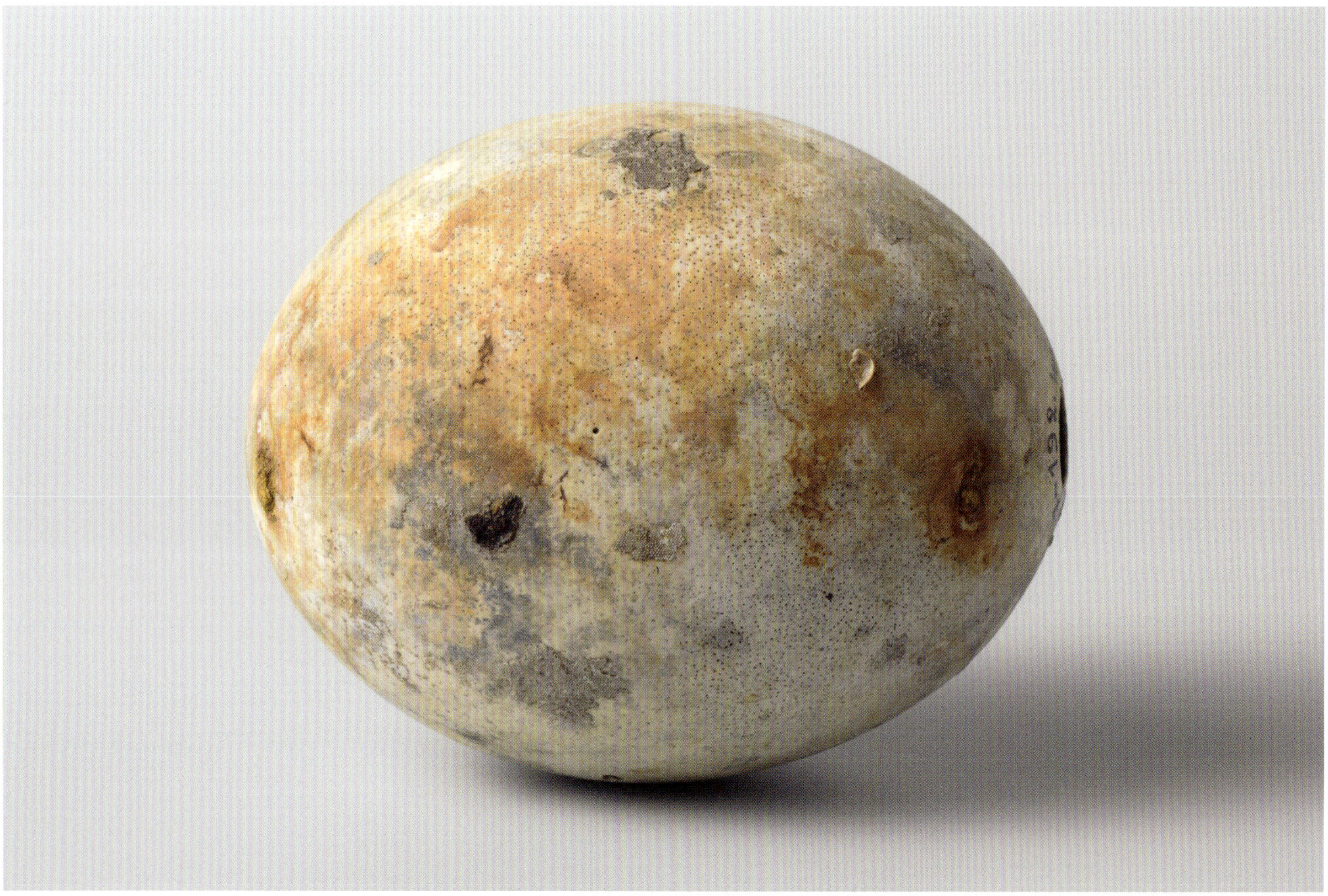

De casuaris komt voor op Nieuw-Guinea, Indonesië en het noordoosten van Australië. Dit ei was vermoedelijk bestemd voor een rariteitenkabinet in Nederland.
The cassowary can be found in New Guinea, Indonesia and northeast Australia. This egg was probably intended for a cabinet of curiosities in the Netherlands.

11
Ei van een casuaris | Cassowary egg,
begin 17de eeuw | early 17th century,
15 x 12,5 cm, Rijksmuseum Amsterdam

1613

TYPE SCHIP
onbekend,
mogelijk Chinees

LENGTE
onbekend

CAPACITEIT
onbekend

GEZONKEN
circa 1643-1646,
bij de Riouwarchipel,
Indonesië,
Zuid Chinese Zee

GEBORGEN
1983-1984

TYPE OF SHIP
unknown,
possibly Chinese

LENGTH
unknown

CAPACITY
unknown

SANK
circa 1643-1646,
in the Riau Archipelago,
Indonesia,
South China Sea

SALVAGED
1983-1984

Hatcher

Geldermalsen

TYPE SCHIP
VOC-spiegelretourschip

LENGTE
42 meter

BREEDTE
12 meter

CAPACITEIT
1155 ton

GEZONKEN
1752,
bij de Riouwarchipel,
Indonesië,
Zuid-Chinese Zee

GEBORGEN
1985

TYPE OF SHIP
VOC East Indiaman

LENGTH
42 metres

WIDTH
12 metres

CAPACITY
1155 tonnes

SANK
1752, in the Riau
Archipelago,
Indonesia,
South China Sea

SALVAGED
1985

Christiaan J.A. Jörg

Conservator en hoofd onderzoek bij het Groninger Museum (1978 tot 2003)
Curator and head of research at the Groninger Museum (1978 to 2003)

De Hatcher Cargo

Op 7 december 1983 veilde Christie's Amsterdam een befaamde privéverzameling Aziatische kunst.[1] Toegevoegd waren tachtig kavels Chinees porselein uit de late Ming, afkomstig uit divers bezit. Handelaren en verzamelaars vonden dit een vreemde groep: sommige stukken behoorden tot de bekende typen blauw-wit porselein uit het begin tot het midden van de zeventiende eeuw, maar andere stukken pasten daar niet bij. Zij hadden allemaal een dof glazuur en het gerucht ging dat ze met zuur waren behandeld. Waren het vervalsingen die 'oud' waren gemaakt? Christie's gaf geen enkele informatie, hoewel er aan sommige gegadigden werd gesuggereerd dat de stukken afkomstig waren van een scheepswrak. Kopers wisten niet precies wat ze ervan moesten denken en het porselein ging uiteindelijk voor weinig geld van de hand. Achteraf gezien waren de belangrijkste stukken twee eivormige potten met deksels voorzien van een Chinese inscriptie met een cyclische datum die overeenkomt met het jaar 1643.

The Hatcher Cargo

On December 7, 1983, Christie's Amsterdam auctioned a famous private collection of Asian art.[1] As an addition, eighty lots of late Ming Chinese porcelains were included from 'various properties.' In the eyes of dealers and collectors they formed a strange group: some pieces represented well-known types of blue-and-white porcelain from the early to mid-seventeenth century, but others did not fall into those categories. They all had a dull glaze and it was rumoured they had been treated with some acid. Were they fakes that had been made 'old'? Christie's did not provide any information, although it was suggested to some potential buyers they came from a wreck site. People did not quite know what to think of it and in the end the porcelains were sold for low prices. In hindsight, the most important were two oviform jars with covers bearing a Chinese inscription with a cyclical date corresponding to 1643.

Klaarblijkelijk was de opbrengst toch bevredigend, want in maart en juni 1984 werden er twee veilingen bij Christie's volledig gewijd aan soortgelijk porselein. In februari 1985 volgde een derde veiling.[2] Ze werden aangekondigd als 'Het eigendom van kapitein Michael Hatcher', die in de catalogus van de veiling in maart werd geïntroduceerd als de eigenaar van een bergingsbedrijf in Singapore. Op een diepte van ongeveer 40 meter in de Zuid-Chinese Zee was hij toevallig op de resten van een houten jonk gestuit, volgeladen met Chinees porselein. In de inleidingen van de veilingcatalogi van 1984 gaf Colin Sheaf, in die tijd hoofd van de afdeling Azië van Christie's in Londen, contextuele informatie over het porselein. Hij benadrukte daarin dat deze vondst een nieuw licht wierp op een betrekkelijk duistere periode in de productie van Chinees exportporselein. In haar inleiding van de veilingcatalogus van 1985 onderstreepte Barbara Harrisson (1922-2015), toenmalig directeur van Museum het Princessehof, het historische en academische belang.
Deze keer aarzelden kopers niet en grepen zij hun kans. De ruim 25.000 stukken werden zeer goed verkocht, waarbij de verkoopprijs dikwijls de geschatte waarde overtrof. Naast handelaren en privéverzamelaars verwierven ook musea exemplaren. Charlottenburg in Berlijn kocht bijvoorbeeld grote hoeveelheden om zijn markante porseleinkamer te reconstrueren die in de Tweede Wereldoorlog was vernietigd. Het Groninger Museum kreeg een aantal stukken cadeau van Christie's en Hatcher.[3] Ook andere musea zoals het Princessehof,[4] het Victoria & Albert Museum en het British Museum kochten op de veiling.

Bestemming

Tegenwoordig wordt de Hatcher Cargo, zoals de lading die Hatcher ontdekte meestal wordt genoemd, beschouwd als een zeer belangrijke groep zeventiende-eeuwse porseleinen voorwerpen die de zee heeft prijsgegeven.[5] Het is daarom betreurenswaardig dat Hatcher niet meer aandacht heeft geschonken aan het wrak zelf en de maritiem-archeologische aspecten. Er is zo veel informatie verloren gegaan die we erg goed konden gebruiken. We weten niet wat voor soort jonk het was, of er andere koopwaar aan boord was of waar het schip naar toe op weg was. De ontdekking van een Nederlandse tinnen tuitkan, een tinnen zoutvat en een Duitse steengoed baardmankruik suggereerde een verband met de Verenigde Oost-Indische Compagnie (VOC). Was er een Nederlandse koopman aan boord? Het schip was waarschijnlijk op weg naar Batavia, het hoofdkwartier van de Compagnie op Java, hetgeen functioneerde als entrepot voor de handel in Aziatische goederen. Vandaar werd porselein verscheept naar Nederland of werd gebruikt in de inter-Aziatische handel. Een ander entrepot, met name voor Chinese koopwaar, was de VOC-nederzetting op Taiwan. Sinds 1634 waren daar grote hoeveelheden Chinees porselein besteld, waaronder stukken met Europese vormen. Dit soort porselein op bestelling behoorde tot een nieuwe groep voorwerpen, die we tegenwoordig 'Overgangsporselein' noemen, omdat het de productie karakteriseert tussen de late Ming- (1368-1644)

Apparently the proceeds had been satisfactory after all, because in March and June 1984 two Christie's sales were devoted exclusively to similar porcelains, with a third sale following in February 1985.[2] They were announced as 'The Property of Captain Michael Hatcher,' who was introduced in the March catalogue as the owner of a Singapore salvage company. By chance he had found the remains of a wooden junk in the South China Sea at a depth of approximately 40 metres; the ship contained a cargo of Chinese porcelain. In the introductions to the 1984 catalogues, Colin Sheaf, then head of the Asian department of Christie's London, gave contextual information on the porcelains, emphasizing that this find generated new knowledge about a relatively obscure period in the production of Chinese export porcelain. The introduction in the 1985 catalogue by Barbara Harrisson (1922-2015), then director of the Princessehof Museum, underlined the historical and academic importance.
This time buyers were not slow in realizing their opportunities. The more than 25,000 pieces sold very well, often far surpassing their estimates. Apart from dealers and private collectors, museums acquired specimens as well. Charlottenburg in Berlin, for instance, bought quantities for the reconstruction of its iconic porcelain cabinet which was demolished in World War II. The Groninger Museum obtained a number of pieces as a gift from Christie's and Hatcher.[3] Other museums like the Princessehof,[4] the Victoria & Albert Museum and the British Museum bought at auction.

Destination

Nowadays The Hatcher Cargo, as it usually is named, is regarded as a most important cluster of seventeenth century porcelains salvaged from the sea.[5] It is therefore regrettable that Hatcher did not pay more attention to the wreck itself and its maritime archaeological aspects, because much-needed information has thus been lost. We don't know what kind of junk it was, if other merchandise was on board or where it was heading to. The discovery of a Dutch pewter jug, a pewter salt and a German stoneware *baardman* jug led to the hypothesis that there was a connection with the Dutch East India Company (VOC). Was a Dutch merchant on board? The ship was probably heading for Batavia, the headquarters of the Company on Java, which functioned as the entrepôt for the trade in Asian commodities. From there, porcelain was shipped to the Netherlands or used in the inter-Asian trade. Another entrepôt, in particular for Chinese merchandise, was the VOC settlement on Taiwan. Since 1634, huge numbers of Chinese porcelain had been ordered from there, including pieces with European shapes. Such ordered porcelains were part of a new group of wares, nowadays called 'Transitional' because they characterize the production between the late Ming (1368-1644) and the early Qing (1644-1912) periods. The decorations are painted freely over the surface and the overall quality is usually very good, with a smooth glaze and a sturdy body. Orders were taken by Chinese middlemen who took care of the

Noten op p.156 Notes on p.156

en de vroege Qing-periode (1644-1912). De versieringen zijn vrij over het oppervlak geschilderd en de kwaliteit is in het algemeen erg goed, met een glad glazuur en een stevige body. Chinese tussenpersonen namen de bestellingen op. Zij zorgden voor de productie in Jingdezhen en leverden de bestelling weer af in Taiwan. Daarbij waren alle risico's, die van het vervoer en die van de afhandeling, voor hun rekening. De Hatcher Cargo bevatte echter maar weinig porselein met een westerse vorm, namelijk enkele mosterdpotten. De jonk vervoerde daarom waarschijnlijk geen porselein dat was besteld door de VOC, maar eerder een commercieel assortiment voor privékooplieden in Batavia. Gezien de zeer uiteenlopende vormen was het porselein bedoeld voor zowel Nederland als voor een aantal bestemmingen in Azië, waaronder islamitische markten.

Vormen en decoraties

Het verschil in vormen is een van de kenmerken van de lading en voegt belangrijke informatie toe aan onze kennis van Overgangsporselein van voor de veilingen. Nieuwe voorwerpen waren *kendi's* (een soort schenkkan) met een tuit in de vorm van een schijf, series kleine kommen die in elkaar passen, nachtlampjes in de vorm van een hurkende kat, urinalen en allerlei vaasjes, potjes en kommen op hoge voet [9-10]. Opvallend is de grote hoeveelheid en verscheidenheid aan theepotten en men vraagt zich af voor welke markt deze bestemd waren [12]. Theedrinken was in de jaren veertig van de zeventiende eeuw nog geen gewoonte in Nederland, maar in Batavia wel. Gepensioneerde VOC-functionarissen hadden deze drank thuis geïntroduceerd als iets exotisch, hoewel thee vaker werd gebruikt als middel tegen allerlei kwalen. Het is de vraag of alle theepotten voor Nederland waren bestemd; aannemelijker is dat ze bedoeld waren voor klanten in Chinese nederzettingen verspreid over Zuidoost-Azië. Hetzelfde geldt voor de vele kleine theekopjes zonder westerse schotels en oren.

Een verrassend aspect van de lading was ook de grote hoeveelheid voorwerpen in kraakstijl. Kraakporselein werd sinds ongeveer 1570 voor de export gemaakt. Nadat de Nederlanders in het begin van de zeventiende eeuw op het Aziatische handelstoneel waren verschenen, importeerden zij grote hoeveelheden van dit porselein naar Nederland. Men veronderstelde dat de productie van kraak na 1634 was gestopt, toen de handel in porselein met China via Taiwan begon te lopen en kraak werd verdrongen door het nieuwe Overgangsporselein. Het westerse idee van stijlen die elkaar keurig opvolgen, bleek onjuist te zijn. Bijna de helft van de Hatcher Cargo bestond uit schotels, kommen en kendi's die waren versierd in de typische kraakstijl, met brede en smalle panelen op de zijkanten, bloemmotieven en scènes van vogels in een waterlandschap [10]. Klaarblijkelijk waren sommige ovens in Jingdezhen de traditionele kraakvoorwerpen blijven maken, terwijl andere waren overgestapt op het nieuwe Overgangsporselein. Nu werd duidelijk dat de productie van beide soorten doorging tot het eind van de eerste helft van de zeventiende eeuw, toen de Ming-dynastie werd omvergeworpen door de Qing-

production in Jingdezhen and delivered the order back in Taiwan, assuming all risks of handling and transport. The Hatcher Cargo, however, contained only very few porcelains of Western shape (i.e. mustard pots) and it is therefore likely it did not carry porcelains ordered for the VOC, but a commercial assortment for private merchants in Batavia. Given the very different shapes, the porcelain was meant for both the Netherlands and several destinations in Asia, including Islamic markets.

Shapes and decorations

This difference in shapes is one of the characteristics of the cargo and adds substantially to what was known about Transitional porcelain before these sales. New items included *kendi's* (a type of ewer) with disc-shaped spouts; sets of small bowls fitting into each other; nightlights in the form of a crouching cat; urinals, and all kinds of small vases, jarlets and stem cups [9-10]. There is a surprising quantity and variety of tea pots and one wonders for which market these were destined [12]. Drinking tea was not yet common in the Netherlands in the 1640's, but it was in Batavia. Retired VOC officials had introduced this drink at home as something exotic, although more often it was used as a medication for all kinds of ailments. It is questionable if all the tea pots were destined for the Netherlands; it is more likely that the customers were in the Chinese settlements across Southeast Asia. The same goes for the many small tea cups without Western saucers and handles.

A surprising feature of the cargo was the large quantity of *kraak*-style pieces. *Kraak* porcelain had been produced for export since around 1570. After the Dutch had come to trade in Asia in the early seventeenth century they imported large quantities to the Netherlands. It was assumed that *kraak* production had ceased after 1634, when porcelain trade with China commenced via Taiwan, and had been supplanted by the new Transitional wares. This Western concept of styles neatly following each other proved wrong. Almost half of the Hatcher Cargo consisted of dishes, bowls and kendi's decorated in the typical *kraak* style, with wide and narrow panels on the sides, flower decorations and scenes of birds in a water landscape [10]. Apparently some kilns in Jingdezhen had kept on producing the traditional *kraak* wares, while others had shifted to the new Transitional wares. It now became clear that production of both categories continued until the end of the 1640's, when the Ming dynasty was overthrown by the Manchu-ruled Qing dynasty and civil wars made transport of porcelain from Jingdezhen to the coast almost impossible.

As varied as the shapes are the decorations on the Transitional porcelains in this cargo. The sale catalogues give an amazing overview of all kinds of single flowers or bouquets, flowering plants, bamboo, birds, mythical animals, mountainous landscapes and river scenes. The motif of the 'Hundred Antiquities' makes its appearance, as well as the 'Long Eliza', a slender woman in a garden, accompanied by a young boy. These motifs had been associated with the later porcelain of the Kangxi period

dynastie onder de Manchu-heerschappij en burgeroorlogen het transport van porselein van Jingdezhen naar de kust bijna onmogelijk maakten.
De decoraties op het Overgangsporselein in de Hatcher Cargo zijn net zo gevarieerd als de vormen. De veiling-catalogi geven een verbazingwekkend overzicht van allerlei soorten losse bloemen of boeketten, bloeiende planten, bamboe, vogels, mythische dieren, berglandschappen en rivierscènes. Het motief van de 'Honderd Antiquiteiten' maakt voor het eerst zijn opwachting, net als de 'Lange Lijs', een slanke Chinese vrouw in een tuin, vergezeld door een jongetje. Deze motieven waren tot dan toe verbonden met het latere porselein van de Kangxi-periode (aan de macht 1662-1722) maar bleken nu al veel eerder populair te zijn geweest. De scènes met mensen en dieren verwijzen naar klassieke Chinese liefdesverhalen, toneelstukken en romans of beelden Taoïstische Onsterfelijken af.
Spectaculair en zeldzaam is een bord met de voorstelling van de Tang-dichter Meng Haoran (689-740) op een ezel in een winterlandschap, begeleid door zijn dienaar op zoek naar een bloeiende prunus in de sneeuw [11]. Het behoort tot een serie van twaalf verschillende borden gemerkt Xuande (1426-1435). Opmerkelijk zijn ook enkele hoge kopjes met gedetailleerde erotische scènes, een zeer ongebruikelijk thema op Chinees porselein.
Tot slot dienen nog twee specifieke groepen te worden genoemd die opvallend genoeg ook deel uitmaakten van de lading. De eerste groep bestaat uit zogenoemde *blanc de Chine* voorwerpen, afkomstig uit de ovens van Dehua in het zuiden van China. Zij hebben een prachtig glad, wit glazuur en zijn niet beschilderd. Er zijn wierookbranders, potten voor penselen, waterkannen, kommen op hoge voet en kleine figuurtjes die de godin Guanyin voorstellen of leeuwen op een sokkel. Dergelijke voorwerpen werden gewoonlijk veel later gedateerd, namelijk laat-zeventiende- of vroeg-achttiende-eeuws. Dankzij deze vondst hebben onderzoekers hun daterings- en typologiemodellen moeten aanpassen. De tweede groep was net zo onverwacht: een aantal voorwerpen met een effen donkerblauw glazuur zoals kommen, schalen, flesjes, dekseldozen, theepotten [12] en kopjes in de vorm van een lotus, waarbij de figuur van een man uit de knop in het midden oprijst wanneer het kopje met wijn is gevuld. Dit blauw geglazuurde porselein is een voorbode van de latere poederblauwe Kangxi-stukken, maar tot de vondst van Hatcher was het bestaan van deze voorwerpen slechts weinig kenners opgevallen, laat staan dat ze correct waren gedateerd.

(r. 1662-1722), but now proved to have been popular much earlier. The figural scenes often refer to classical Chinese romances, plays and novels or depict Daoist Immortals.
A dish with a rare winter landscape, showing the Tang poet Meng Haoran (689-740) on a donkey accompanied by his servant, in search of prunus blossoms in the snow, is spectacular [11]. It was part of a set of twelve different dishes, all marked Xuande (1426-1435). Also quite extraordinary were a few tall cups painted with detailed erotic scenes, a very unusual theme on Chinese porcelain.
Finally, two specific groups have to be mentioned that surprisingly were also part of the wreck's assortment.
First, a group of so-called *blanc de Chine* pieces, produced in the kilns of Dehua in southern China. They have a beautiful smooth, white glaze and are not painted. Shapes include incense burners, brush pots, ewers, stem cups and small figurines of the goddess Guanyin or lions on a pedestal. Such pieces were usually dated much later, late seventeenth or early eighteenth century. This find meant that scholars had to rethink their dating and typology patterns.
The second category was equally unexpected: a number of evenly dark-blue glazed bowls, dishes, small flasks, covered boxes, tea pots [12] and lotus-shaped trick cups with a movable male figure emerging out of the bud in the centre when the cup is filled with wine. These blue-glazed porcelains herald the later Kangxi powder-blue pieces, but until the Hatcher find few had noticed the existence of these wares, or had provided a proper dating.

1
Het VOC-spiegelretourschip *Woestduyn*, vergelijkbaar met de *Geldermalsen* | The VOC East Indiaman *Woestduyn*, similar to the *Geldermalsen*, tekening en aquarel door | drawing and water colour by Cornelis de Jonker, circa 1800, Rijksmuseum Amsterdam

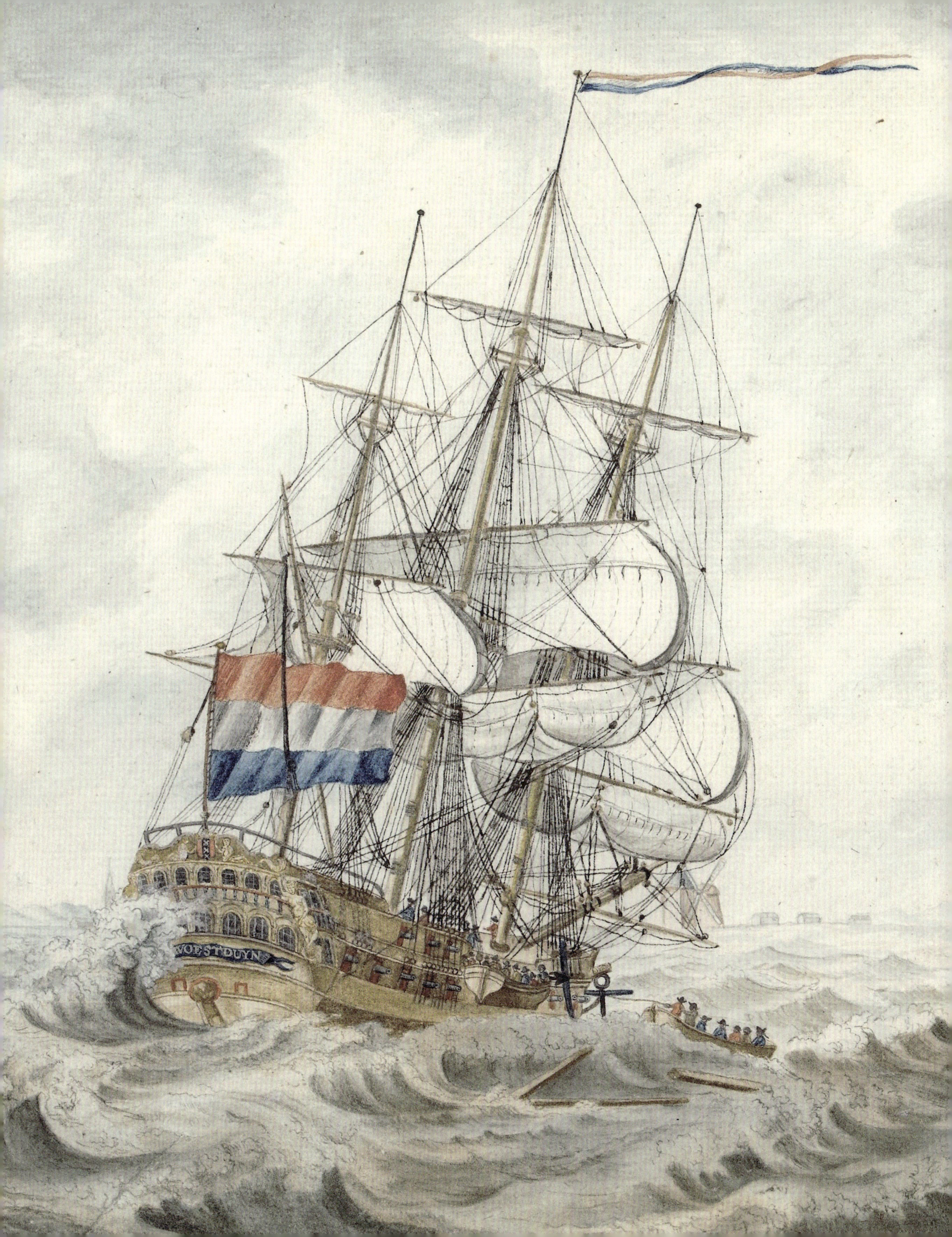
VOESTDUYN

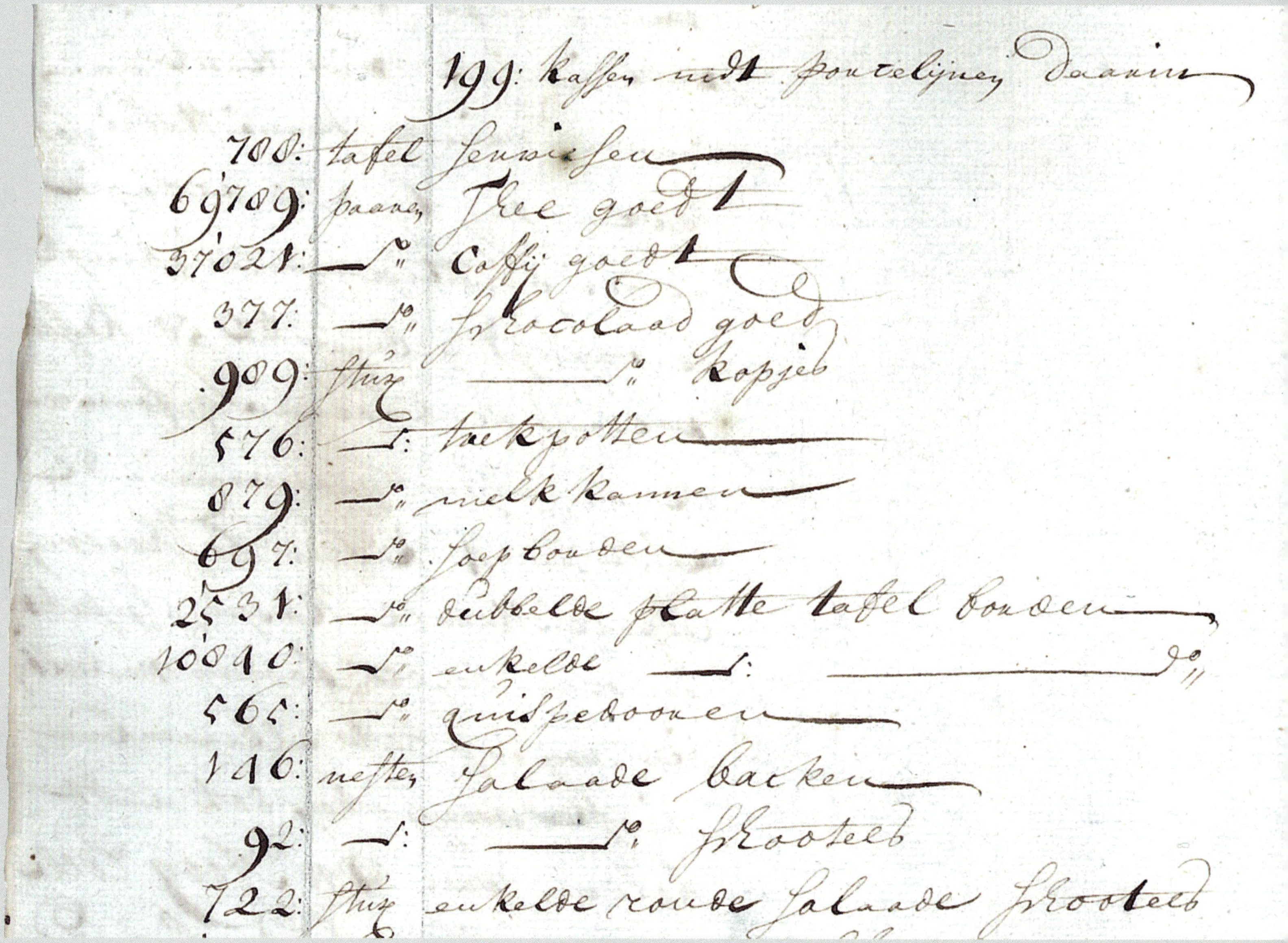

199: kassen met porcelijnen daarin
708: tafel servisen
69789: paars Thee goedt
37021: d° Coffij goedt
377: d° chocolaad goed
909: stux d° kopjes
576: d° trekpotten
879: d° melkkannen
697: d° soepborden
2531: d° dubbelde platte tafel borden
10810: d° enkelde d° d°
565: d° quispedoren
146: nesten salaade backen
92: d° d° schotels
722: stux enkelde ronde salaade schotels

2
Paklijst van de *Geldermalsen* | Packing list of the *Geldermalsen*, Nationaal Archief, Den Haag

De *Geldermalsen*

De veilingen van het Hatcher-porselein trokken een enthousiaste maar beperkte groep handelaren, verzamelaars, conservatoren en investeerders. Het porselein leverde veel nieuwe kennis op. Ondanks het bedroevende gebrek aan archeologische gegevens wordt het tegenwoordig door onderzoekers beschouwd als een buitengewoon belangrijke vondst die oude opvattingen, dateringen en classificaties heeft veranderd. Het grote publiek had echter geen weet van de veilingen en de media besteedden er weinig aandacht aan. Wat was dat anders toen twee jaar later de lading van het wrak van de *Geldermalsen* werd geveild![6]

Het VOC-schip *Geldermalsen* was op weg van Kanton naar Nederland toen het op 3 januari 1752 in de Zuid-Chinese Zee een rif raakte en zonk [1]. Volgens bewaard gebleven documenten vervoerde het schip Chinese thee, zijde, goud en andere koopwaar, zoals 203 kisten met ongeveer 154.000 stukken porselein. Van de 112 mannen aan boord konden slechts 32 zichzelf in veiligheid brengen. Na vier dagen in twee open boten bereikten zij Batavia, waar zij de ramp meldden. Het wrak van de *Geldermalsen* lag niet ver van de jonk uit 1643. Michael Hatcher ontdekte beide en borg ook deze lading. Christie's Amsterdam, dat opnieuw het porselein graag wilde veilen, noemde de vondst 'The Nanking Cargo'. In die tijd was er echter niet veel bekend over het schip zelf, hoewel een Nederlandse herkomst waarschijnlijk leek.

Op dat moment nam Christie's contact met mij op, omdat ik misschien kon helpen met de identificatie van het schip op basis van mijn proefschrift over de porseleinhandel van de VOC in de achttiende eeuw. Ik kan me nog goed mijn opwinding herinneren toen ik de rijen stellingen vol porselein zag staan in de opslag van Christie's: de echte lading van een VOC-schip en niet langer alleen maar abstracte lijsten op papier met producten en aantallen!

Ik raakte zeer betrokken bij het onderzoek en de veiling en wat hier volgt is daarom voor een deel een verslag van mijn eigen activiteiten. De archieven van de VOC in het Nationaal Archief in Den Haag leverden zoveel informatie op dat ik met zekerheid kon verklaren dat het om het wrak ging van de *Geldermalsen* [2]. Ook kon ik de verloren vracht tot in detail beschrijven, inclusief de kenmerken van het porselein. De documentatie in het archief over Chinese goudstaven spoorde Hatcher aan om opnieuw te duiken en hij haalde inderdaad het overgrote deel van de ontbrekende goudstaven naar boven. Omdat ik voorzag dat het porselein over de hele wereld verspreid zou raken en dat er slechts enkele stukken in Nederlandse musea zouden belanden, sloot ik een deal met Hatcher en zijn compagnons: ik zou over het schip en het porselein een boek schrijven, dat vóór de veiling zou verschijnen. Op deze manier bood ik de historische context.[7] In ruil daarvoor kreeg het Groninger Museum een volledig overzicht van het gehele aanbod porseleinen handelswaar van de Compagnie als een blijvend tastbaar document van de porseleinhandel van de VOC in het midden van de achttiende eeuw.

The *Geldermalsen*

The sales of the Hatcher porcelains attracted an enthusiastic but limited group of dealers, collectors, curators and investors. They generated much new knowledge and despite the regrettable lack of archaeological data, they are now regarded among scholars as an extremely important find, changing old opinions, datings and categorizations. The general public, however, was not aware of the auctions and the media did not pay much attention. How different this was only two years later, when the cargo of the wreck of the *Geldermalsen* was auctioned![6]

On January 3, 1752, the VOC ship *Geldermalsen*, on its way from Canton to the Netherlands, hit a reef in the South China Sea and sank [1]. According to preserved documents, it carried a cargo of Chinese tea, silk, gold and other merchandise, including 203 chests with approximately 154,000 pieces of porcelain. Of the 112 men on board, only 32 could save themselves and after four days in two open boats they reached Batavia, where they reported the disaster. This wreck lay not far from the 1643 junk and was also discovered and salvaged by Michael Hatcher. Again Christie's Amsterdam was interested to auction the porcelains and named the find 'The Nanking Cargo'. However, not much was known about the ship itself at the time, although a Dutch origin seemed likely.

At that point Christie's contacted me because I might be able to help with the identification of the ship, thanks to my PhD thesis on the porcelain trade of the VOC in the eighteenth century. I can still recall my excitement when I saw rows and rows of porcelain on shelves in Christie's storage: the real cargo of a VOC ship and no longer just abstract numbers of commodities listed on a paper document!

I became deeply involved in the research and the auction and the following therefore is partly a retelling of my personal activities. The records of the VOC in the National Archive in The Hague yielded so much information that I could state with certainty that the wreck was the *Geldermalsen* [2]. I could also describe the lost cargo in detail, including specifications of the porcelains. The archival documentation on the Chinese gold ingots encouraged Hatcher to dive again and he did indeed retrieve most of the missing bars. Foreseeing that the porcelains would be dispersed all over the world and that only a few would stay in Dutch museums, I made a deal with Hatcher and his companions: I would write a book on the ship and the porcelain and publish it before the auction, thus providing the historical context.[7] In exchange the Groninger Museum would be given a complete survey of all types and varieties of the Company's porcelain assortment as a lasting material document of the porcelain trade of the VOC in the mid-eighteenth century.

In order to attract new groups of buyers, Christie's started a highly effective publicity campaign, fearing that the market would collapse when so many identical pieces like dishes and tea wares were auctioned. The VOC identity was stressed, the fact that the porcelains were 'new,' that this

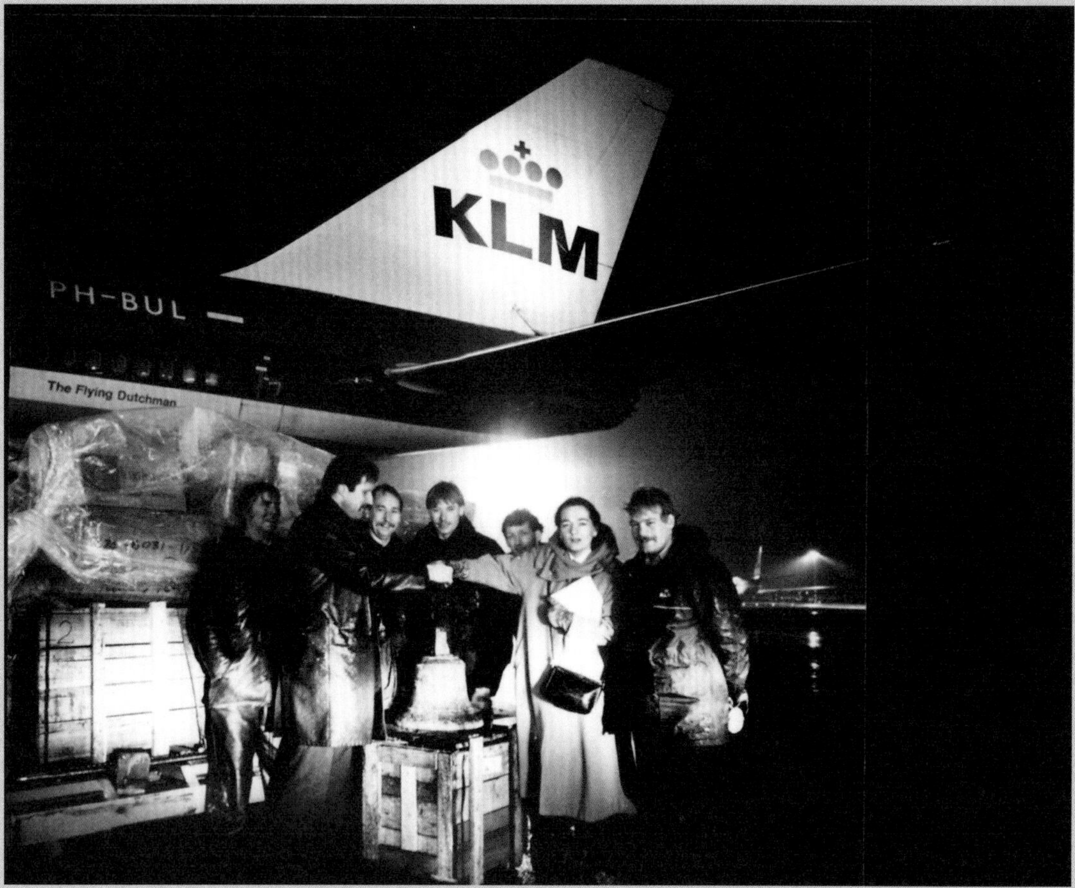

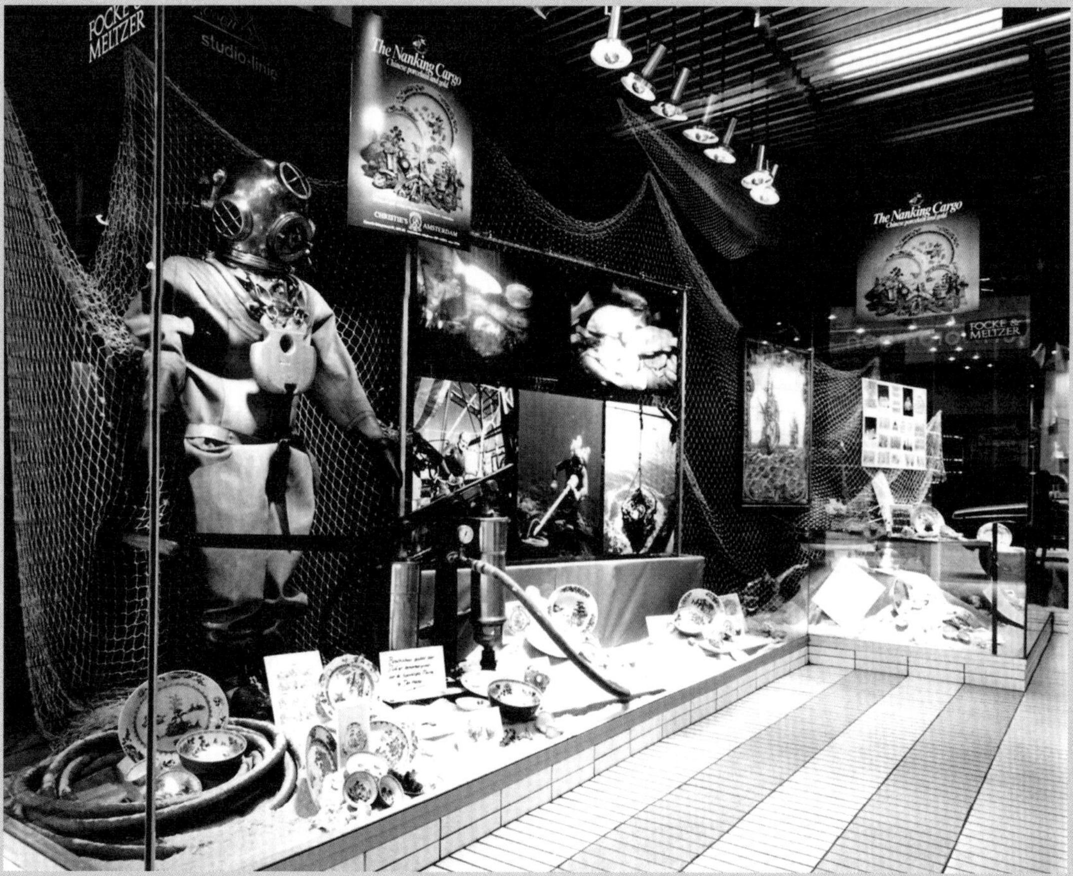

3
Aankomst van de lading van de *Geldermalsen* in Nederland. Een vertegenwoordiger van KLM draagt de scheepsbel over aan het veilinghuis Christie's Amsterdam. | Arrival of the cargo of the *Geldermalsen* in the Netherlands. A KLM representative hands the ship's bell to auction house Christie's Amsterdam.

4
Etalage van de serviezenzaak Focke & Meltzer in Den Haag met een selectie van het *Geldermalsen*-porselein in aanloop naar de officiële kijkdagen bij Christie's | Shop window of tableware company Focke & Meltzer in The Hague with a selection of *Geldermalsen* porcelain in the run-up to the official viewing days at Christie's

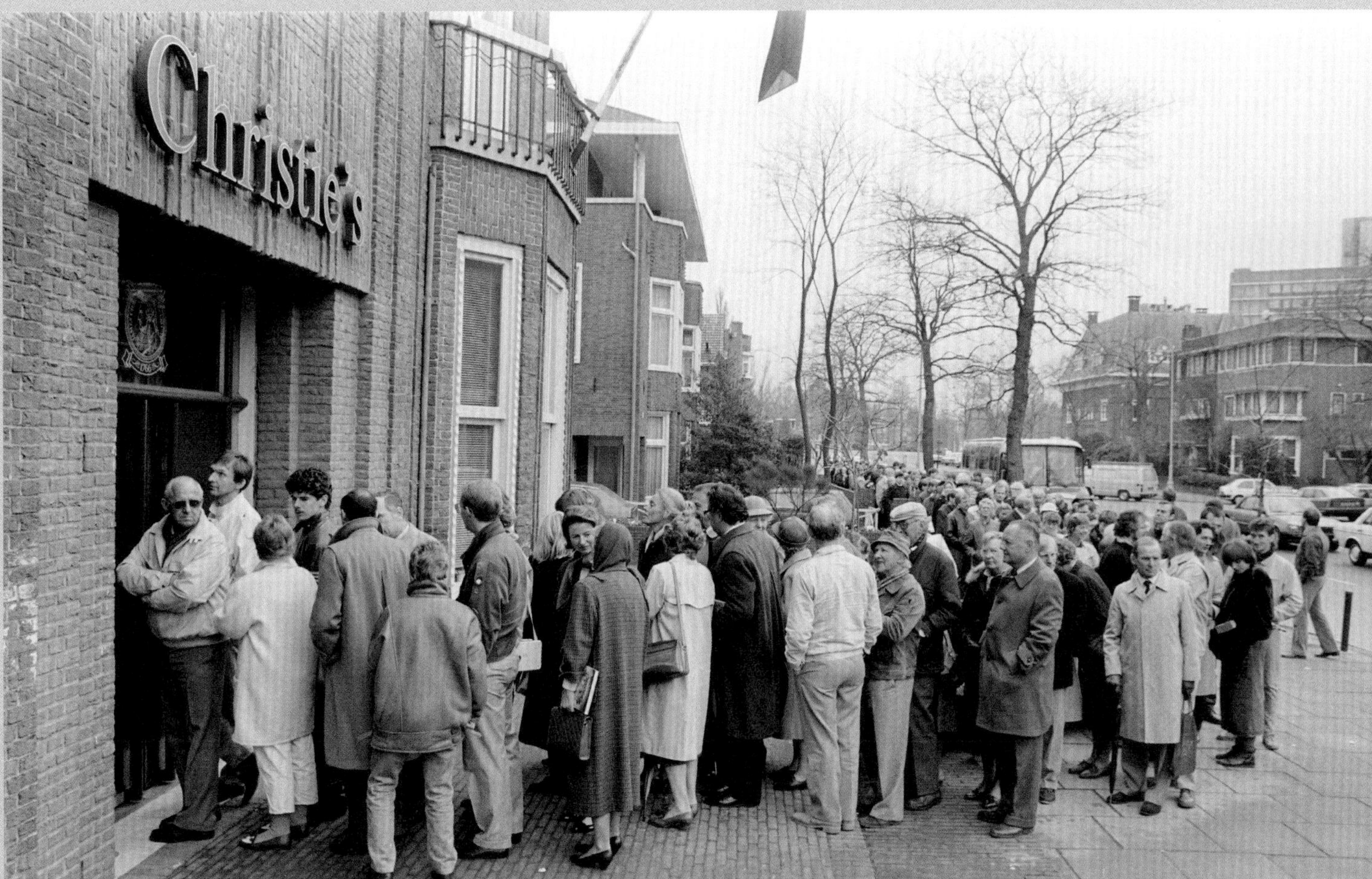

5
Mensen in de rij voor de kijkdagen van het *Geldermalsen* porselein | People queue up for the viewing days of the *Geldermalsen* porcelain

6→
Stellingkasten met porselein van de *Geldermalsen* bij Christie's Amsterdam | Pallet racks with porcelain from the *Geldermalsen* at Christie's Amsterdam

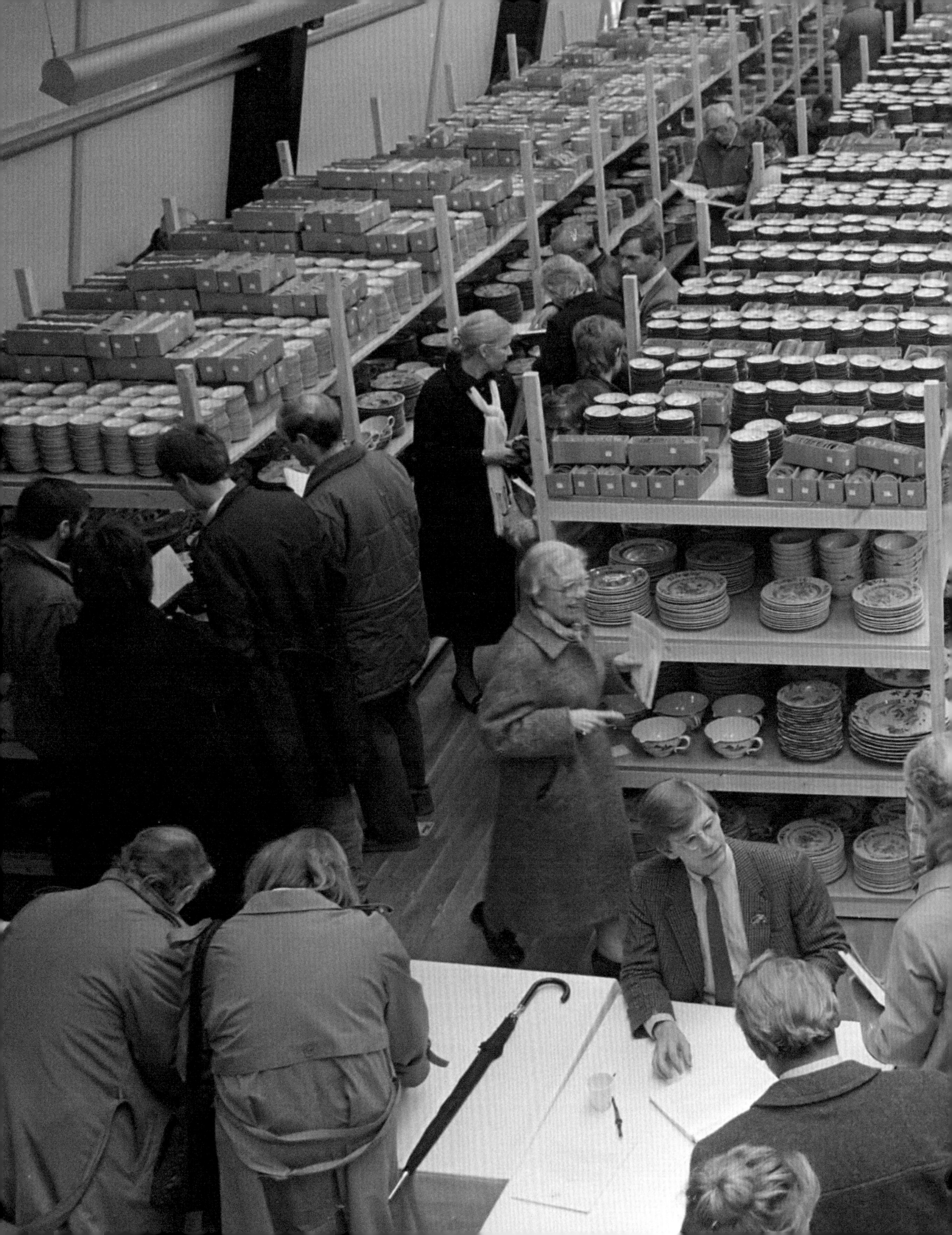

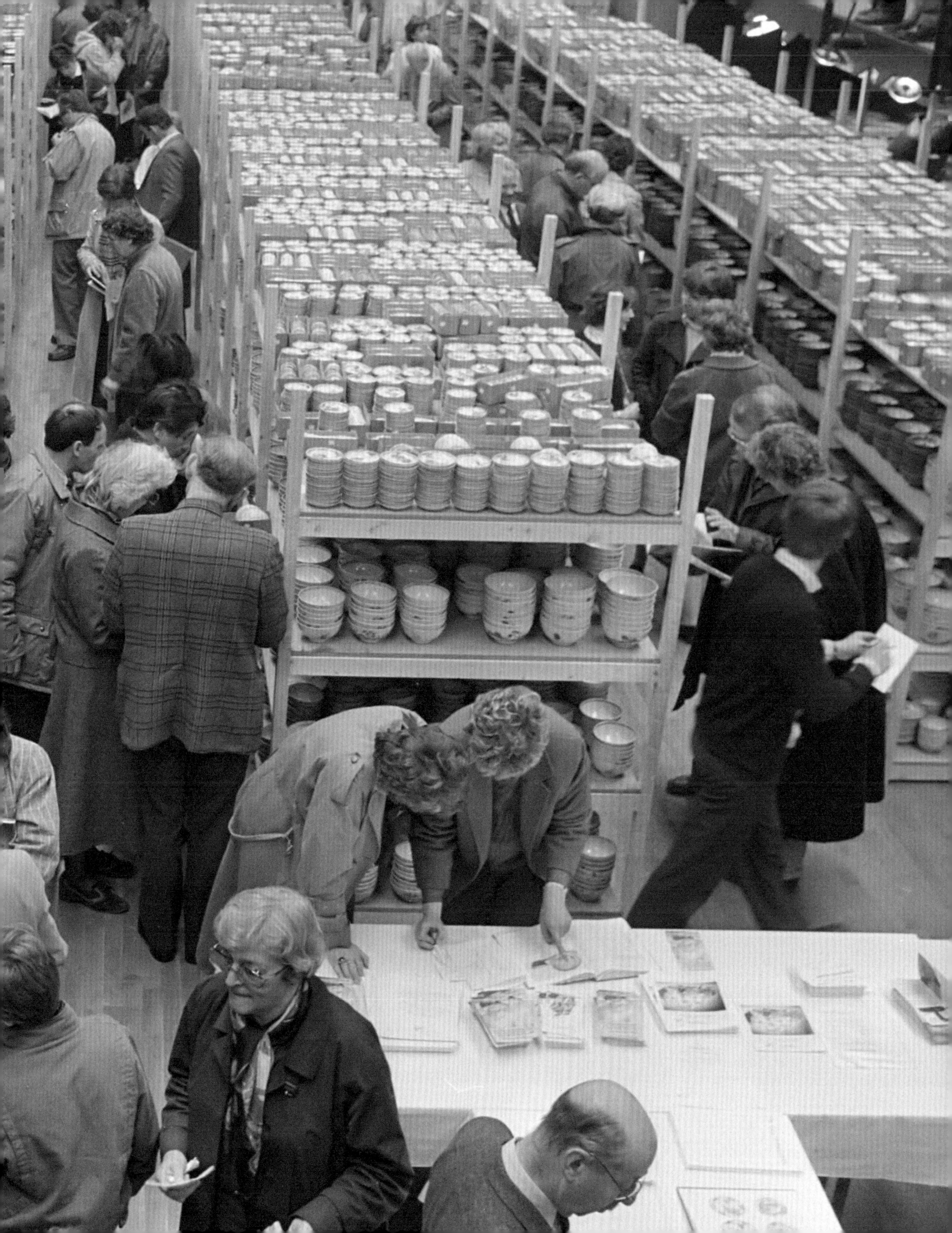

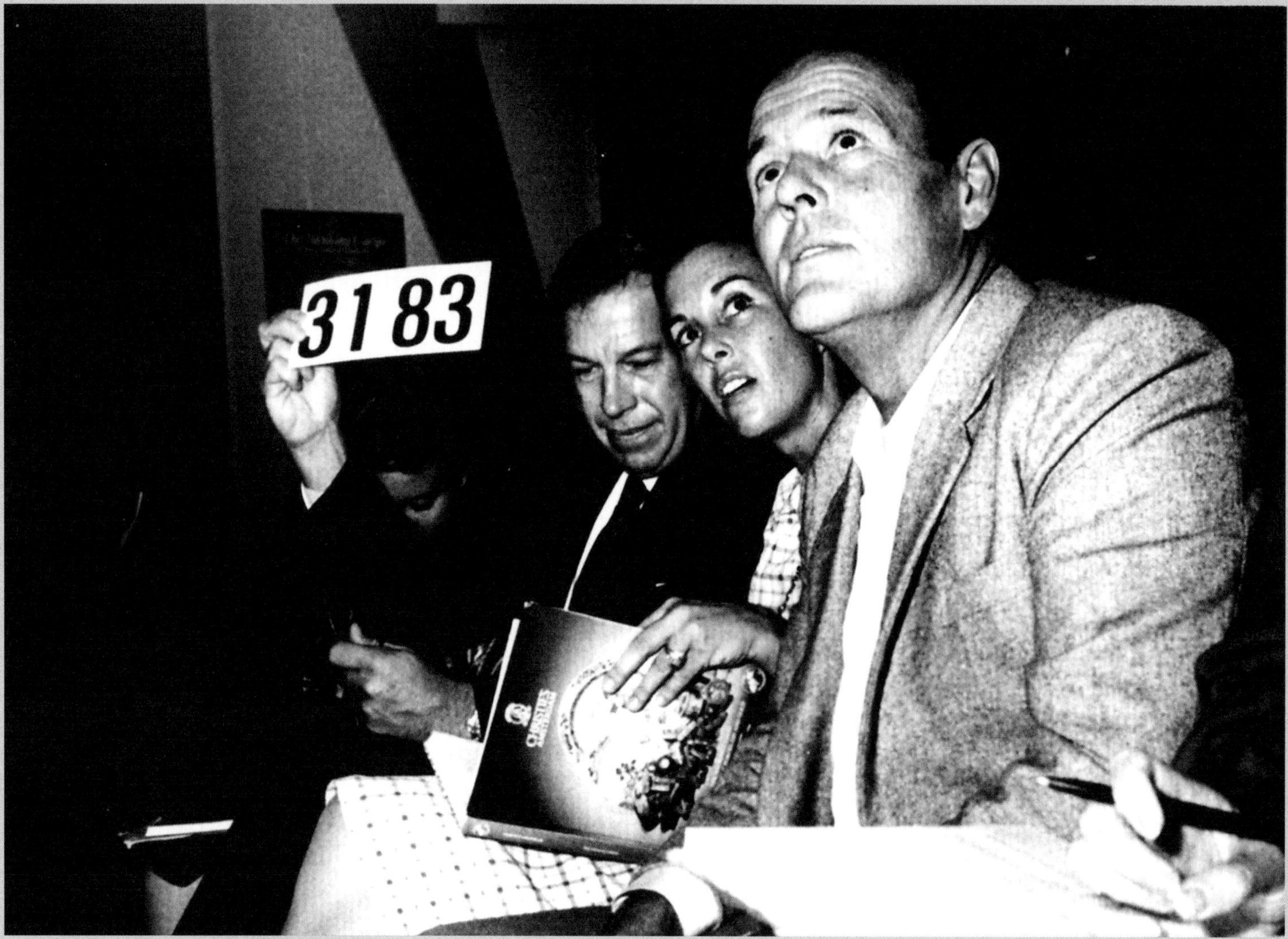

7
Michael Hatcher rechtsvoor tijdens de veiling van het *Geldermalsen*-porselein | On the right, Michael Hatcher during the auction of the *Geldermalsen* porcelain

Christie's wilde de belangstelling van nieuwe groepen kopers trekken, maar was bang dat de markt zou instorten wanneer er zoveel identieke stukken serviesgoed en theeartikelen werden geveild. Daarom begon het veilinghuis een zeer effectieve publiciteitscampagne. Er werd nadruk gelegd op de VOC-identiteit, het feit dat het porselein 'nieuw' was, dat dit een unieke veiling was die een vertraging had opgelopen van 230 jaar, en dat iedereen de gelegenheid kreeg om iets te kopen en zo kon meedoen met het evenement. Dit bleek een meesterzet! Op de kijkdagen stonden er duizenden mensen in de rij die waarschijnlijk nooit eerder enige belangstelling voor porselein hadden gehad. De internationale pers en televisie waren er en populaire tijdschriften maakten duidelijk dat je erbij moest zijn [3-6]. Er werd ook kritiek geleverd. Wrakken en hun lading zijn tijdscapsules. Als een vindplaats wordt verstoord, dan is het zaak een verantwoord archeologisch onderzoek te verrichten om zoveel mogelijk informatie te achterhalen. Hatcher was zich hiervan bewust en had zelf pogingen ondernomen, maar hij was geen professional. Hij maakte ook opnames van de berging, maar dat waren meer

was a unique auction that had been delayed 230 years and that there was an opportunity for everyone to buy and share in this event. It was a master stroke! On the viewing days thousands of people who probably never had been interested in porcelain were queuing up, the international press and television were present and popular magazines made clear this was something you had to experience [3-6]. Criticism was ventilated as well. Wrecks and their cargoes are time capsules and when a site is disturbed, proper archaeological survey is needed to retrieve as many facts as possible. Hatcher had been aware of this and done a haphazard job himself, but he was far from professional. The videos he made of the salvage operation were for promotion, not for proper documentation. Scholars therefore put questions to him: in which part of the ship had he found the brass candle holder, the pewter wine jug, the glass fragments? In the captain's cabin, or in the crew quarters? We will never know as he had not registered the location of these and other finds. Hatcher defended himself, stating he had asked the Dutch government for archaeological support, but that request was made after the cargo had already been

video's om zijn werk te promoten, geen echte documentatie. Onderzoekers stelden hem daarom vragen, zoals in welk deel van het schip hij de bronzen kandelaar had gevonden, de tinnen wijnkan, de glazen scherven. In de hut van de kapitein of in de ruimtes van de bemanning? We zullen er nooit achter komen, want hij had de locatie van de verschillende vondsten niet vastgelegd. Hatcher verdedigde zichzelf: hij had de Nederlandse regering om archeologische steun gevraagd. Dat verzoek deed hij echter nadat de lading al was geborgen. Ook ik kreeg kritiek. Als onderzoeker zou ik het schatzoeken een respectabel tintje hebben gegeven. Mijn weerwoord was dat ik geprobeerd had er in de gegeven situatie het beste van te maken en er voor Nederland een volledig overzicht van VOC-porselein uit had gesleept. Het mocht niet baten.[8] De Indonesische regering voegde er een extra dimensie aan toe door te beweren dat het wrak zich niet in internationale wateren bevond, maar de kwestie bleef onopgelost.

De veiling zelf vond eind april plaats in het Hilton in Amsterdam en was een enorm succes: de zaal was stampvol en prijzen vlogen de pan uit [7]. Luxe-hotels kochten serviezen ('geschikt voor de vaatwasser'); handelsondernemingen in thee verwierven duizenden kop-en-schotels; er werd porselein gekocht als investering; bedrijven schaften het aan als cadeau voor hun aandeelhouders; het werd gekocht als aandenken en souvenir. Er was veel concurrentie voor de zeldzame en belangrijke stukken. De grote visschotels werden voor vijf keer meer dan de geschatte waarde

salvaged. I was criticised as well, accused of being a scholar who made a treasure hunter respectable. My response that I tried to make the best of a given situation and was saving a complete survey of VOC porcelains for the Netherlands, did not help.[8] The Indonesian Government added an extra dimension. It contested that the wreck was in international waters and argued that it lay in Indonesia's extended area, but the claim remained unresolved.

The auction itself took place at end of April at the Hilton Amsterdam. It was a huge success: the room was packed and prices went sky-high [7]. High-class hotels were buying dinner sets ('fit for the dishwasher'); businesses trading in tea acquired thousands of cups and saucers; porcelain was bought for investment; companies purchased items as presents for their shareholders; items were bought as mementos and souvenirs. There was a lot of competition for the rare and important pieces. The large fish dishes went for five times their estimated value [13]; the gold bars and ingots sold for more than their intrinsic value and even the National Dutch Bank bought one. The two bronze cannons went for twice their estimate, but the bronze ship's bell, the 'heart of the ship,' was given by Hatcher to the Maritime Museum in Vlissingen. In all, the proceeds reached over 43 million guilders, and I was glad I had secured 'my' porcelain for the museum. Not included as part of the gift, however, was porcelain that had been carried privately by the crew in their chests, such as finely produced figures and elaborate tea sets. With external funds I managed to acquire

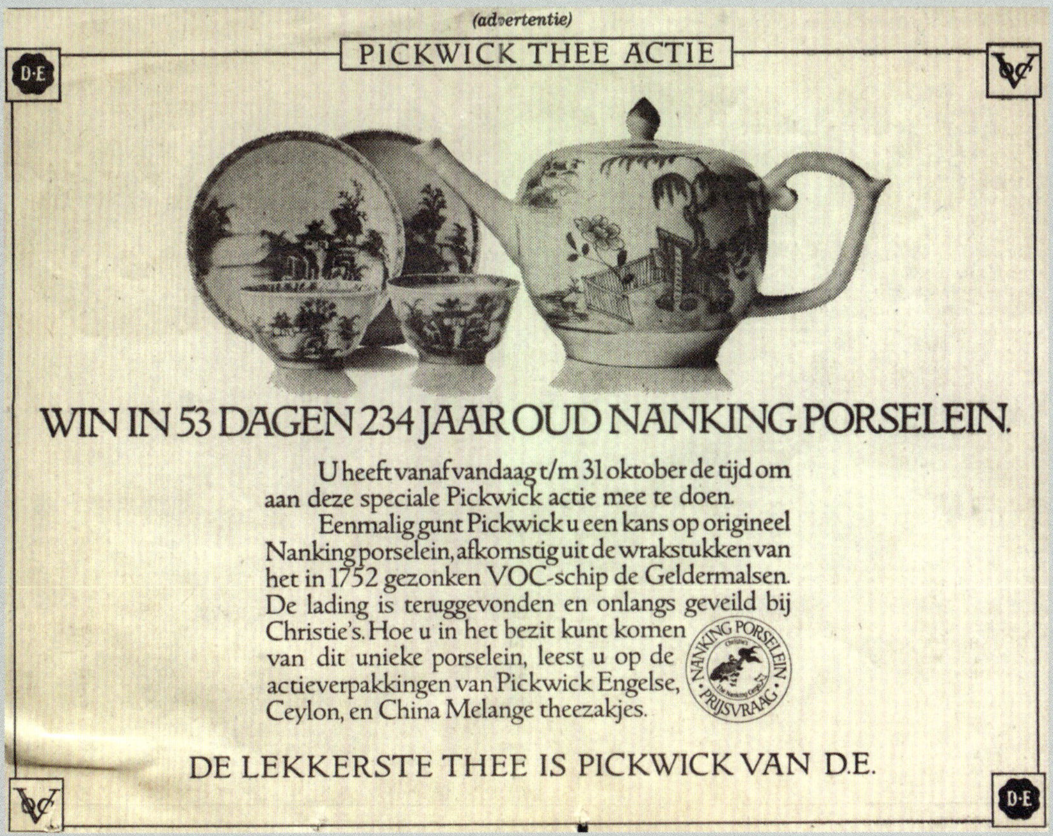

8
Reclame-actie van Pickwick, Douwe Egberts, om *Geldermalsen*-porselein te verzamelen met spaarpunten | Publicity campaign of Pickwick, Douwe Egberts, to collect *Geldermalsen* porcelain using loyalty points, advertentie | advertisement in *De Telegraaf*, 9 september | September 1986

verkocht [13], de goudstaven voor meer dan hun intrinsieke waarde en zelfs de Nederlandsche Bank kocht er een. De twee bronzen kanonnen werden voor het dubbele van de geschatte waarde verkocht, maar de bronzen scheepsbel, 'het hart van het schip', schonk Hatcher aan het Maritiem Museum in Vlissingen. De totale opbrengst was 43 miljoen gulden, en ik was blij dat ik 'mijn' porselein had weten veilig te stellen voor het museum. Bij de schenking hoorde echter niet het porselein dat door de bemanningsleden privé was meegenomen in hun scheepskisten, zoals verfijnd uitgevoerde figuren en uitgebreide theeserviezen. Met behulp van fondsen van buitenaf zag ik kans voor het museum een paar exemplaren aan te schaffen die het overzicht completeerden. Het Princessehof verwierf uit het *Geldermalsen*-wrak een bescheiden collectie keramiek die een goed beeld geeft van de lading van het schip [14-15]. Waarom is de porseleinlading van de *Geldermalsen* zo interessant? Het is het doorsnee-assortiment van de vracht van een VOC-schip dat in het midden van de achttiende eeuw handel dreef met China.[9] Zo'n vracht voor Nederland veranderde niet veel in de loop der jaren en leverde de Compagnie een stabiele en winstgevende markt op.[10]

Conclusie

Waarom zijn deze twee ladingen porselein zo belangrijk voor Nederland? Beide geven ons unieke visuele informatie ter aanvulling van de documentatie die we hebben over de porseleinhandel van de VOC. De lading van de Hatcher Cargo belicht een periode waarover de kennis gering was en geeft verrassende details. Door de *Geldermalsen* begreep het moderne publiek hoezeer Chinees porselein een essentieel onderdeel was geworden van de Nederlandse materiële cultuur.[11]

a few examples for the museum to complete the overview. The Princessehof acquired a modest collection of the *Geldermalsen* porcelain, which gives a good idea of the ship's ceramic cargo [14-15].
What makes the *Geldermalsen* porcelain cargo so interesting? The fact that it's the normal assortment of a VOC ship's cargo trading in China in the mid-eighteenth century.[9] Destined for the Netherlands, such a cargo did not change much over the years and provided the Company with a stable market and good profits.[10]

Conclusion

What makes these two porcelain cargoes so important for the Netherlands? They both give us unique visual information that complements the documentation we have on the porcelain trade of the VOC. The Hatcher Cargo highlights an episode of which knowledge was scarce and provides surprising details. The *Geldermalsen* made the modern public aware how Chinese porcelain had become such an essential part of Dutch material culture.[11]

9
Vijf in elkaar passende kommen | Five stacking bowls, China, circa 1643, porselein | porcelain, h. 4,7 - 6 cm, Ø 8,5 - 13,2 cm, Keramiekmuseum Princessehof (bruikleen | loan Ottema-Kingma Stichting)

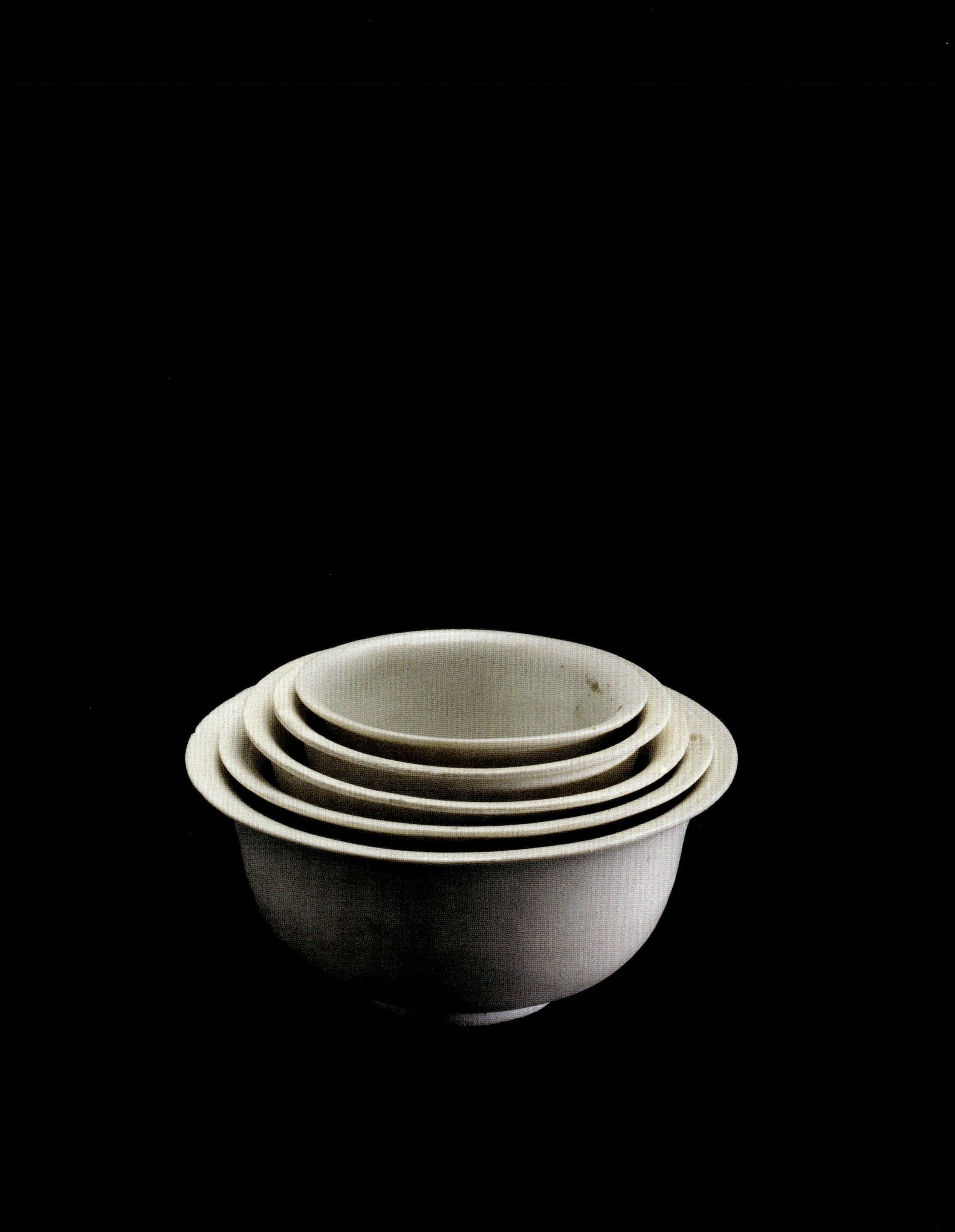

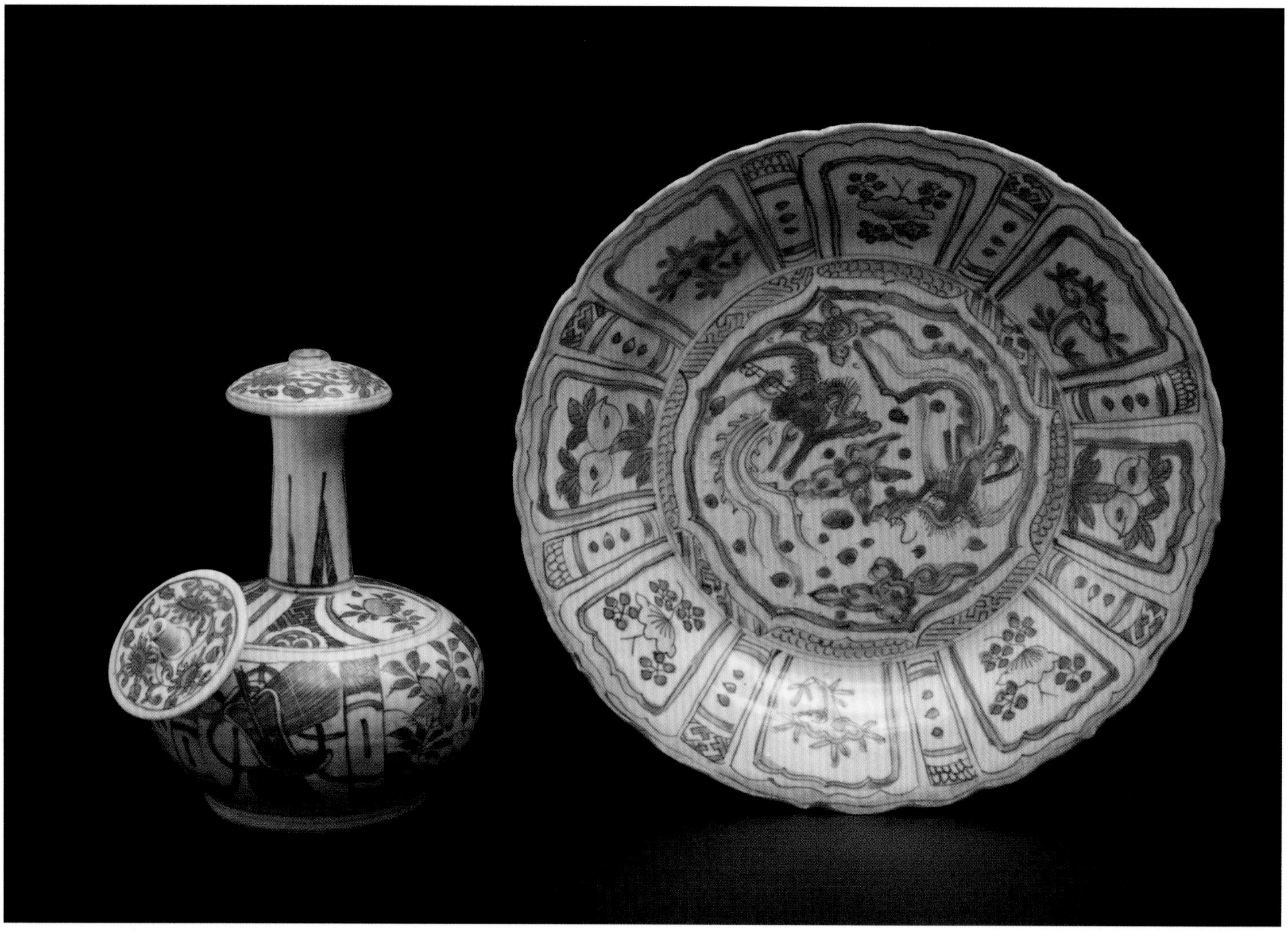

Bijna de helft van de Hatcher Cargo bestond uit blauw-wit porselein, gedecoreerd in kraakstijl.
Almost half of the Hatcher Cargo consisted of blue-and-white porcelain decorated in *kraak* style.

10
Kendi met schijfvormige tuit en schotel met decor van feniksen, bloemen en symbolen | Kendi with disc-shaped spout and dish decorated with phoenixes, flowers and symbols, China, circa 1643, porselein | porcelain, h. kendi 14,5 cm, schotel | dish Ø 29,5 cm, Keramiekmuseum Princessehof (bruikleen | loan Ottema-Kingma Stichting)

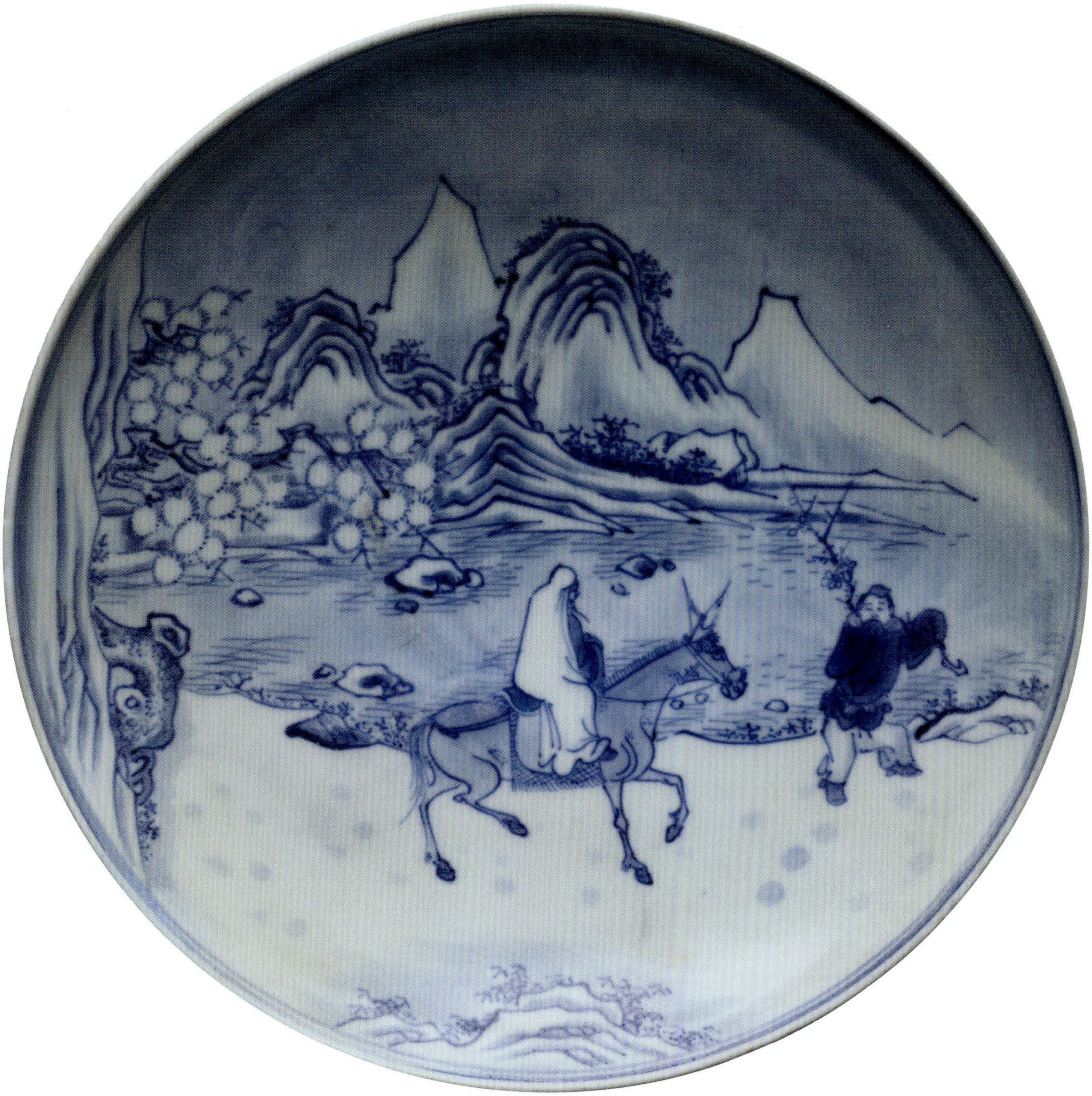

11
Bord met voorstelling van de dichter Meng Haoran op een ezel in een sneeuwlandschap, vergezeld door zijn dienaar | Plate with a depiction of the poet Meng Haoran on a donkey in a snow landscape, accompanied by his servant, China, circa 1643, porselein | porcelain, Ø 19,7 cm, Keramiekmuseum Princessehof (bruikleen | loan Ottema-Kingma Stichting)

12 →
Drie theepotten | Three teapots, China, circa 1643, porselein | porcelain, h. 12,5 - 13,5 cm, Keramiekmuseum Princessehof (bruikleen | loan Ottema-Kingma Stichting)

In de Hatcher Cargo zijn opmerkelijk veel theepotten aangetroffen. Deze waren zeker niet allemaal voor Nederland bestemd, want rond 1640 was theedrinken hier nog geen gewoonte.
A surprisingly large number of teapots was found in the Hatcher Cargo. They were definitely not all intended for the Netherlands, since the drinking of tea had not yet become commonplace around 1640.

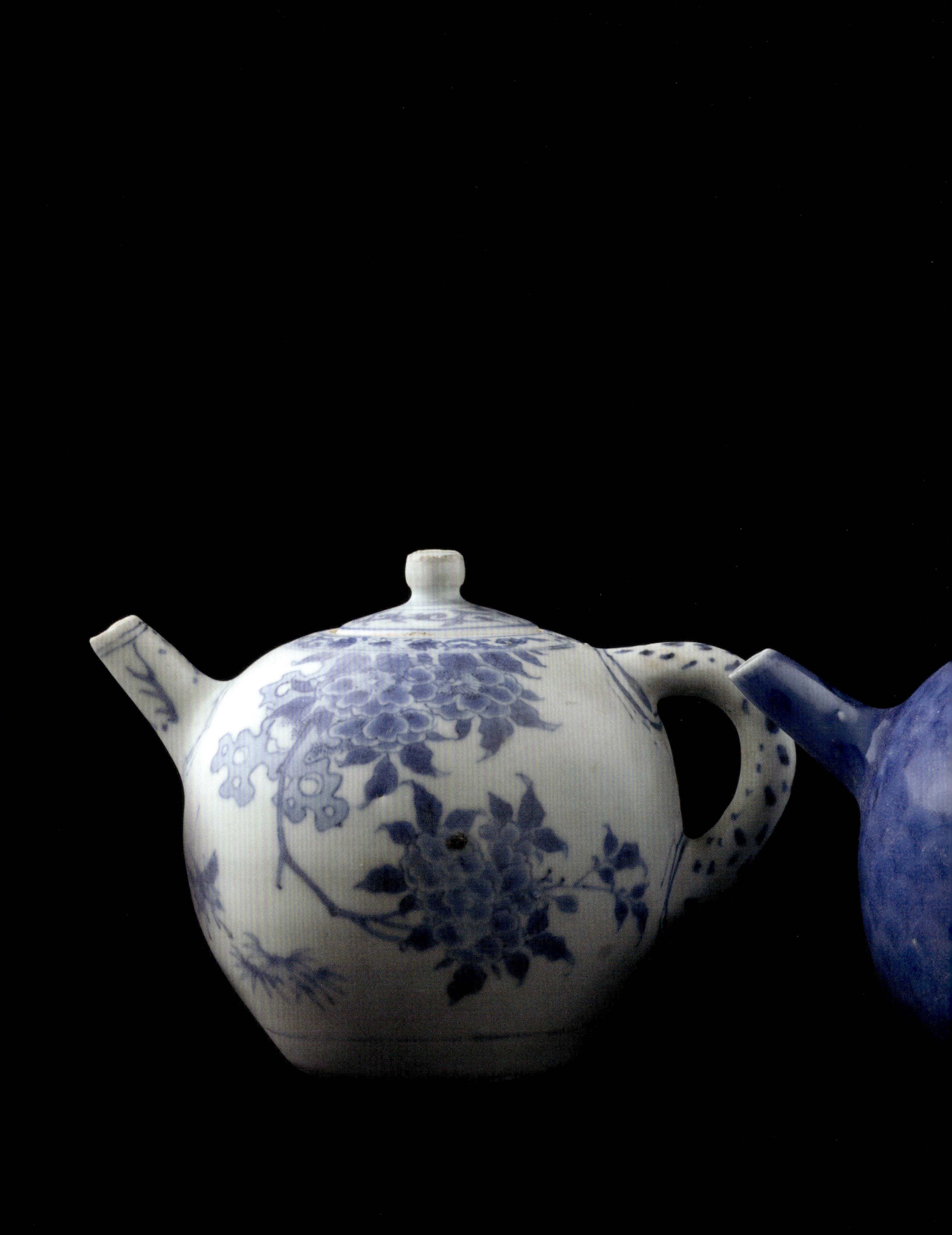

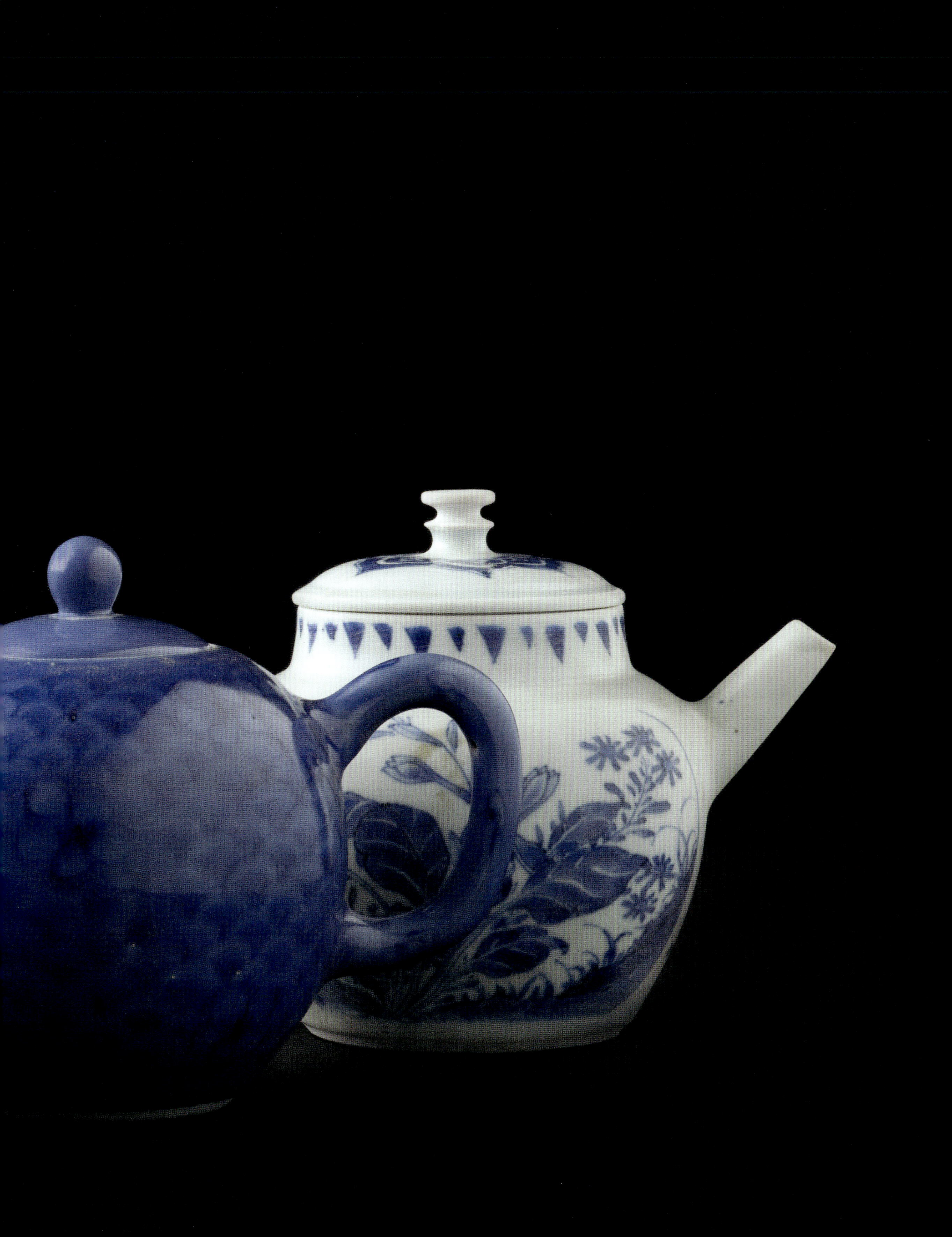

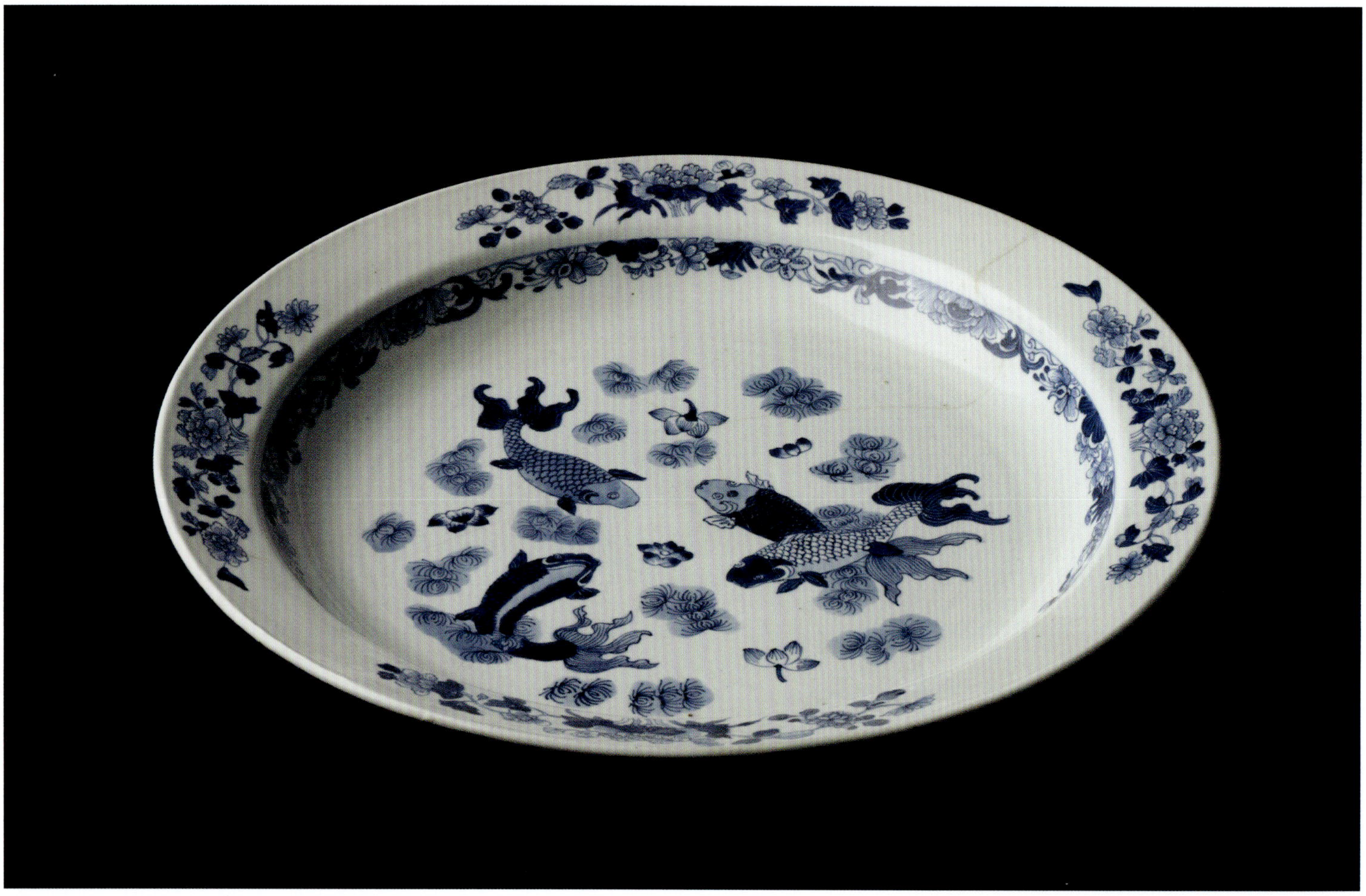

13
Schaal met decor van karpers tussen waterplanten | Dish decorated with carp between water plants, China, Jingdezhen, 1750-1751, porselein | porcelain, Ø 45 cm, Keramiekmuseum Princessehof (bruikleen | loan Ottema-Kingma Stichting)

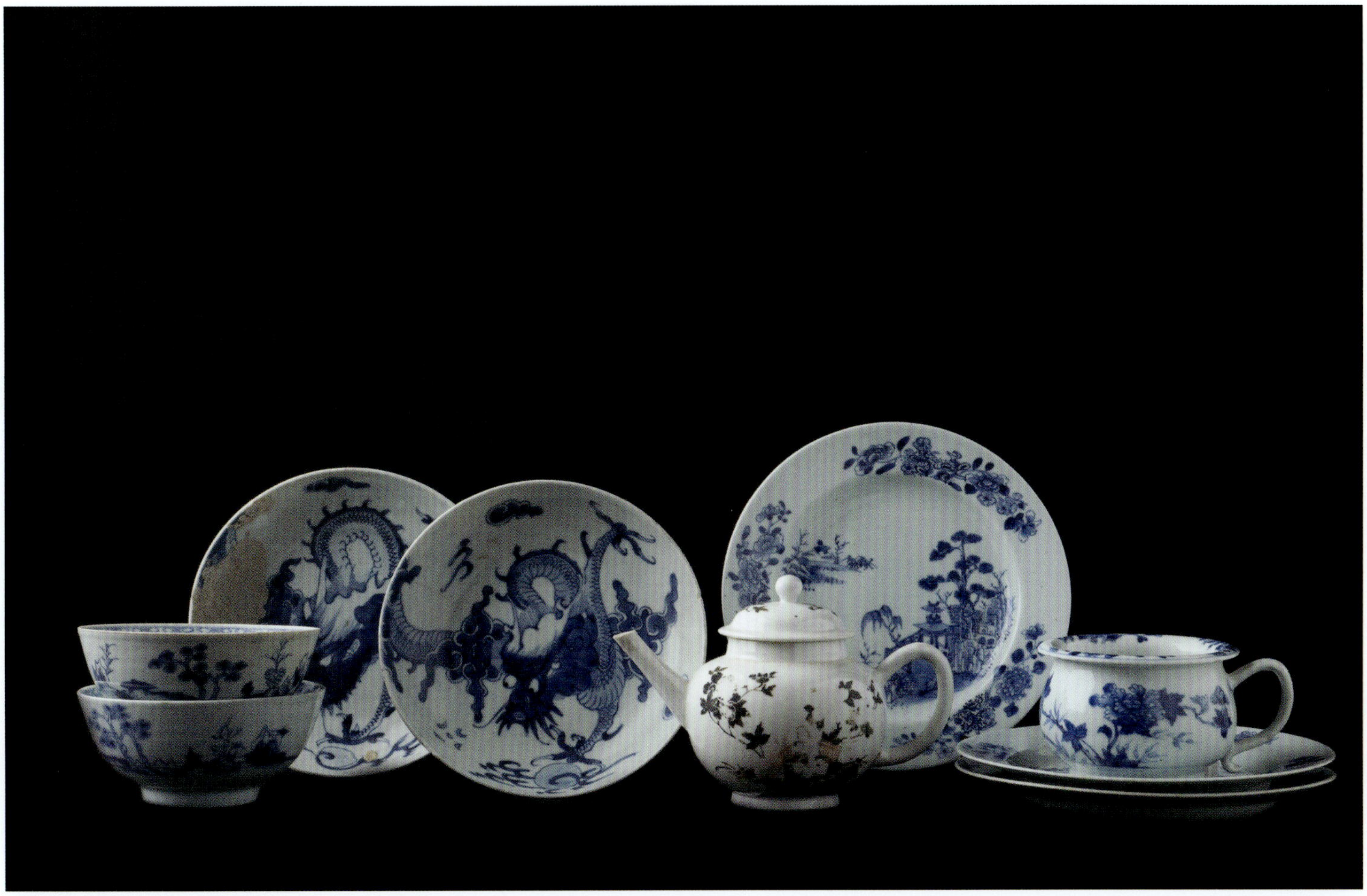

14
Selectie van het *Geldermalsen*-porselein |
Selection of the *Geldermalsen* porcelain,
China, Jingdezhen, 1750-1751,
Ø grootste bord | largest plate 23 cm,
Keramiekmuseum Princessehof
(bruikleen | loan Ottema-Kingma Stichting)

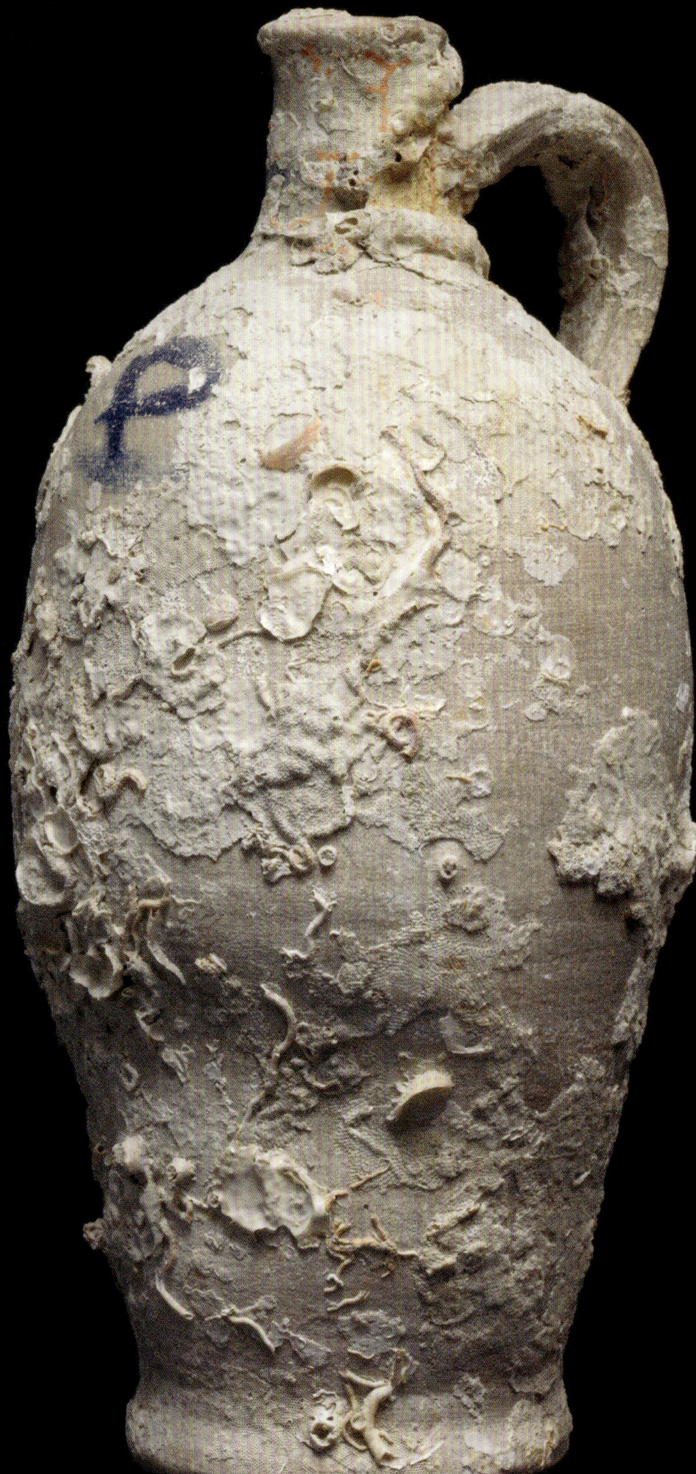
P

1643 1752

15
Kruik (met koraalresten) |
Pitcher (with remains of coral),
Noord-Europa | Northern Europe,
circa 1750, steengoed | stoneware,
h. 26 cm, Keramiekmuseum Princessehof
(bruikleen | loan Ottema-Kingma Stichting)

Tek Sing

TYPE SCHIP	TYPE OF SHIP
Chinese jonk uit provincie Fujian	Chinese junk from Fujian Province
LENGTE	LENGTH
50 meter	50 metres
BREEDTE	WIDTH
10 meter	10 metres
CAPACITEIT	CAPACITY
> 1000 ton	> 1000 tonnes
GEZONKEN	SANK
5 februari 1822, bij de Belvidere Shoals, Gaspar eiland, Indonesië	5 February 1822, in the Belvidere Shoals, Gaspar Island, Indonesia
GEBORGEN	SALVAGED
1999	1999

Eline van den Berg

Conservator Aziatische keramiek bij Keramiekmuseum Princessehof
Curator Asian Ceramics at Princessehof National Museum of Ceramics

In de morgen van 7 februari 1822 voer de Britse kapitein James Pearl met zijn schip *Indiana* langs het eiland Gaspar, gelegen ten oosten van het eiland Sumatra. Plotseling merkte zijn bootsman iets vreemds op in het water. Het leken rotsen te zijn, maar toen hij beter keek werd duidelijk dat deze 'rotsen' langzaam de kant van het schip opdreven. Pearl schreef hierover in zijn logboek: 'Bespeurend op eenigen afstand van die punt iets, hetwelk wij veronderstelden rotsen boven water te zijn, en bij nadering bevonden stukken van een wrak, bamboezen doozen, pakken met paijong en allerlei drijvend hout, op zeer kleine afstanden van elkander, terwijl op ieder stuk hout een of twee, en op sommige van vier tot zes menschen dreven.'[1] De kapitein gaf onmiddellijk het bevel aan zijn bemanning om de drenkelingen te redden. Maar vanwege het slechte weer was dat makkelijker gezegd dan gedaan. Met veel moeite werden uiteindelijk 150 mensen in veiligheid gebracht en bij een latere zoektocht op het Gaspar eiland werden nog enkele drenkelingen gevonden. Een van de overlevenden, Baba Chy, kon in gebrekkig Maleis uitleggen wat er was gebeurd. Hij vertelde dat ze tot de opvarenden behoorden van de Chinese jonk *Tek Sing*, die op weg was naar Batavia (het huidige Jakarta).[2]

On the morning of 7 February 1822, the British captain James Pearl sailed with his ship *Indiana* past the island of Gaspar, to the east of Sumatra. Suddenly his boatman noticed something strange in the water. They seemed to be rocks, but when he looked better, it was clear that these 'rocks' were slowly floating past the side of the ship. In his logbook Pearl wrote: 'Observed at some distance from the point what we supposed to be rocks above water; on our near approach they proved to be pieces of wreck, consisting of boxes, bundles of umbrellas, bamboos, and every species of floating wood, separated at short distance from each other, with almost every piece having one or two persons on it; a few large pieces had four to six.'[1] The captain immediately ordered his crew to rescue the drowning people. This was easier said than done, given the bad weather. In the end, 150 people were rescued with great difficulty. A search later on the island of Gaspar turned up several more victims. One of the survivors, Baba Chy, was able to tell in poor Malay what had happened. He explained that they were among the people on board of the Chinese junk *Tek Sing*, which had been on its way to Batavia (present-day Jakarta).[2]

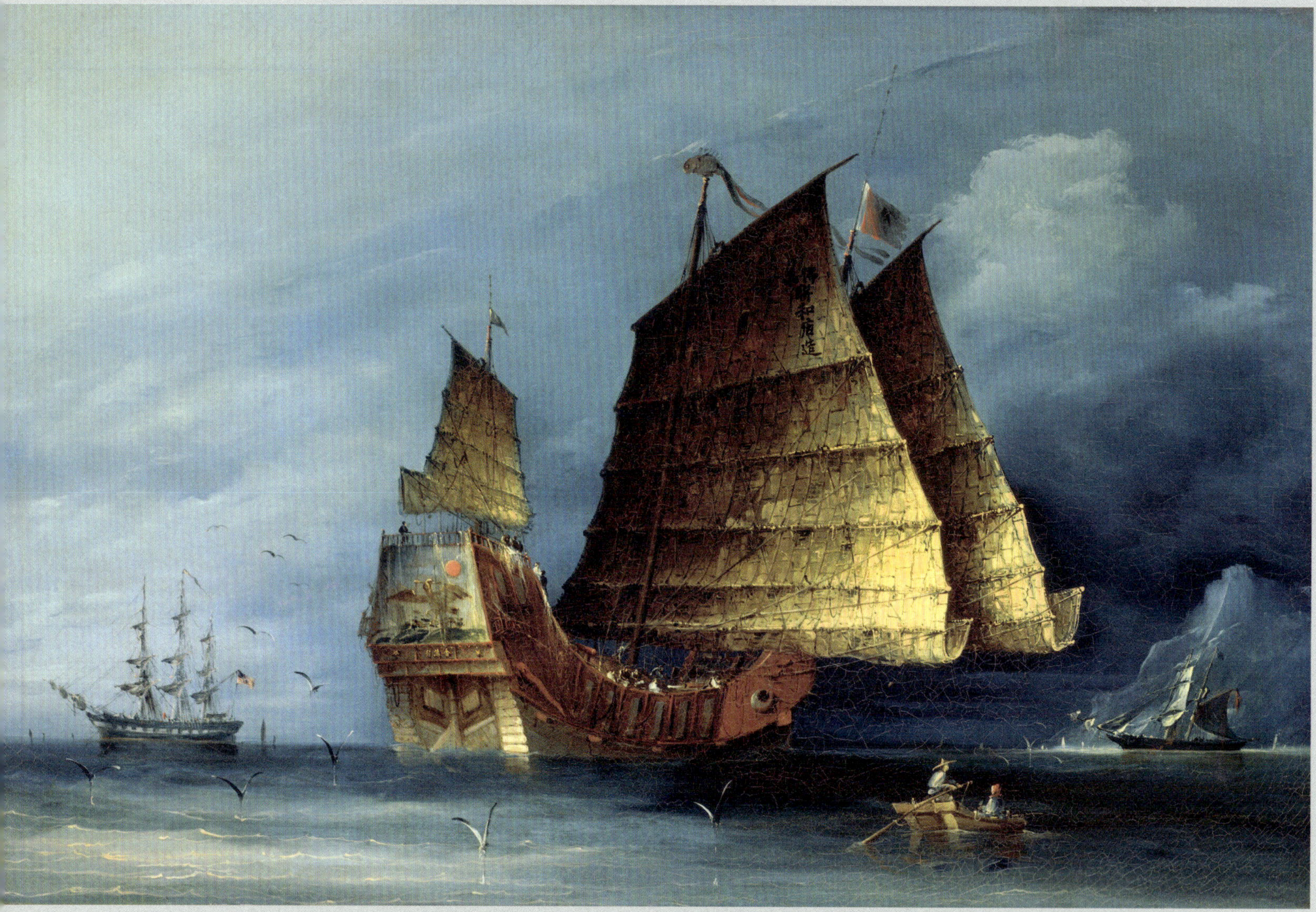

1
Een 19de-eeuws Chinees handelsschip, vergelijkbaar met de *Tek Sing* |
A 19th century Chinese merchant ship, similar to the *Tek Sing*, Chinese School, 19de eeuw | 19th century, National Maritime Museum, Greenwich, Londen | London, Caird Collection

Fatale keuze

Vanuit de haven van Amoy in de provincie Fujian was de jonk op 14 januari 1822 vertrokken, volgeladen met handelsgoederen en meer dan tweeduizend mensen aan boord [1-2].[3] De gebruikelijke route voor Chinese schepen naar Batavia liep via Straat Banka (Selat Bangka), gelegen tussen de Indonesische eilanden Sumatra en Banka. Tijdens hun reis op zee had de kapitein van het schip echter besloten een andere route te nemen, namelijk via de oostkant van het eiland Banka richting Straat Gaspar (Selat Gaspar). Deze route was korter maar minder goed beschreven op de Chinese kaarten. Bovendien was zij gevaarlijker door de aanwezigheid van verraderlijk ondiep water met verborgen riffen. Deze keuze werd het schip en zijn opvarenden uiteindelijk fataal. In de nacht van 6 februari werd te laat een rif gespot, waar de jonk vervolgens tegenaan ramde. De schade was enorm en het schip viel niet meer te redden. Al snel zonk het met bijna alle opvarenden en goederen naar de bodem van de zee. Het merendeel van de Chinezen aan boord bestond uit migranten uit de regio Fujian die hun vaderland definitief hadden verlaten, hopend op werk en een beter leven in Batavia. Zij vonden echter op dramatische wijze hun dood in de Zuid-Chinese zee.

Kapitein Pearl schreef alles wat hij meemaakte op in zijn logboek en hierdoor is deze vreselijke gebeurtenis goed gedocumenteerd.[4] De overlevenden werden meegenomen naar Pontianak, gelegen aan de westelijke zijde van Borneo, waar ze werden overgedragen aan de Nederlanders die dit deel van het eiland in hun bezit hadden. Via hen konden de Chinezen wellicht uiteindelijk in Batavia terechtkomen. Dat het nieuws van het zinken van dit schip met zoveel mensen aan boord niet onopgemerkt bleef, blijkt ook uit een artikel in de *Bataviasche Courant* van 16 maart 1822, waarin het volledige verhaal van de redding zoals beschreven door Pearl werd afgedrukt. Interessant is dat al op 16 februari in deze krant melding wordt gemaakt van het zinken van de *Tek Sing*. Een paar dagen daarvoor is dan namelijk het Chinese schip *Tjieuw Kingliang* de haven van Batavia binnengevaren met aan boord zestien overlevenden van de ramp. Volgens het verslag waren zij gered in de morgen van 6 februari. De overlevenden van de *Tek Sing* gaven echter aan dat het schip pas in de avond was vergaan. Uit het verslag van Pearl wordt echter nog iets anders duidelijk, namelijk dat er een andere jonk met de *Tek Sing* meevoer. De tweede kapitein van de *Tek Sing*, die het drama overleefde, vertelde aan Pearl dat dit schip kort nadat zij tegen de rots waren gevaren er vandoor was gegaan. Kan dit de *Tjieuw Kingliang* zijn geweest? En zo ja, waarom was dan besloten slechts die paar mensen te redden en vervolgens weg te varen? In Pearls verslag wordt hier verder niet op ingegaan en ook verder onderzoek tijdens de berging van het schip heeft hier geen duidelijkheid over gegeven.[5]

Nadat Pearl de geredde Chinezen op Pontianak had afgezet voer hij verder, waarschijnlijk richting Sinkawang, dat iets verderop lag aan de westelijke kust van Borneo. Deze plaats stond bekend om de verkoop van opium. In de negentiende

Fatal decision

The junk, fully laden with merchandise and with more than two thousand people on board, left the port of Amoy in Fujian province on 14 January 1822 [1-2].[3] The usual route Chinese ships took to Batavia went via the Bangka Strait (Selat Bangka) between the Indonesian islands of Sumatra and Bangka. But during the sea voyage the captain of the ship had decided to take a different route, namely via the east coast of Bangka island, towards the Gaspar Strait (Selat Gaspar). This route was shorter but not as well specified on the Chinese charts. It was also more dangerous because of treacherous shallow waters with hidden reefs. This decision turned out to be fatal for the ship and the people on board. On the night of 6 February a reef was spotted too late; the junk rammed it. The damage was enormous and the ship could not be saved. It sank quickly to the bottom of the sea, taking almost all the people on board and the cargo with it. Most of the Chinese on board were migrants from the Fujian region who had abandoned their home country for good, in search of work and a better life in Batavia. But what they found was a dramatic end to their lives in the South China Sea.

Captain Pearl wrote an account in his logbook of everything he experienced, which provides good documentation of this dreadful incident.[4] The survivors were taken to Pontianak on the west side of Borneo, where they were handed over to the Dutch who commanded this part of the island. The Dutch could probably help the Chinese emigrants get to Batavia after all. The loss of this ship with so many people on board did not go unnoticed. An article on 16 March 1822 in the *Bataviasche Courant* printed the complete story of the rescue as described by Pearl. It is interesting that this newspaper already reported the sinking of the *Tek Sing* on 16 February. This was possible because the Chinese ship *Tjieuw Kingliang* had put in to the port of Batavia a few days earlier, carrying sixteen survivors of the disaster. According to the report, they had been rescued on the morning of 6 February. And yet the survivors of the *Tek Sing* stated that the ship had foundered in the evening. Pearl's account makes something else clear, namely that another junk was sailing together with the *Tek Sing*. The *Tek Sing*'s second captain, who survived the drama, told Pearl that shortly after they had struck the rocks, this ship had departed. Could it have been the *Tjieuw Kingliang*? And if so, why did they decide to rescue only a couple of people and then sail away? Pearl's account does not mention this, and nor did further investigation during the salvaging of the ship provide any clarity.[5]

After Pearl had dropped off the rescued Chinese at Pontianak he sailed further, probably towards Singkawang, which lay slightly further on the west coast of Borneo. This place was well known for the sale of opium. In the nineteenth century, the English transported this drug illegally from India to China. They used the profits in turn to buy the coveted Chinese tea. The *Indiana* also had a cargo full of opium on board, and captain Pearl hoped to sell it at a good price to the Chinese. The Chinese emperor

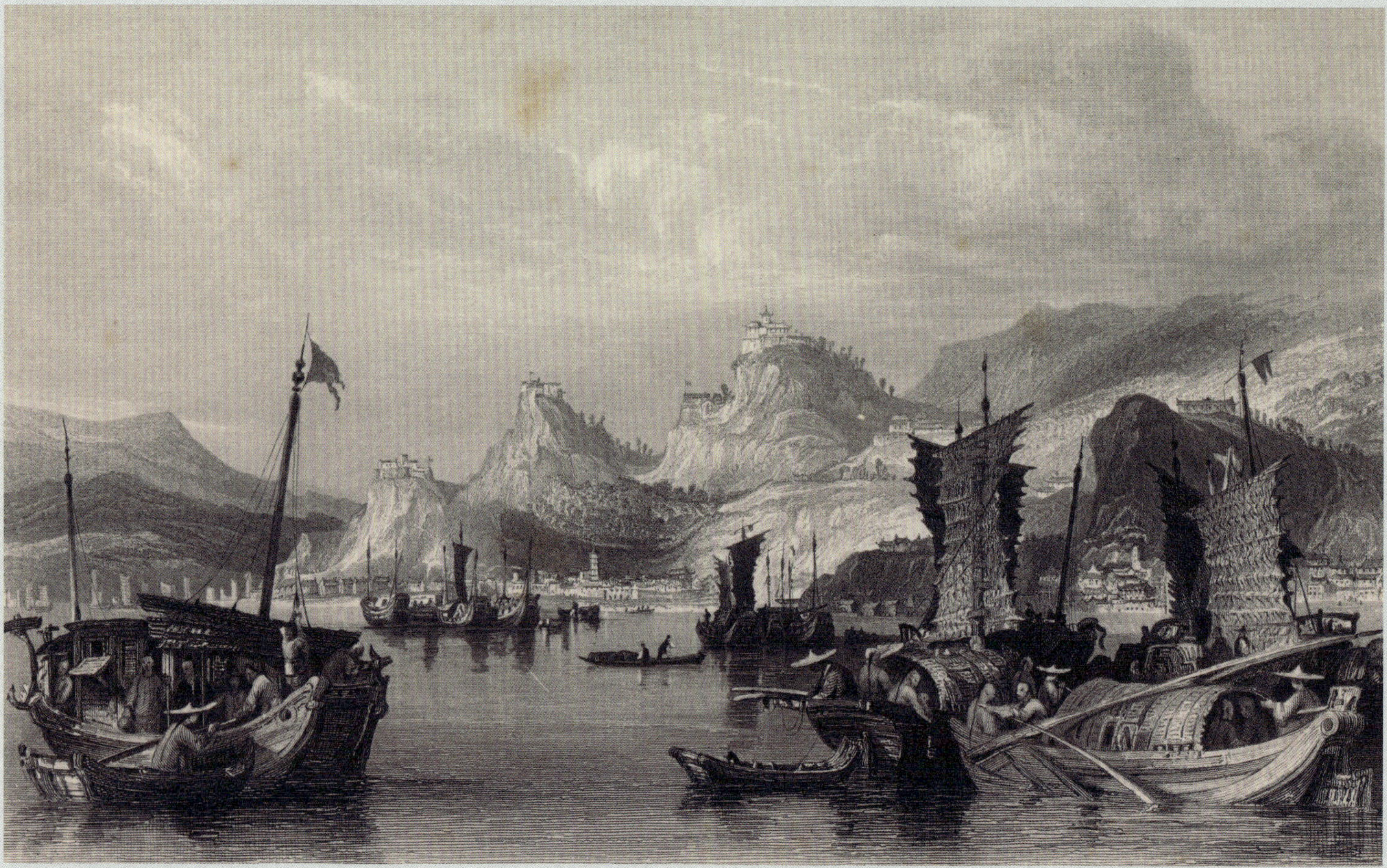

2
Gezicht op Amoy | View of Amoy, gravure door | engraving by Thomas Allom, circa 1845, National Maritime Museum, Greenwich, Londen | London

eeuw verscheepten Engelsen dit middel illegaal vanuit India naar China. Met de inkomsten daarvan kochten zij op hun beurt de felbegeerde Chinese thee. Ook de *Indiana* had een lading vol met opium aan boord en kapitein Pearl hoopte dit tegen een goede prijs te verkopen aan de Chinezen. Opium was officieel verboden door de Chinese keizer, maar dit kon niet verhinderen dat het in grote hoeveelheden China werd binnengesmokkeld. Vooral de intellectuele bovenlaag raakte zwaar verslaafd aan het middel. Hierdoor werd de besturing van het land steeds wankeler en ontstond er meer en meer corruptie. Door deze verslechterde situatie besloten vele Chinezen, voornamelijk uit de kustregio's, het land voorgoed te verlaten. De hoeveelheid migranten op de *Tek Sing* laat zien om wat voor enorme aantallen het ging. Het is dan ook een wrede ironie dat de overlevenden juist gered werden door een kapitein die in dit illegale middel handelde.

De vondst van het wrak en de lading

De *Tek Sing* vertelt het verhaal van een enorme scheepsramp die zich aan het begin van de negentiende eeuw afspeelde. Een vermelding in 1843 over deze tragedie in het verslag van de Schotse kaartenmaker (hydrographer) James Horsburgh (1762-1836) vormde de aanleiding voor de zoektocht naar het scheepswrak door het bedrijf Australian Ocean Salvage Corporation (AOSC).[6] Na enkele weken zoeken in het gebied

had officially forbidden opium, but this could not prevent it being smuggled in large quantities into China. The intellectual upper class in particular became seriously addicted to the drug. The governance of the country became more and more unstable and corruption grew. This worsening situation drove many Chinese, chiefly from the coastal regions, to leave their country for good. The number of migrants on the *Tek Sing* shows the huge numbers involved. What cruel irony then that the survivors were rescued by a captain dealing in this illegal drug.

The discovery of the wreck and the cargo

The *Tek Sing* tells the story of a terrible shipping disaster that occurred at the start of the nineteenth century. Scottish cartographer (hydrographer) James Horsburgh (1762–1836) mentioned this tragedy in a report in 1843.[6] That report motivated the Australian Ocean Salvage Corporation (AOSC) company to search for the shipwreck. After a search of several weeks in the area where the ship was supposed to have sunk, the wreck was discovered on the Belvidere reef in May 1999. On a dive of around 30 metres deep, divers found iron rings with a diameter of up to a metre. These turned out to be rings used to reinforce the wooden mast of a huge sailing ship. These rings eventually led to the discovery of the ship itself.[7]

waar het schip zou zijn vergaan, vonden ze in mei 1999 het wrak bij het Belvidere rif. Bij een duik op zo'n 30 meter diepte onder water kwam men ijzeren ringen tegen met een diameter van maar liefst één meter. Het bleek te gaan om ringen die gebruikt werden ter versteviging van een houten mast van een enorm zeilschip. Deze ringen leidden uiteindelijk naar de vondst van het schip zelf.[7]
De aanvoerder van dit project was Michael Hatcher (1940). Hij hoopte met de ontdekking van de *Tek Sing* zijn eerdere bergings- en veilingsuccessen te herhalen en de vondsten leken veelbelovend.[8] In totaal werden meer dan 360.000 stuks Chinese keramiek naar boven gehaald, waarvan de meerderheid bestond uit porselein. Het is daarmee de grootste lading keramiek die ooit in een scheepswrak is gevonden. Daarnaast werden nog talloze andere objecten geborgen, zoals bronzen munten, scheepskompassen, een sextant, persoonlijke spullen van de bemanning en zelfs enkele grafstenen.
De enorme lading porselein aan boord van de *Tek Sing* bestond uit gebruiksgoed voor de Chinese en lokale gemeenschappen in Zuidoost-Azië [4-6]. Het merendeel was gemaakt in keramiekovens in de provincie Fujian, waaronder die van Dehua en Zhangzhou [7]. Een charmant voorbeeld is het porseleinen schoteltje gedecoreerd met lotusbladeren in rood [8]. Oorspronkelijk waren ook de kleuren geel en groen aanwezig, maar deze zijn door de jaren onder water vervaagd. Dit komt omdat de kleuren op het glazuur zijn aangebracht, wat de decoratie veel kwetsbaarder maakt in vergelijking met het porselein gedecoreerd met een blauwe beschildering onder het glazuur. Op vergelijkbare exemplaren uit het wrak zijn deze kleuren nog wel zichtbaar. Dergelijke rijke kleurencombinaties op porselein waren geliefd in Indonesië. De meerderheid van het porselein is gedecoreerd in blauw met diverse patronen, zoals gelukstekens [9], abstracte tekens en landschappen met bloemen, rotsen en planten. Daarnaast is er een flink aantal kommen met een gestempeld decor. Deze motieven zijn afwisselend in twee rijen op de buitenkant van de kommen gedrukt [3]. Ook zijn er enkele aardewerken stoofjes gevonden [10]. Het is goed mogelijk dat deze stoofjes aan boord werden gebruikt voor de bereiding van eten. In het middelste gat kon brandstof worden geplaatst. De warmte die ervanaf kwam kon via de gaatjes een pannetje met eten verwarmen. Het zijn de 'stille getuigen' van de mensen die aan boord van de *Tek Sing* hebben gezeten.
Het is bijna niet voor te stellen hoeveel keramiek en passagiers op één schip aanwezig waren. Dit roept allerlei vragen op over de organisatie aan boord van de *Tek Sing*: waar sliepen de opvarenden, in welk deel was de handelswaar opgeslagen, hoe was het materiaal verpakt? Uit historische bronnen is bekend dat Chinese schepen waren onderverdeeld in compartimenten, waarbij iedere handelaar een of enkele compartimenten tot zijn beschikking had voor zijn handelswaar. Helaas zijn de vondsten van het wrak niet in hun context geregistreerd en zijn objecten die niet interessant genoeg werden geacht

The leader of this project was Michael Hatcher (1940). With the discovery of the *Tek Sing* he hoped to repeat his previous salvage and auction successes.[8] The finds were promising. A total of more than 360,000 pieces of Chinese ceramics were recovered, most of which consisted of porcelain. This makes it the largest cargo of ceramics ever found in a shipwreck. Numerous other objects were also salvaged, such as bronze coins, ship's compasses, a sextant, personal belongings of the crew and even a couple of gravestones.
The huge cargo of porcelain on board the *Tek Sing* consisted of consumer goods for the Chinese and local communities in Southeast Asia [4-6]. Most of it was made in pottery kilns in the Fujian province, including those of Dehua and Zhangzhou [7]. A charming example is the small porcelain dish decorated with lotus leaves in red [8]. The colours yellow and green were originally also present, but these faded due to the years spent underwater. This is because they were applied on top of the glaze, making the decoration much more vulnerable than porcelain with underglaze blue painting. On similar items from the wreck these colours are still visible. Rich colour combinations like these were very popular in Indonesia. Most of the porcelain cargo has blue decorations in various patterns such as auspicious symbols [9], abstract symbols and landscapes with flowers, cliffs and plants. A considerable number of bowls with a stamped decoration were also found. These motifs are printed alternately in two rows on the outsides of the bowls [3]. Several earthenware stoves were also found [10]. It is quite possible that these stoves were used on board to prepare food. Fuel could be placed in the middle hole. The heat coming through the small holes would warm up a pan of food. These are the 'silent witnesses' of the people who were on board the *Tek Sing*.
It is difficult to imagine that quantity of ceramics and number of people on board a single ship. This raises all kinds of questions about the organisation on board the *Tek Sing*. Where did the people on board sleep, which section was the merchandise stored in, how was the material packed? Historical sources show that Chinese ships were divided into compartments, with each merchant having one or more compartments at his disposal for his merchandise. It is a pity that the finds of the wreck were not registered in their context and that objects deemed not sufficiently interesting for auction were thrown back into the water. The same applied to a large number of shards, which leads to the assumption that the original cargo must have been many times greater than the more than 360,000 items. During the salvage, human remains were also found and totally ignored.[9] These actions meant that a great deal of valuable information was lost forever.
Quite soon after the salvage it became clear that some of the porcelain did not correspond with the dating of the wreck. According to Hatcher this concerned 'antique' porcelain that had probably been taken along by a few crew members.[10] There are doubts about this assumption, however. Over the centuries quite a few ships have sunk around the Gaspar Strait. It would instead seem that these finds belonged to

voor de veiling weer teruggegooid in het water. Dat gold ook voor een grote hoeveelheid scherven, waaruit valt op te maken dat de oorspronkelijke lading nog veel groter moet zijn geweest dan de ruim 360.000 stuks. Bij de berging werden tevens menselijke resten aangetroffen die compleet genegeerd zijn.[9] Met dit alles is veel waardevolle informatie voor eeuwig verloren gegaan.
Al kort na de berging was bekend dat een gedeelte van het porselein niet overeenkwam met de datering van het wrak. Het zou volgens Hatcher om 'antiek' porselein gaan, dat waarschijnlijk door enkele bemanningsleden zou zijn meegenomen.[10] Aan deze aanname wordt echter getwijfeld. Door de eeuwen heen zijn heel wat schepen vergaan in de buurt van Straat Gaspar en het lijkt er eerder op dat deze vondsten behoorden tot een van die eerder vergane schepen en dus niet tot de lading van de *Tek Sing*.[11] Dit geeft des te meer het belang van een zorgvuldig uitgevoerde opgraving aan.

Titanic van het Oosten

Ook werd kort na de berging bekend dat de vergunning van AOSC om het scheepwrak te bergen niet in orde was. Het bedrijf had deze vergunning verkregen door een samenwerking met het Indonesische bedrijf PT Pratama Cakrawala Dirga. In Indonesië kan namelijk alleen een bedrijf dat lokaal is gevestigd een officiële vergunning van de Indonesische overheid bemachtigen. Later bleek dit Indonesische bedrijf een zogeheten 'shell company' te zijn, opgericht door een corrupte generaal binnen het ministerie van Politieke en Veiligheidsaangelegenheden en enkele andere personen die de handtekeningen hadden vervalst om zo een vergunning aan dit bedrijf toe te kennen.[12]
Deze ontdekking kwam te laat en inmiddels waren de objecten al via Australië naar Duitsland verscheept. Daar werd in november 2000 in Stuttgart de veiling van de vondsten gehouden, waarbij het scheepswrak groots werd aangekondigd als 'De Titanic van het Oosten', vanwege het vergelijkbare drama met passagiers dat zich had afgepeeld. De opbrengst van de veiling viel echter tegen en woog niet op tegen de gemaakte kosten voor de berging van het materiaal.[13] Ondanks de ongelofelijke hoeveelheid porselein en het unieke beeld dat dit materiaal geeft van de inter-Aziatische handel in Chinese keramiek aan het begin van de negentiende eeuw, maakt de ongedocumenteerde berging en de verkoop van de stukken puur voor de maximale winst het verhaal van de *Tek Sing* eigenlijk alleen nog maar dramatischer.

one of those ships that sank earlier, and therefore not to the cargo of the *Tek Sing*.[11] This shows all the more the great importance of a carefully executed excavation.

Titanic of the East

Shortly after the salvage operation it was also revealed that the licence from the AOSC to salvage the shipwreck was not correct. The company had obtained this licence through collaboration with the Indonesian company PT Pratama Cakrawala Dirga. In Indonesia, only companies with a locally registered office can obtain an official licence from the Indonesian government. This Indonesian company later turned out to be a 'shell company', set up by a corrupt general in the Ministry of Political and Security Affairs and a few other people who had falsified signatures so that this company would be awarded a licence.[12] This discovery came too late. The objects had already been shipped via Australia to Germany. The finds were auctioned in November 2000 in Stuttgart. The shipwreck was announced grandiosely as 'The Titanic of the East', evoking the similar drama with passengers on the Titanic. However, the proceeds were disappointing and did not cover the costs incurred to recover the material.[13] Despite the incredible quantity of porcelain and the unique picture this material gives of the inter-Asian trade in Chinese ceramics in the early nineteenth century, the undocumented salvage and the sale of the pieces purely for maximum profit really only make the story of the *Tek Sing* even more dramatic.

3
Kommen met gestempeld decor van afwisselend een gestileerde bloem en het karakter 'shou' (lang leven) | Bowls with embossed decoration alternating between a stylised flower and the character 'shou' (longevity), China, Fujian, circa 1822, porselein | porcelain, h. 5,5 cm, Ø 14,5 cm, collectie | collection Anton van der Weide

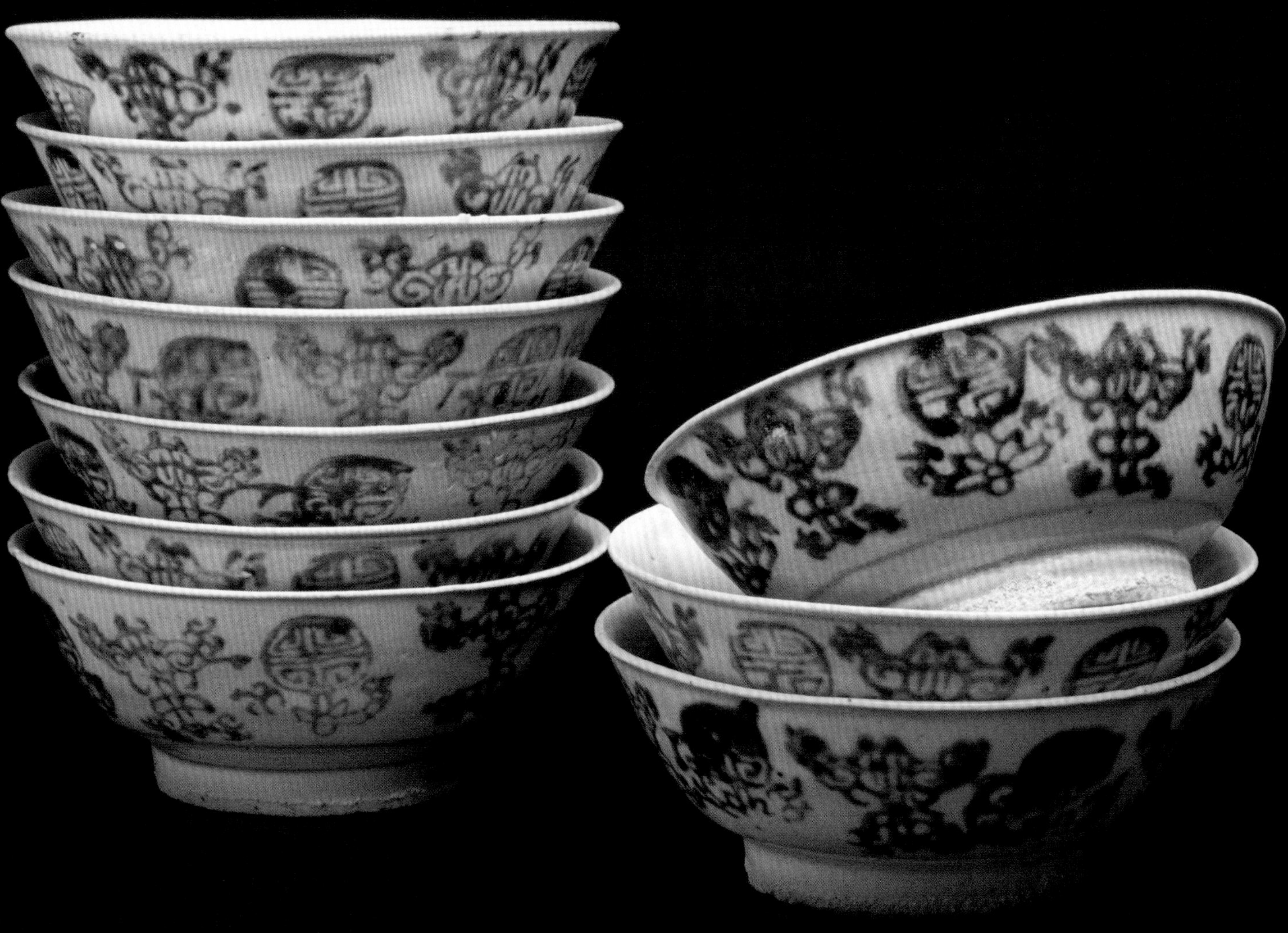

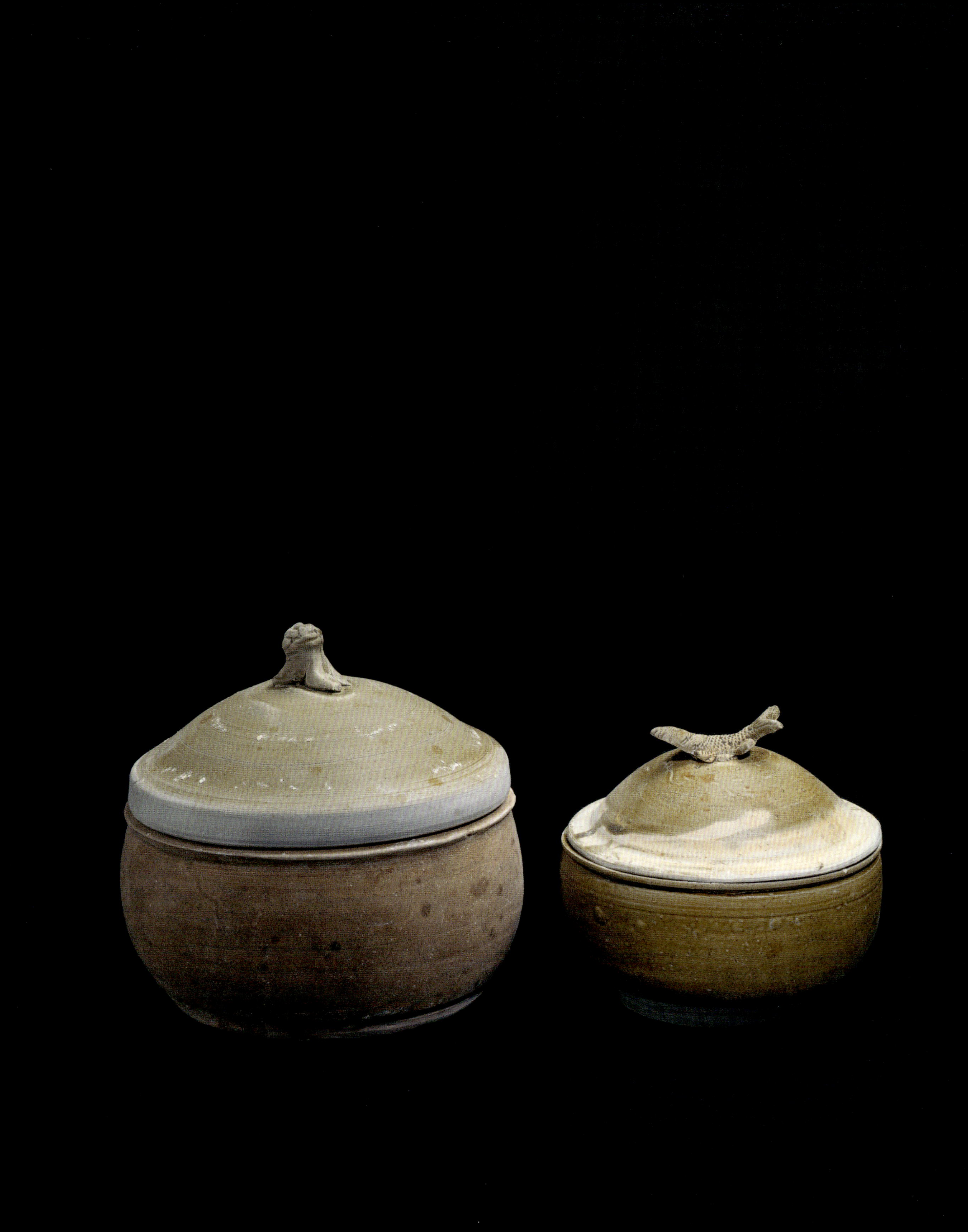

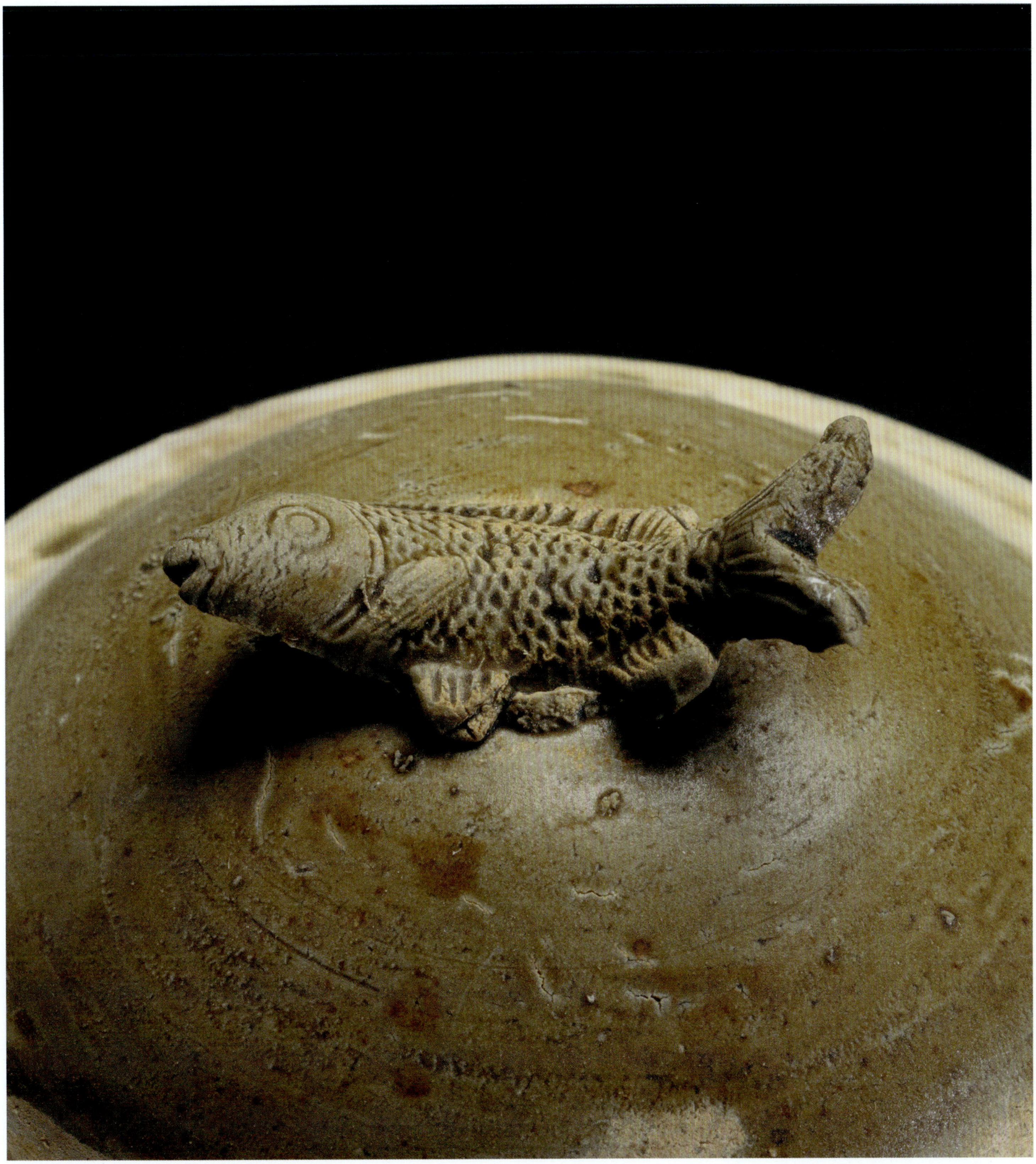

4
Bruin geglazuurde dekselpotten met knop in de vorm van een vis en een leeuw | Brown-glazed lidded pots with knobs in the shape of a fish and a lion, Zuid-China | South China, circa 1822, porselein | porcelain, h. 10 cm, 13 cm, collectie | collection Anton van der Weide

5
Dekselknop in de vorm van een vis | Lid knob shaped as a fish, detail afb. | fig. 4

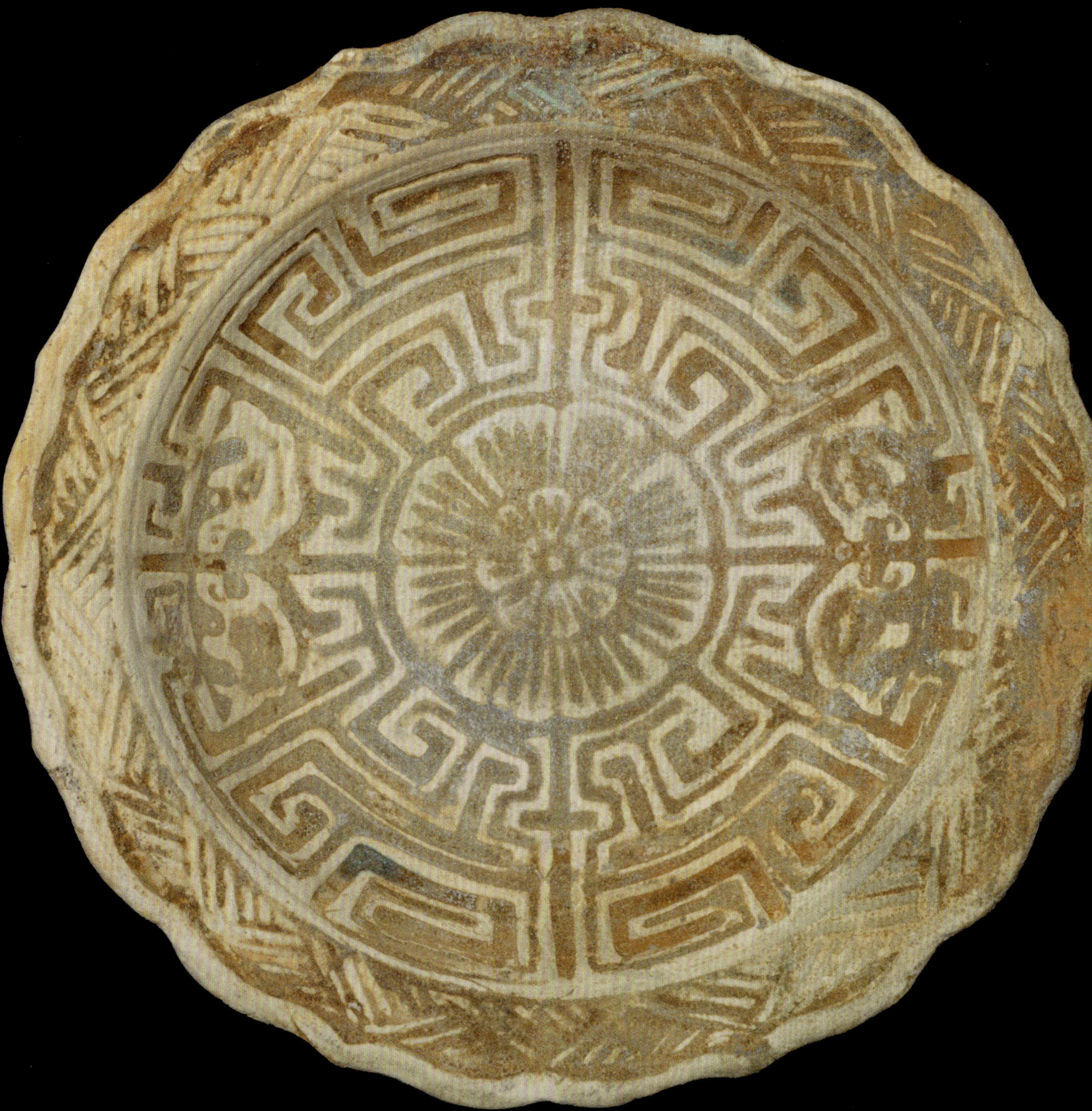

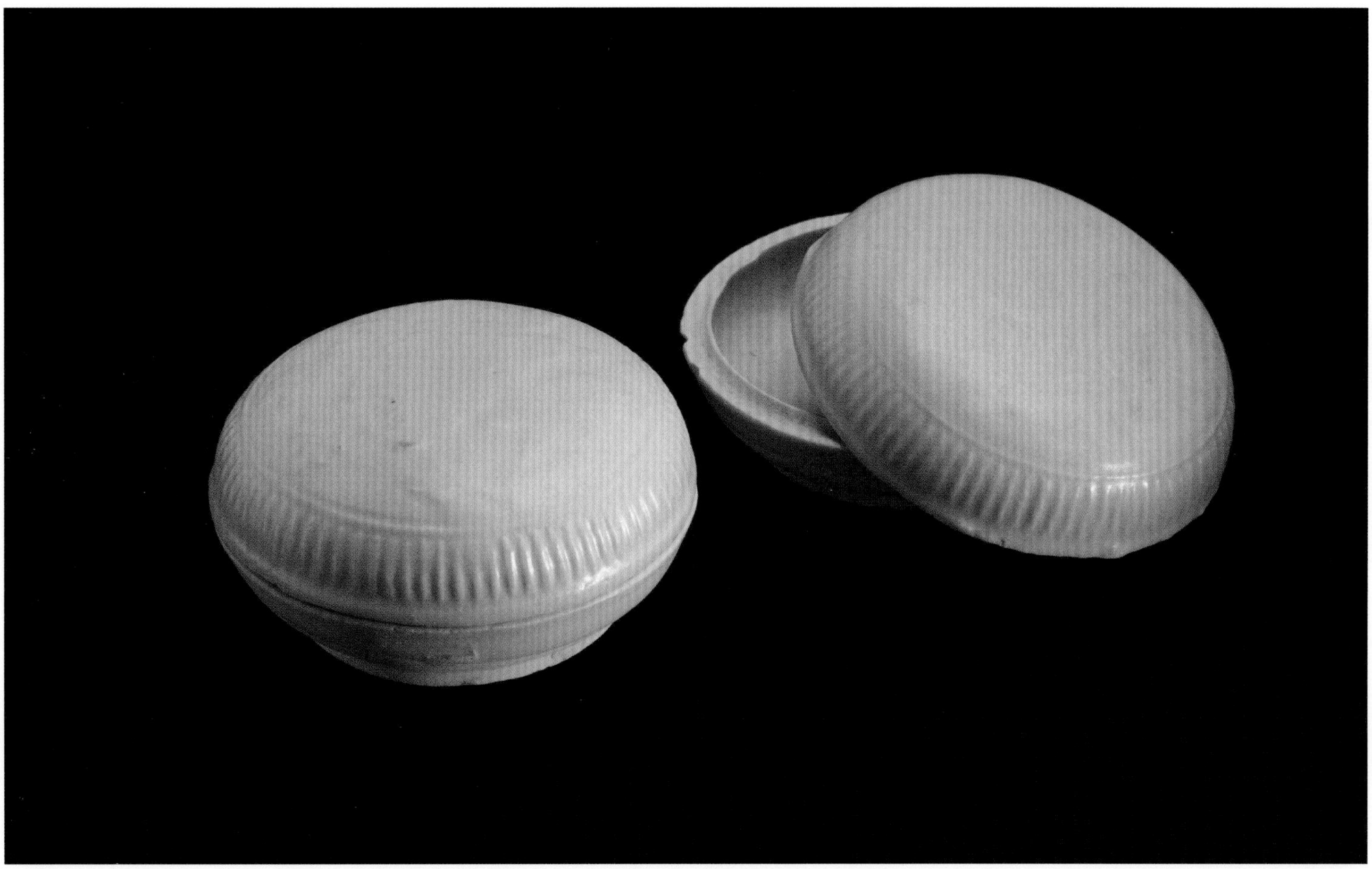

6
Bordje met ingedrukt meanderpatroon | Small plate with impressed meander pattern, China, circa 1822, porselein | porcelain, Ø 10,5 cm, collectie | collection Anton van der Weide

7
Dekseldoosjes met decor van pioenroos in reliëf | Covered boxes decorated with peony flowers in relief, China, Fujian, circa 1822, porselein | porcelain, h. 4 cm, Ø 8 cm, collectie | collection Anton van der Weide

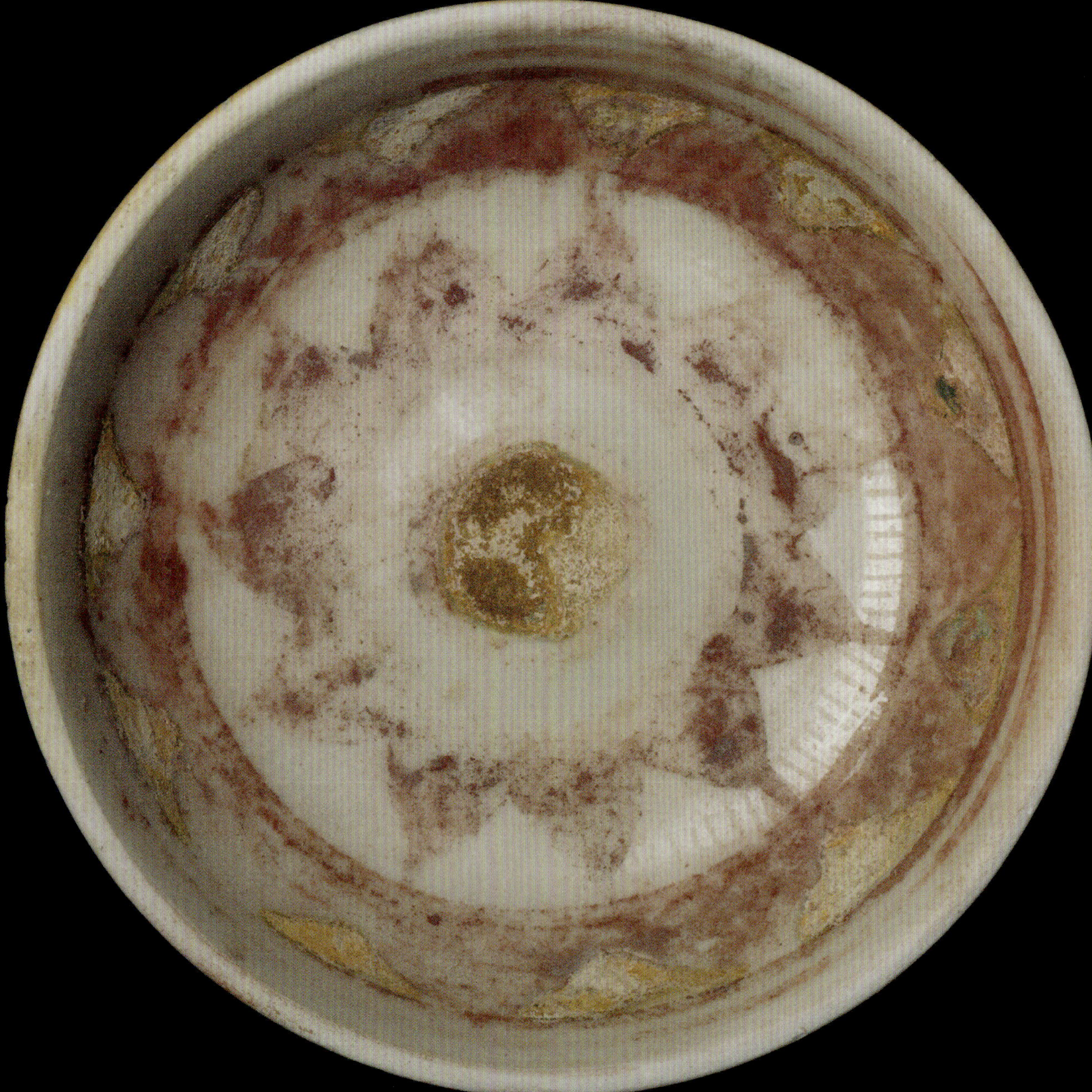

8
Schaaltje met decor van lotusbloem en bladeren | Small dish decorated with lotus flowers and leaves, China, Fujian, circa 1822, porselein | porcelain, Ø 8,5 cm, collectie | collection Anton van der Weide

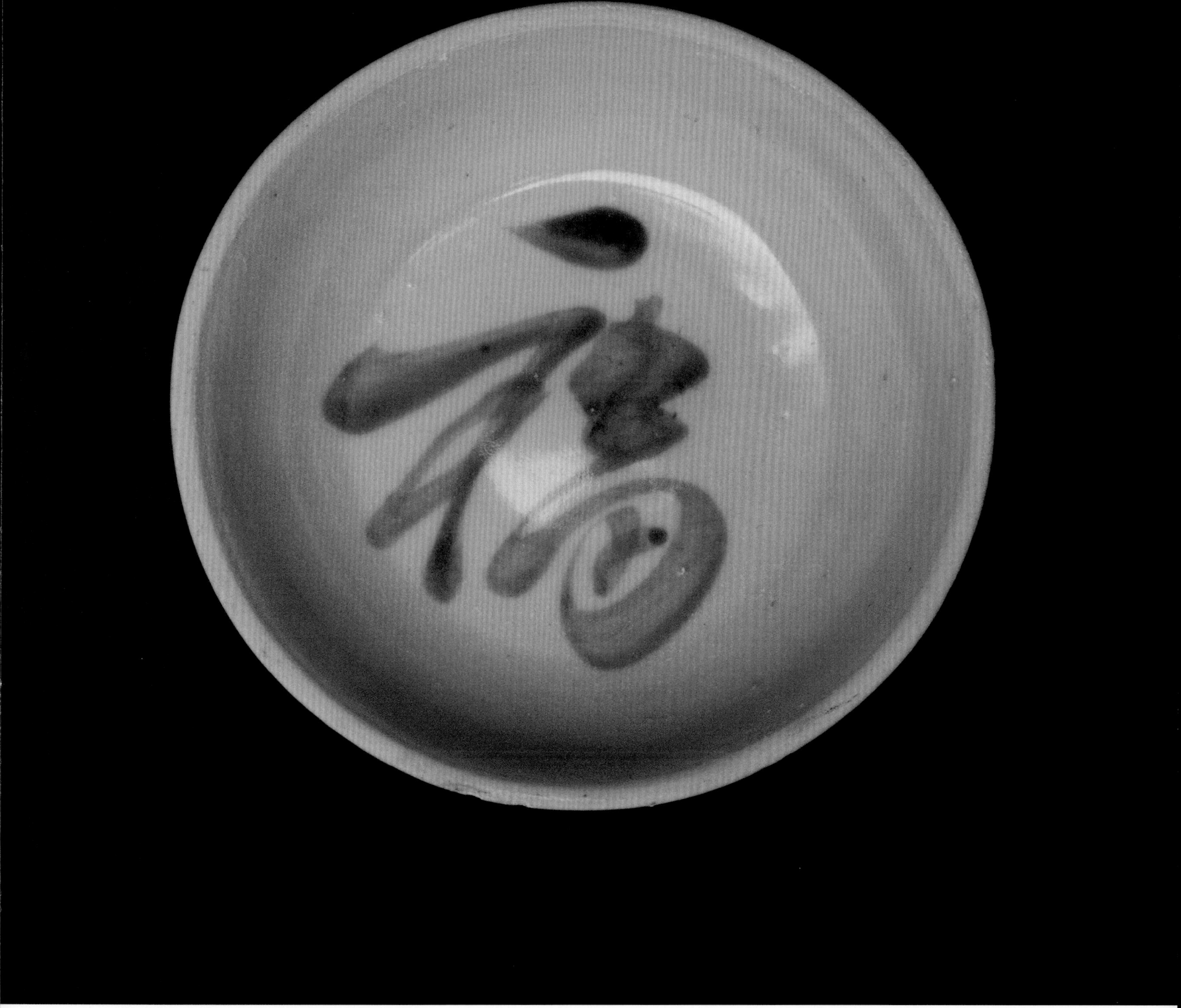

9
Schaaltje met het karakter 'fu' | Small dish with the character 'fu', China, Fujian, circa 1822, porselein | porcelain, Ø 8 cm, collectie | collection Anton van der Weide

Het Chinese 'fu' karakter staat voor geluk en is dan ook een veelgebruikt symbool op porselein voor de lokale markt.
The Chinese character 'fu' means good luck and the symbol is often used on porcelain for the domestic market.

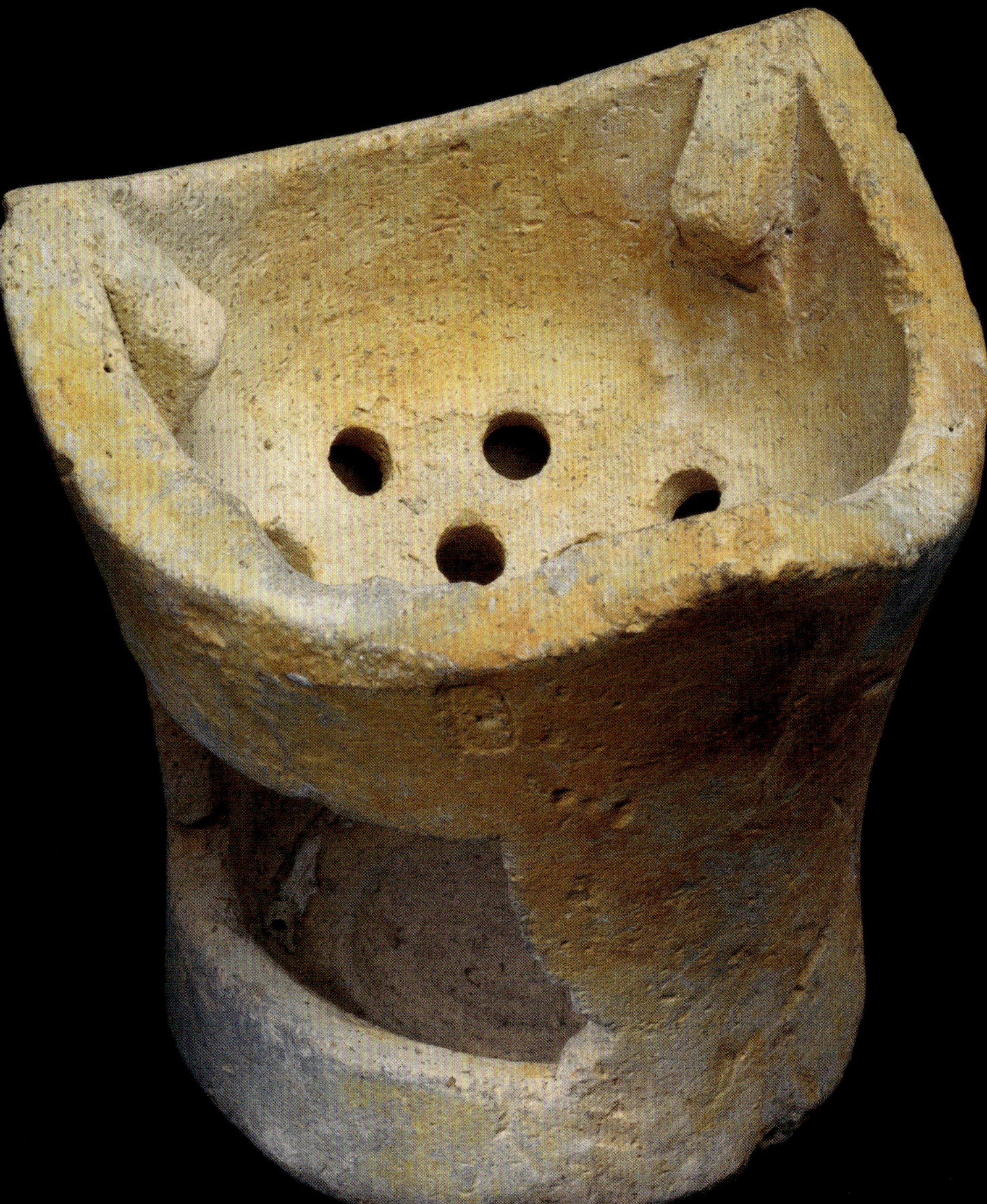

1822

10
Stoofje | Brazier, Zuid-China |
South China, circa 1822, aardewerk |
earthenware, h. 15 cm,
collectie | collection Anton van der Weide

Op dit soort eenvoudige stoofjes bereidden de passagiers aan boord van de *Tek Sing* hun maaltijd, maar zoals prenten uit die tijd laten zien, kunnen de stoofjes ook zijn gebruikt om opium op te verhitten.

The passengers on board the *Tek Sing* used this kind of simple brazier to prepare their meals, but prints of the time show that the braziers could also have been used to heat up opium.

Noten Notes

Inleiding Introduction

1 Het begrip Maritieme Zijderoute is ontleend aan en een variant op het netwerk aan handelsroutes over land tussen het Midden-Oosten, Centraal-Azië en China die bekend staat als 'de Zijderoute'. De sterke machtscentra in het Midden-Oosten en China zorgden ervoor dat de handel via deze routes floreerde tussen de tweede en achtste eeuw na Christus, maar rond de zevende eeuw brokkelde deze macht af en hierdoor werd de handel over de Zijderoute steeds lastiger en gevaarlijker.
2 De vroegste verhalen over scheepstochten in deze regio komen o.a. van boeddhistische monniken die aan boord van schepen meereisden, zoals Fa Xian (vierde eeuw) en Yijing (zevende eeuw). Zij waren op zoek naar de oorspronkelijke geschriften van het boeddhisme om deze te bestuderen en verder te verspreiden. Hun reis werd vaak gesponsord door gelovige handelaren, die hiermee ook een goede daad verrichtten.
3 Simpel gezegd is er een winter- en een zomermoesson; in de winterperiode van december tot maart komt de wind grotendeels van het vaste land uit een noordoostelijke richting. In de zomerperiode van april tot september komt de wind van zee uit een zuidwestelijke richting.
4 Een tijdelijke opleving in de handel waren de reizen van Zheng He onder bevel van keizer Yongle (regeringsperiode 1403-1422).
5 De VOC werd in 1602 opgericht, daarvoor was Nederland actief onder de 'Voorcompagnieën'. De EIC werd in 1600 opgericht.
6 Het huidige Guangzhou.

1 The concept of the Maritime Silk Road is derived from and is a version of the network of overland trade routes between the Middle East, Central Asia and China known as the 'Silk Road.' The strong centres of power in the Middle East and China ensured that trade flourished along these routes between the second and eighth centuries AD. This power crumbled around the seventh century, however, making trade via the Silk Road increasingly difficult and dangerous.
2 The earliest stories about sea voyages in this region include those of Buddhist monks like Fa Xian (fourth century) and Yijing (seventh century) who made voyages on ships. They were searching for the original writings of Buddhism in order to study them and propagate them further. Their journeys were often funded by pious merchants who thus also performed a good deed.
3 Put simply, there is a winter monsoon and there is a summer monsoon. In the winter period from December to March the wind blows mainly from the mainland from the northeast. In the summer period from April to September the wind comes from the sea from the southwest.
4 The voyages of Zheng He under the command of Emperor Yongle (reign 1403–1422) formed a temporary upturn in trade.
5 The VOC was founded in 1602; previously the Netherlands operated under the 'Voorcompagnieën' (Pre-companies). The EIC was established in 1600.
6 Now Guangzhou.

Tang

1 Chaudhuri 1985, 39; George 2015, 596, 609.
2 Het totale aantal voorwerpen van het Tang-wrak dat zich in de collectie bevindt van het Asian Civilisations Museum in Singapore: 53.227. keramiek uit de Changsha-ovens: 50.589; keramiek uit de Guangdong-ovens: 1.592; keramiek uit de Gongxian-ovens: 256; keramiek uit de Yue-ovens: 218; witte keramiek met groene versiering: 185; keramiek uit de Xing-ovens: 119; aardewerk: 17; gouden en verguld zilveren voorwerpen: 66; bronzen, loden en koperen voorwerpen: 55; voorwerpen van steen, hout, ivoor, hars, glas, lak: 56; Perzische keramiek: 3; touw, inktplaten, organische materialen, koraal, mineralen, vulsel: 71.
3 Lu 2011.
4 Persbericht, Sentosa Development Corporation, 8 april 2005.
5 Chong / Murphy 2017.
6 Flecker 2017, 22.
7 Voor een gedetailleerde beschrijving, zie Flecker 2017.
8 Flecker 2017, 36.
9 De oosters-orthodoxe kerk had bijvoorbeeld in de late achtste of vroege negende eeuw zijn zetel verplaatst van Ctesiphon naar Baghdad. Zie George 2015, 590.
10 Bennison 2009, 143.
11 Hall (te verschijnen).
12 Bopearachchi / Disanayaka / Perera 2013.
13 Kan 2017, 52.
14 Tibbets 1979, 37.

1 Chaudhuri 1985, 39; George 2015, 596, 609.
2 Total number of objects from the Tang Shipwreck in the collection of the Asian Civilisations Museum in Singapore: 53,227. Changsha ceramics: 50,589; Guangdong ceramics: 1,592; Gongxian ceramics: 256; Yue ceramics: 218; white ware with green decoration: 185; Xing ceramics: 119; earthenware: 17; gold and gilded silver objects: 66; bronze, lead, and copper objects: 55; stone, wood, ivory, resin, glass, lacquer: 56; Persian ceramics: 3; rope, ink slabs, organic materials, coral, minerals, wadding: 71.
3 Lu 2011.
4 Press release, Sentosa Development Corporation, 8 April 2005.
5 Chong / Murphy 2017.
6 Flecker 2017, 22.
7 For an in depth discussion of this, see Flecker 2017.
8 Flecker 2017, 36.
9 The Church of the East had, for instance, relocated its seat from Ctesiphon to Baghdad in the late eighth to early ninth century. See George 2015, 590.
10 Bennison 2009, 143.
11 Hall (forthcoming).
12 Bopearachchi / Disanayaka / Perera 2013.
13 Kan 2017, 52.
14 Tibbets 1979, 37.

Sinan

1 Voor literatuur over het Sinan-wrak, zie Mokpo 2006; Mokpo 2016; Seoul 2016.
2 Bovendien werden er uithollingen ontdekt in de kiel van het schip in de delen die verbonden zijn met de boeg aan de voorkant en de spiegel aan de achterkant. Dit is een traditie afkomstig uit de regio Fujian waarbij er munten en spiegels in de uithollingen werden gestopt als talismannen voor een veilige reis.
3 Een dergelijke molen met een dateringsinscriptie van 1349 wordt bewaard in de tempel Kyuko-ji in de prefectuur Kochi die een centrale plaats innam voor de zenbeoefening tijdens de perioden van de Noordelijke en Zuidelijke Hoven.

1 For literature on the Sinan Shipwreck, see Mokpo 2006; Mokpo 2016; Seoul 2016.
2 In addition, hollows were found in the keel of the ship in the parts that connect to the bow (front) and stern (rear). This is a tradition from the Fujian region in which coins and mirrors were placed in the hollows as a good luck omen for a safe trip.
3 A similar grinder bearing an inscription dating to 1349 is stored at the Kyuko-ji Temple in Kochi Prefecture which had been a central place for the practice of Zen during the Northern and Southern Courts period.

San Diego

1 In juni van datzelfde jaar vertrok voor de Rotterdamse compagnie een vloot onder bevel van admiraal Jacques Mahu via de Straat van Magellaan naar Azië. Een van deze schepen, *De Liefde*, wist in 1600 Japan te bereiken. Deze gebeurtenis vormde in feite de basis voor de langdurige handelsrelatie tussen Nederland en Japan.
2 De vloot bestond uit de schepen *Mauritius* en *Hendrik Frederik*, en de jachten *Eendracht* en *Hoop*.
3 In de jaren 1577-1580 slaagde Francis Drake erin de wereld rond te varen. Hij veroverde daarbij onder andere het Spaanse zilverschip *Nuestra Señora de la Concepción*. Thomas Cavendish voer in 1586-1588 rond de wereld en vergaarde daarbij een fortuin door het veroveren van Spaanse schepen gevuld met goud.
4 http://www.franckgoddio.org/projects/ancient-trade-routes/san-diego.html (laatst geraadpleegd op 18-3-2019); Morga 1971, 1609[1].
5 Dizon 2016, 95.
6 Van Noort / Roeper / Wildeman 1999, 157; Manilla 1993, 24.
7 Manilla 1993, 24-25.
8 Zijn verslag verscheen in Mexico in 1609. Voor een Engelse vertaling, zie Morga 1971, 1609[1].
9 Dit bedrijf staat tegenwoordig geregistreerd als Institut Européen d'Archéologie Sous-Marine (IEASM).
10 Zie de bijdrage van Stephen Murphy over het Tang-wrak in deze publicatie.
11 Fish 2011, 247; Dizon 2016, 38.
12 Het porselein werd in stapels en gesorteerd op vorm gevonden aan boord van de *San Diego* en er zijn geen gebruikssporen op gevonden. Waarschijnlijk was het niet lang daarvoor gekocht op de markt in Manilla. Het ging voornamelijk om tafelgerei, zoals borden, kommen en schalen. Zie Krahe 2016, 261.
13 Meestal waren dit Japanners die bekeerd waren tot het christelijke geloof, dat door de Spanjaarden en Portugezen in Japan was geïntroduceerd. Dit tot ergernis van de Japanse heersers die om deze reden overgingen tot vervolging van deze christenen. Zie Desroches / Casal / Goddio 1997, 214.
14 L'Hour 1998, 240.

1 In June of the same year, the Rotterdam-based company sent off a fleet commanded by Admiral Jacques Mahu, heading for Asia via the Strait of Magellan. One of these ships, *De Liefde*, managed to reach Japan in 1600. This event constitutes the basis for the long-term trading relationship between the Netherlands and Japan.
2 The fleet comprised the ships *Mauritius* and *Hendrik Frederik*, and the yachts *Eendracht* and *Hoop*.
3 In 1577-1580 Francis Drake succeeded in sailing around the world. In the process, he also conquered the Spanish treasure ship *Nuestra Señora de la Concepción*, among others. Thomas Cavendish sailed around the world in 1586–1588, gathering a fortune on the way by capturing Spanish ships filled with gold.
4 http://www.franckgoddio.org/projects/ancient-trade-routes/san-diego.html (last accessed on 18-3-2019); Morga 1971, 1609[1].
5 Dizon 2016, 95.
6 Van Noort / Roeper / Wildeman 1999, 157; Manilla 1993, 24.
7 Manilla 1993, 24-25.
8 His report was published in Mexico in 1609. For an English translation, see Morga 1971, 1609[1].
9 This company is currently registered as Institut Européen d'Archéologie Sous-Marine (IEASM).
10 See the article by Stephen Murphy about the Tang Wreck in this publication.
11 Fish 2011, 247; Dizon 2016, 38.
12 The porcelain was on board the *San Diego* in stacks and sorted according to shape. No signs of usage were found on it. It had probably been purchased recently at the market in Manila. It consists mainly of tableware, such as plates, bowls and dishes. See Krahe 2016, 261.
13 These were usually Japanese who converted to the Christian faith that had been introduced in Japan by the Spanish and the Portuguese. This annoyed the Japanese rulers considerably, who for that reason persecuted these Christians. See Desroches / Casal / Goddio 1997, 214.
14 L'Hour 1998, 240.

Maritieme Archeologie Maritime Archaeology

1 http://www.unesco.org/new/en/culture/themes/underwater-cultural-heritage/underwater-cultural-heritage/wrecks/ (laatst geraadpleegd op 31-03-2019).
2 Earle 2008, 183.
3 Sponsduikers zijn duikers die zonder apparatuur met een teug lucht op zoek gaan naar sponzen op de zeebodem.
4 https://www.youtube.com/watch?v=vJsORxttwdA; https://www.youtube.com/watch?v=tEGgHLqIRRc (laatst bezocht op 31-03-2019).
5 http://resources.huygens.knaw.nl/das/search (laatst geraadpleegd op 31-03-2019).
6 Manders 2018.
7 Zie voor de *Geldermalsen* ook het artikel van Christiaan Jörg in deze publicatie.
8 Het eerste symposium, getiteld 'Verantwoord onder water', werd in 1985 georganiseerd door de Koninklijke Nederlandse Onderwatersport Bond (KNOB), het tweede vond een jaar later plaats onder de titel 'Plundering, of verrijking van de scheepvaartgeschiedenis' en was een initiatief van de Nederlandse Museumvereniging.
9 De UNESCO Conventie voor de Bescherming van het Onderwater Cultureel Erfgoed (Parijs, 2001), zie: http://www.unesco.org/new/en/culture/themes/underwater-cultural-heritage/2001-convention/ (laatst geraadpleegd op 31-03-2019).
10 In Zuidoost-Azië heeft alleen Cambodja geratificeerd.
11 Zie voor het Sinan-wrak ook het artikel van Young-mi Kim in deze publicatie.
12 Manders / Underwood 2012.

1 http://www.unesco.org/new/en/culture/themes/underwater-cultural-heritage/underwater-cultural-heritage/wrecks/ (last accessed on 31-03-2019).
2 Earle 2008, 183.
3 Sponge divers are divers who do not use equipment. With a gulp of air they search for sponges on the seabed.
4 https://www.youtube.com/watch?v=vJsORxttwdA; https://www.youtube.com/watch?v=tEGgHLqIRRc (last accessed on 31-03-2019).
5 http://resources.huygens.knaw.nl/das/search (last accessed on 31-03-2019).
6 Manders 2018.
7 For the *Geldermalsen* also see the article by Christiaan Jörg in this publication.
8 The first symposium, entitled 'Verantwoord onder water' (Responsible underwater), was organised by the Dutch Underwater Sports Association (KNOB) in 1985. One year later the second was held, called 'Plundering, of verrijking van de scheepvaartgeschiedenis' (Plundering, or enrichment of maritime history). It was initiated by the Netherlands Museum Association.
9 The UNESCO Convention on the Protection of the Underwater Cultural Heritage (Paris, 2001), see: http://www.unesco.org/new/en/culture/themes/underwater-cultural-heritage/2001-convention/ (last accessed on 31-03-2019).
10 In Southeast Asia, only Cambodia has ratified.
11 For the Sinan Shipwreck also see the article by Young-Mi Kim in this publication.
12 Manders / Underwood 2012.

Witte Leeuw

1 Deze bijdrage is gebaseerd op documentatie in het Rijksmuseum en de volgende publicaties: Kist 1977; Sténuit 1977a; Sténuit 1977b; Van der Pijl-Ketel 1982.
2 Bruijn / Gaastra / Schöffer 1979, nrs. 0062-0096-0139-5051-5073.
3 Deze reis verliep in grote lijn vanuit de Republiek langs de Kaapverdische Eilanden, Kaap de Goede Hoop, de Tafelbaai, oostelijk Afrika west van Madagaskar en vanaf de Comoren oostelijk tot aan Java. Zie Van der Pijl-Ketel 1982, 16-18.
4 In de Nederlandse literatuur vooral bekend onder de naam Bantam.
5 Purchas 1625 (reprint 1905), 352-354. Zie ook Van der Pijl-Ketel 1982, 19-20.
6 Zie de bijdrage van Martijn Manders in deze publicatie.
7 Sténuit 1977a en Van der Pijl-Ketel 1982, 15-27.
8 Een uitbijter in de vondstcategorie porselein vormt een reeks voorwerpen daterend uit de late achttiende eeuw. Over hoe deze voorwerpen op de plek van het wrak zijn terechtgekomen, bestaat nog altijd discussie. Zie o.a. Van der Pijl-Ketel 1982, 26-27, 250-260.
9 Kist 1989.
10 Vanuit het Rijksmuseum vindt momenteel onderzoek van deze aard plaats. Vriendelijke mededeling dr. J. van Campen, Rijksmuseum.

1 This contribution is based on documentation in the Rijksmuseum and the following publications: Kist 1977; Sténuit 1977a; Sténuit 1977b; Van der Pijl-Ketel 1982.
2 Bruijn / Gaastra / Schöffer 1979, nos. 0062-0096-0139-5051-5073.
3 From the Republic this voyage basically sailed past the Cape Verde Islands, the Cape of Good Hope, Table Bay, eastern Africa west of Madagascar and from the Comoros eastwards as far as Java. See Van der Pijl-Ketel 1982, 16–18.
4 Primarily known as Bantam in the Dutch literature.
5 Purchas 1625 (reprint 1905), 352-354. Also see Van der Pijl-Ketel 1982, 19–20.
6 See the contribution by Martijn Manders in this publication.
7 Sténuit 1977a and Van der Pijl-Ketel 1982, 15–27.
8 A series of objects dating from the late eighteenth century form an outlier in the porcelain finds catalogue. Debate continues on how these objects came to be at the location of the wreck. See, among others, Van der Pijl-Ketel 1982, 26–27, 250–260.
9 Kist 1989.
10 The Rijksmuseum is currently overseeing this type of research. Friendly communication by Dr J. van Campen, Rijksmuseum.

Hatcher - Geldermalsen

1 De Collectie Van Gulik. Christie's Amsterdam 1983.
2 Christie's Amsterdam 1984; Christie's Amsterdam 1985.
3 Jörg 1984.
4 Harrisson 1984.
5 Voor een gedetailleerd overzicht, zie Kilburn 1988. Voor een verdere discussie van het wrak en zijn lading, zie Curtis 1985.
6 Christie's Amsterdam 1986.
7 Jörg 1986.
8 Amsterdam 1987.
9 De *Geldermalsen* vervoerde het volgende assortiment porselein: 171 serviezen van verschillende samenstellingen, 63.623 theekoppen en schotels, 19.535 koffievoorwerpen, 9.735 chocoladevoorwerpen, 578 theepotten, 548 melkkommen, 14.315 platte borden, 1.452 soepborden, 299 kwispedoors, 606 spuugpotjes, 75 viskommen, 447 losse schotels, 1.000 sets borden, 195 botervloten, 2.563 kleine kommen met schotels, 821 'Engelse' bierpullen en 25.921 spoelkommen. Ongewoon waren de 1.119 kommen en schotels uit de provinciale ovens van zuidelijk China, die eenmalig waren verscheept voor de Nederlandse nederzetting op Kaap de Goede Hoop. Zie Jörg 1986.
10 Voor nog een overzicht van het wrak van de *Geldermalsen* en de vracht, zie Sheaf 1988. Hatcher publiceerde zijn eigen herinneringen van de berging en de veiling, zie Hatcher / Thorncraft 1987.
11 Voor de porseleinhandel van de VOC in de zeventiende eeuw, zie Volker 1954, 1971[2]. Voor de porseleinhandel in de achttiende eeuw, zie Jörg 1982.

1 The Van Gulik Collection. Christie's Amsterdam 1983.
2 Christie's Amsterdam 1984; Christie's Amsterdam 1985.
3 Jörg 1984.
4 Harrisson 1984.
5 For a detailed overview, see Kilburn 1988. For a further discussion on the wreck and its cargo, see Curtis 1985.
6 Christie's Amsterdam 1986.
7 Jörg 1986.
8 Amsterdam 1987.
9 The *Geldermalsen* carried the following assortment of porcelain: 171 dinner sets of various assortments, 63,623 tea cups and saucers, 19,535 coffee wares, 9,735 chocolate wares, 578 single tea pots, 548 milk bowls, 14,315 flat plates, 1,452 soup plates, 299 cuspidors, 606 vomit pots, 75 fish bowls, 447 single dishes, 1,000 sets of dishes, 195 butter tubs, 2,563 small bowls with saucers, 821 'English' beer mugs and 25,921 slop bowls. More special were the 1,119 bowls and saucers from provincial southern Chinese kilns, shipped only this year for the Dutch settlement on the Cape of Good Hope. See Jörg 1986.
10 For another overview of the *Geldermalsen* wreck and the cargo, see Sheaf 1988. Hatcher published his own recollections of the salvage and the auction, see Hatcher / Thorncraft 1987.
11 For the porcelain trade of the VOC in the seventeenth century, see Volker 1954, 1971[2]. For the porcelain trade in the eighteenth century, see Jörg 1982.

Tek Sing

1 In het Engels in Pearl 1823, 37. Nederlandse vertaling uit artikel in de *Bataviasche Courant* van 16 maart 1822.
2 Over de naam *Tek Sing* is enige onduidelijkheid. In de publicatie van de berging worden de Chinese karakters 的惺 gebruikt. Volgens Kuo tung Chen is deze combinatie van karakters in China ongebruikelijk, omdat het geen voorspoedige betekenis heeft en dit was wel gebruikelijk voor schepen. Volgens hem moet de naam *Teek Seeun* zijn geweest, gebaseerd op het lokale dialect van Amoy. In het standaard Chinees zou dit vertalen als *Te Sheng* (得勝) of *Te Shun* (德順). Zie Chen 2016.
3 Huidige Xiamen, provincie Fujian.
4 Pearl 1823.
5 Pickford / Hatcher 2000.
6 James Horsburgh was in dienst van de East India Company en bracht verschillende zeeroutes in kaart, met name in het gebied rondom Singapore. Pickford / Hatcher 2000, 6.
7 Pickford / Hatcher 2000, 106-107.
8 Zie over andere Hatcher-successen ook de bijdrage van Christiaan Jörg in deze publicatie.
9 Tjoa-Bonatz 2016, 96-97. Volgens Hatcher werd er bewust voor gekozen om deze menselijke resten onaangeroerd te laten. Zijn team van duikers bestond voornamelijk uit Indonesische en Chinese mannen die geloofden dat het ongeluk bracht om de doden te storen, zie Nagel Auctions 2000.
10 Pickford / Hatcher 2000; Nagel Auctions 2000.
11 Chen 2016.
12 Een 'shell company' is een lege vennootschap die op papier staat, maar die geen operationele activiteiten (meer) ontplooit en vaak nauwelijks of geen activa (meer) heeft. Zie https://www.dfbonline.nl/begrip/3406/lege-vennootschap (geraadpleegd 7-3-2019).
13 Tjoa-Bonatz 2016, 97.

1 Pearl 1823, 37.
2 There is some confusion about the name *Tek Sing*. The publication accompanying the salvage uses the Chinese characters 的惺. According to Kuo Tung Chen, this combination of characters is uncommon in Chinese, because its meaning is not favourable, while ships customarily had propitious names. He believes the name must have been *Teek Seeun*, based on the local dialect of Amoy. In standard Chinese this would translate as *Te Sheng* (得勝) or *Te Shun* (德順). See Chen 2016.
3 Current Xiamen, Fujian province.
4 Pearl 1823.
5 Pickford / Hatcher 2000.
6 James Horsburgh was employed by the East India Company and mapped out various sea routes, especially in the area around Singapore. Pickford / Hatcher 2000, 6.
7 Pickford / Hatcher 2000, 106–107.
8 For other successes of Hatcher, see the contribution of Christiaan Jörg in this publication.
9 Tjoa-Bonatz 2016, 96–97. Hatcher maintains that it was a deliberate decision to leave the human remains untouched. His team of divers consisted mainly of Indonesian and Chinese men who believed that it would bring bad luck to disturb the dead; see Nagel Auctions 2000.
10 Pickford / Hatcher 2000; Nagel Auctions 2000.
11 Chen 2016.
12 A shell company is a corporation without active business operations or significant assets. These types of corporations are not all necessarily illegal, but they are sometimes used illegitimately, such as to disguise business ownership from law enforcement or the public. See https://www.investopedia.com/terms/s/shellcorporation.asp (last accessed on 7-3-2019).
13 Tjoa-Bonatz 2016, 97.

Literatuur Bibliography

Amsterdam 1987
Plundering of verrijking van de scheepvaartgeschiedenis? Cahier I, Voordrachten en discussie gehouden tijdens een symposium op 17 september 1986 in het Nederlands Scheepvaart Museum te Amsterdam, Nederlandse Museumvereniging, Amsterdam 1987

Bennison 2009
Amira K. Bennison, *The Great Caliphs: The Golden Age of the Abbasid Empire*, New Haven 2009

Bopearachchi / Disanayaka / Perera (2013)
Osmund Bopearachchi, S. Disanayaka & N. Perera, 'Recent archaeological evidence on the maritime trade in the Indian Ocean: Shipwreck at Godavaya' in: M.-F. Boussac & J.-F. Salles (eds.), *The Ports of the Indian Ocean from the Red Sea to the Gulf of Bengal*, Kolkata 2013, 393–411

Bruijn / Gaastra / Schöffer 1979
J.R. Bruijn, F.S. Gaastra, I. Schöffer (m.m.v. E.S. van Eyck van Heslinga), *Dutch-Asiatic Shipping in the 17th and 18th centuries*, vol. I & II, Rijks Geschiedkundige Publicatiën Grote Serie 166-167, Den Haag 1979

Chaudhuri 1985
K.N. Chaudhuri, *Trade and Civilisation in the Indian Ocean: An Economic History from the Rise of Islam to 1750*, New York 1985

Chen 2016
Kuo-tung Chen, 'Some Thoughts on the So-called "Tek Sing" Wreck and It's Maritime Artifacts', in: *Studies of Underwater Archaeology*, vol. 2, 2016, The Underwater Archaeological Research Center of the National Museum of China

Chong / Murphy 2017
Alan Chong & Stephen A. Murphy (eds.), *The Tang Shipwreck: Art and exchange in the 9th century*, Singapore (Asian Civilisations Museum) 2017

Christie's Amsterdam 1983
The Van Gulik Collectio, veilingcatalogus | Auction Catalogue, Christie's Amsterdam, 7 december | December 1983

Christie's Amsterdam 1984
Fine and Important Late Ming and Transitional Porcelain, veilingcatalogus | Auction Catalogues, Christie's Amsterdam, 14 maart | March 1984; 12-13 juni | June 1984

Christie's Amsterdam 1985
The Private Collection of Captain M. Hatcher, veilingcatalogus | Auction Catalogue, Christie's Amsterdam, 14 februari | February 1985

Christie's Amsterdam 1986
The Nanking Cargo, veilingcatalogus | Auction Catalogue, Christie's Amsterdam, 28 april | April-2 mei | May 1986

Curtis 1985
Julia Curtis, 'Transition Ware Made Plain: A Wreck from the South China Sea', *Oriental Art*, XXXI-2 (Summer 1985), 161-173

Desroches / Casal / Goddio 1997
Jean-Paul Desroches, Gabriel Casal, Franck Goddio (eds.), *Die Schätze der San Diego*, Berlin (Staatliche Museen zu Berlin – Preußischer Kulturbesitz) 1997

Dizon 2016
Eusebio Z. Dizon, 'Underwater Archaeology of the San Diego, a 1600 Spanish Galleon in the Philippines', in: Chunming Wu (ed.), *Early Navigation in the Asia-Pacific Region: A Maritime Archaeological Perspective*, Singapore 2016, 91-102

Earle 2008
Peter Earle, *Treasure Hunt: Shipwreck, Diving and the Quest for Treasure in an Age of Heroes*, New York 2008

Fish 2011
Shirley Fish, *The Manila-Acapulco Galleons: the Treasure Ships of the Pacific*, Bloomington 2011

Flecker 2017
Michael Flecker, 'The origin of the Tang Shipwreck: A look at its archaeology and history', in: Alan Chong & Stephen A. Murphy (eds.), *The Tang Shipwreck: Art and exchange in the 9th century*, Singapore (Asian Civilisations Museum) 2017, 22-39

George 2015
Alain George, 'Direct sea trade between early Islamic Iraq and Tang China: From the exchange of goods to the transmission of ideas', *Journal of the Royal Asiatic Society* 25, no. 4 (2015), 579–624

Hall (nog te verschijnen | forthcoming)
Kenneth R. Hall, *West coast 9th-century India maritime diaspora and the Indian Ocean trade: The Sthanu Ravi plates and the multidimensional Kollam port-of-trade community in the 9th century CE*, nog te verschijnen | forthcoming

Harrisson 1984
Barbara Harrisson, 'Die Sammlung Captain Hatcher: Chinesisches Porzellan von etwa 1645', *Keramos* 106 (October 1984), 3-12

Hatcher / Thorncraft 1987
Michael Hatcher & Anthony Thorncraft, *The Nanking Cargo*, London 1987

L'Hour 1998
Michel L'Hour, 'A l'aube de la construction navale espagnole en Asie: le San Diego (1600)', *Archaeonautica* 14 (1998), *Construction navale maritime et fluviale. Approches archéologique, historique et ethnologique*, 237-241

Jörg 1982
C.J.A. Jörg, *Porcelain and the Dutch China Trade*, Den Haag 1982

Jörg 1984
C.J.A. Jörg, *De Hatcher Schenking. Chinees exportporcelein uit een wrak in de Zuidchinese Zee 1640-1645*, Groningen (Groninger Museum) 1984

Jörg 1986
C.J.A. Jörg, *The Geldermalsen. History and Porcelain*, Groningen 1986

Kan 2017
Shuyi Kan, 'Ceramics from Changsha: A world commodity', in: Alan Chong & Stephen A. Murphy (eds.), *The Tang Shipwreck: Art and exchange in the 9th century*, Singapore (Asian Civilisations Museum) 2017, 44-61

Kilburn 1988
Richard Kilburn, 'The Hatcher Junk', in: Colin Sheaf & Richard Kilburn, *The Hatcher Porcelain Cargoes. The Complete Record*, Oxford 1988, 12-79

Kist 1977
J.B. Kist, 'De "Witte Leeuw"', *Bulletin van het Rijksmuseum* 25 (1977), 163-164

Kist 1989
J.B. Kist, 'Sifflet van zilver, Nederland (?), vóór 1613', *Bulletin van het Rijksmuseum* 37 (1989), 194–197

Krahe 2016
Cinta Krahe, *Chinese Porcelain in Habsburg Spain*, Madrid 2016

Lu 2011
Lu Caixia, 'The Belitung Shipwreck Controversy', *The Newsletter: International Institute for Asian Studes*, no. 58, Autumn/Winter 2011, 41-42

Manders 2018
Martijn Manders, 'De zoektocht naar de Rooswijk. Een met zilver beladen schip van de VOC', in: *Jaarboek van de Nederlandse Archeologie 2017*, 2018, 134-142

Manders / Underwood 2012
Martijn Manders & Christopher J. Underwood (eds.), *Training Manual for the UNESCO Foundation Course on the Protection and Management of Underwater Cultural Heritage in Asia and the Pacific*, UNESCO Bangkok 2012

Manilla 1993
The Saga of the San Diego, Manilla (National Museum Philippines) 1993

Mokpo 2006
The Shinan Wreck, 3 vols., Mokpo (Cultural Heritage Administration & National Museum of Korea) 2006

Mokpo 2016
Underwater Archaeology in Korea, 40th Anniversary of the Excavation of the Shinan Shipwreck, National Research Institute of Maritime Cultural Heritage, Mokpo 2016

Morga 1971 (1609[1])
Antonio de Morga, *Sucesos de las Islas Filipinas*, vertaald door | translated by J.S. Cummins, Cambridge (University Press) 1971 (1609[1])

Nagel Auctions 2000
Veilingcatalogus | auction catalogue *Tek Sing Treasures*, Nagel Auctions Stuttgart, november 2000

Van Noort / Roeper / Wildeman 1999
Om de wereld : de eerste Nederlandse omzeiling van de wereld onder leiding van Olivier van Noort, 1598-1601, vertaald, geannoteerd en ingeleid door | translated, annotated and introduced by Vibeke Roeper & Diederick Wildeman, Nijmegen 1999

Pearl 1823
J. Pearl, 'Loss of a Chinese Junk', *The Asiatic Journal and Monthly Register for British India and its Dependencies*, vol. XV, 1823 (January - June), 36-39

Pickford / Hatcher 2000
Nigel Pickford & Michael Hatcher, *The Legacy of the Tek Sing – China's Titanic, its Tragedy and its Treasure*, Cambridge 2000

Van der Pijl-Ketel 1982
C.L. van der Pijl-Ketel (ed.), *The ceramic load of the 'Witte Leeuw' (1613)*, Amsterdam (Rijksmuseum) 1982

Purchas 1625, 1905[2]
S. Purchas, *Hakluytus Posthumus or Purchas his Pilgrims: contayning a history of the world in sea voyages and lande travells by Englishmen and others* (London, 1625, reprint 1905)

Seoul 2016
Discoveries from the Sinan Shipwreck: Special Exhibition on the 40th Anniversary of the Excavation, Seoul (Kungnip Chungang Pangmulgwan / National Museum of Korea) 2016

Sheaf 1988
Colin Sheaf, 'The Geldermalsen (1752)', in: Colin Sheaf & Richard Kilburn, *The Hatcher Porcelain Cargoes. The Complete Record*, Oxford 1988, 80-181

Sténuit 1977a
R. Sténuit, 'De "Witte Leeuw". De schipbreuk van een schip van de V.O.C. in 1613 en het onderwateronderzoek naar het wrak in 1976', *Bulletin van het Rijksmuseum* 25 (1977), 165-178

Sténuit 1977b
R. Sténuit, 'Le Witte Leeuw. Fouilles sous-marines sur l'épave d'un navire de la compagnie Hollandaise des Indes Orientales, coulé en 1613 a l'ile de Sainte-Hélene', *Bulletin van het Rijksmuseum* 25 (1977), 193-200

Tibbets 1979
G.R. Tibbetts, *A Study of the Arabic Texts Concerning Materials on South-East Asia*, London 1979

Tjoa-Bonatz 2016
Mai Lin Tjoa-Bonatz, 'Struggles over historic shipwrecks in Indonesia', in: Brigitta Hauser-Schäublin & Lyndel V. Prott (eds.), *Cultural Property and Contested Ownership*, Basingstoke 2016, 85-107

Volker 1954, 1971[2]
T. Volker, *Porcelain and the Dutch East India Company as recorded in the Dagh-Registers of Batavia Castle, those of Hirado and Deshima and other Contemporary Papers 1602-1682*, Leiden 1954, 1971[2]

Register Index

Fotoverantwoording Photo credits

Voorwoord | Foreword
Rijksmuseum Amsterdam: p. 4

Inhoud | Index
Christie's Amsterdam, foto | photo Michael Hatcher: p. 8
(met dank aan | with thanks to Herbert Jan Hijmersma)

Inleiding | Introduction
Bibliothèque nationale de France, Parijs | Paris : 2
Rijksmuseum Amsterdam: 1

Tang
Asian Civilisations Museum, Singapore: 2-4, 11, 12, 14
Asian Civilisations Museum, Singapore, foto | photo: John Tsantes & Robert Harrell: 8-10, 15
Bayerische Staatsbibliothek, München | Munich: 1
Bibliothèque nationale de France, Parijs | Paris: 5
Keramiekmuseum Princessehof, foto | photo Erik & Petra Hesmerg: 13
Michael Flecker: 6, 7

Sinan
National Museum of Korea, Seoul: 2-14
Tokyo National Museum Image Archives: 1

San Diego
Rijksmuseum Amsterdam: 1-3
Frederic Osada ©Franck Goddio | Hilti Foundation: 4, 5
Musée national des Arts asiatiques-Guimet, Parijs | Paris,
foto | photo © RMN-Grand Palais (MNAAG, Paris) © Mathieu Rabeau: 6-11

Maritieme archeologie | Maritime Archaeology
Martijn Manders: 1
Museum 't Behouden Huys, Terschelling: 2
Museum 't Behouden Huys, Terschelling, foto | photo Jan Duijf: 3
Rijksdienst voor het Cultureel Erfgoed, foto | photo: Cor Kuyvenhoven: 4
Rijksdienst voor het Cultureel Erfgoed, foto | photo: #Rooswijk1740 project: 5, 7
Rijksdienst voor het Cultureel Erfgoed | Rijkswaterstaat: 6

Witte Leeuw
Keramiekmuseum Princessehof, foto | photo Erik & Petra Hesmerg: 4-6
Rijksmuseum Amsterdam: 1-3, 7-11

Hatcher - Geldermalsen
Focke & Meltzer, Den Haag (met dank aan | with thanks to Herbert Jan Hijmersma): 4
Keramiekmuseum Princessehof, foto | photo Erik & Petra Hesmerg: 9-15
KLM (met dank aan | with thanks to Herbert Jan Hijmersma): 3
Nationaal Archief, Den Haag: 2
Nationaal Archief, Den Haag, foto | photo: Bart Molendijk |Anefo: 5-7
Rijksmuseum Amsterdam: 1

Tek Sing
Keramiekmuseum Princessehof, foto | photo Erik & Petra Hesmerg: 3-10
National Maritime Museum, Greenwich, Londen | London: 1, 2

Colofon Colophon

Deze publicatie is verschenen ter gelegenheid van de tentoonstelling *Gezonken Schatten* in Keramiekmuseum Princessehof in Leeuwarden, 7.9.2019 - 28.6.2020.
This publication was published to accompany the exhibition *Sunken Treasures* in Princessehof National Museum of Ceramics in Leeuwarden, 7.9.2019 - 28.6.2020.

Uitgave | Publishers
Waanders Uitgevers, Zwolle
Keramiekmuseum Princessehof, Leeuwarden

Redactie | Edited by
Karin Gaillard
Eline van den Berg

Auteurs | Authors
Eline van den Berg
Jeroen ter Brugge
Christiaan J.A. Jörg
Young-mi Kim
Martijn Manders
Stephen A. Murphy

Beeldredactie | Image editors
Karin Gaillard
Eline van den Berg

Engelse vertaling | English translation
Small Caps Bush Translations, Paul van der Plank, Françoise Thornton-Smith

Nederlandse vertaling | Dutch translation
Small Caps Bush Translations, Paul van der Plank, Françoise Thornton-Smith
Karin Gaillard
Eline van den Berg

Ontwerp | Design
BW H ontwerpers, Dennis de Vries

Druk en lithografie | Printing and lithography
Wilco Art Books, Amersfoort

Omslag | Cover
Maarten van der Wal Fotografie

ISBN 978 94 6262 257 9 NUR 644

www.waandersdekunst.nl
www.princessehof.nl

De publicatie is mede mogelijk gemaakt door | The publication was made possible through the support of

OKS Ottema-Kingma Stichting

De Gijselaar-Hintzenfonds

Hendrik Muller fonds

De tentoonstelling is mede mogelijk gemaakt door | The exhibition was made possible through the support of

mondriaan fonds

KOREA FOUNDATION 한국국제교류재단

Leeuwarden Fryslân 2028

Stichting Van Achterbergh Domhof

Prins Bernhard Cultuurfonds Buchter-De Vries Fonds

St. Anthony Gasthuis

Rijksdienst voor het Cultureel Erfgoed Ministerie van Onderwijs, Cultuur en Wetenschap

Club Céramique

Vereniging van Vrienden *Keramiekmuseum Princessehof*
M.A.O.C. Gravin van Bylandt Stichting